다 셀 수 없는 수만 가지 감사들

이 소중한 책을

특별히 _____ 님께 드립니다.

다 셀 수 없는 수만 가지 감사들

옥덕자 원장 지음

나침반

책을 내면서

감사 – 엄청난 능력과 큰 복 보장!

목적을 위한 기도를 바느질로 비유한다면, 말씀 없는 기도는 열심히 바느질을 했지만 실을 꿰지 않은 재봉틀질과 같다.

또 열심히 신앙생활을 했지만 감사가 없으면, 열심히 바느질한 제품에 실이 다 터지는 것과 같다.

감사는 믿음을 든든히 세워 나가고, 기도를 든든히 세워 나간다.

내 힘으로 되는 것이 없고 내 힘으로 이길 수 없는 것이 현실이다. 그러나 지나간 일도 현재 일도 앞으로의 소망도 다 주님의 은혜다.

우리가 아무리 은혜와 응답을 받고 큰 복을 받아도 감사가 없으면 툭툭 터지는 실과 같다. 잘 될 때 감사하면 믿음이 더 든든히 세워지고 어려울 때 감사하면 이겨내는 보약이 된다.

누구나 다 안다고 쉽게 여기고 넘어갈 수 있지만 "감사하라"라는 계명은 엄청난 능력과 축복이 보장되어 있다. 그런데 이것을 가볍게 여기고 실천을 하지 않아 엄청난 비밀과 사랑과 능력, 축복을 흘려보내고 마귀에서 뺏기고 누리지 못하고 살고 있다.

자신을 다스리지 못하고 문제를 다스리지 못하고 사탄을 다스리지 못해 또 세상과 물질과 가난과 질병과 실패와 시험을 이기지 못하고 다스리지 못해 그토록 방황하고 탄식하며 절규하면서 몸부림쳤다. 이 방법 저 방법 다 찾아보고 산으로 바다로 기도원으로 찾아가 부르짖었지만, 문제 자체가 나를 죽이는 것이 아니라 나를 이기지 못하는 이것이 나를 죽이고 힘들게 했다. 아무리 말씀을 읽어도 기도를 해도 찬송을 해도 그때뿐이었다. 그러나 감사를 시작할 때 꽁꽁 닫히고 얼어 붙었던 마음이 열리기 시작했다.

감사를 선포하며 매사에 감사할 때 주님의 음성이 들리기 시작했다. 감사가 없을 때는 심령이 메말랐지만 감사가 터질 때 심령이 물댄동산이 되기 시작했다.

"범사에 감사하라!"

짧은 구절이지만 기적의 위력이 나타난다. 감사로 철저히 나를 이기고, 죄를 이기고, 육의 소욕을 이기고, 인본주의를 이기고, 사탄을 이기게 됨을 체험하며 감사 기도 노트를 쓰기 시작했다. 그것이 기도가 되었다. 그래서 이 감사노트를 책으로 묶어 내가 죽기 전에 자녀들에게 삶의 교훈으로 물려주고 싶었다.

자자손손 사명을 붙잡고 살아갈 때 문제 앞에 감사로 이기고, 하나님이 주신 은혜와 복을 누리며 늘 감사로 겸손하게 하나님과 동행하며, 삶이 산제사가 되기를 교훈으로, 유언으로, 유산으로 남겨주고 싶었다. 그러던 어느날 하나님께서 기도 중에 "이것으로 책을 내라"고 하셨다. 자신이 없고 한편으론 부끄럽고 당황스러웠지만 성령께서 자녀에게 주는 마음으로 쓰라고 하셨다. 그래서 이 감사 기도를 책으로 내게 되었다.

— 옥덕자

출판을 기뻐합니다

"조개의 부드러운 속살에 모래알이 들어가, 몸부림치는 조개의 고통 속에서 영롱한 진주가 탄생합니다. 저자 역시 고해와 같은 인생의 삶 속에서 체험하고 느끼고 생각한 것들을 나누고 싶어 하는 마음으로 영롱한 진주 같은 글을 탄생시켰습니다.

오늘 고해와 같은 삶에 지친 이들에게 저자의 글과 시의 언어에서 묻어나오는 내용들이 눈물을 닦아주고 위로하며 희망을 줄 것이라고 믿습니다. 또한 저자의 삶 속에서 역사하시는 하나님의 인도하심을 이 시를 통해 만나보시기 바랍니다."

― 총회신학 신대원 학장 김요한 목사

"저자는 만나보면 가슴 한켠이 뭉클해지는 분입니다. 나누다보면 눈물과 애잔함과 겸손과 사랑으로 나머지를 채우게 하시는 분입니다. 저자의 글은 하나님의 마음을 알게 하는 글입니다. 누구보다 더 주님의 다루심을 통하여 사랑할 수밖에 없는 진솔한 삶과 선한 싸움을 싸워가는 저자의 글을 통하여 함께 주님을 만나봅시다."

― 파워미션교회 정택종 목사

"오직 기도, 오직 말씀, 오직 예수 피의 복음은 언제나 저자의 삶을 하나님의 생명으로 넘치게 했습니다. 그래서 참 하나님의 기쁨이요, 하나님의 사랑을 독점하듯 비춰진 저자였기에 때로는 부러움으로 때로는 존경심으로 저자를 만난 자마다 진실로 저자는 하나님의 사람임을 고백하리라 믿습니다. 모든 독자들에게 영롱하고 신선한 영혼의 울림이 될 것을 확신합니다. 오직 하나님께만 영광 돌리기를 원하고 바라던 저자의 마음이 모든 독자들에게 바르게 전해지기를 기대합니다."

- 구명교회 최정희 사모

목차

책을 내면서 5
출판을 기뻐합니다 7
나의 이야기 11

제1부
하늘의 뭇별처럼 수많은 감사들

제1장 감사는 있는 것에서부터 ⸺ 45
1. 범사에 감사할 수 있는 은사와 능력
2. 불평하면 원수가 내 옆에, 감사는 가까운 곳에서부터 …
3. 나는 예수님의 택배요 편지다
4. 나는 하나님의 공장
5. 예수 피의 굉장한 위력!
6. 다 이루신 예수 이름
7. 너만 조용하면 된다
8. 예수 피 용광로

제2장 깨진 독 ⸺ 67

제3장 순종을 연습하는 곳 ⸺ 71

제4장 보혈로 목욕하다 ⸺ 77

제5장 주여! 나를 그토록 사랑하셨나요? ⸺ 82

제6장 광야에 물을, 사막에 강을 ⸺ 89

제7장 값진 진주 발견 ⸺ 111

제8장 새 일을 위한 기도 ⸺ 119

제9장 기도의 힘으로 살게 하시다 ⸺ 128

제2부
걸음걸음 마다 수많은 감사들

제10장 감사 장수 아줌마, 감사 다 팔았어요? 177

제11장 주님께서 나를 어떻게 보고 계실까? 181

제12장 감사의 기도로 모든 것이 해결된다 184

제13장 남편과 자녀를 보면서 190

제14장 감사를 잃으면 사탄의 밥이다 195

제15장 돈에 미쳐 지낸 지난날을 돌아보며… 244

제16장 예수 피만 의지하며 살래요 272

노트를 마무리하면서 302

나의 이야기

현실이 힘들수록
더 감사! 감사! 감사!했다

안 믿는 시댁… 고난의 시작이었다!

우리 집안은 예수님을 안 믿는 집안이었다. 오로지 나만 교회에 다녔다. 내가 부산삼일교회에 다닐 때 우리 집이 안 믿는 집안이니 당연히 안 믿는 남자와 선을 보게 되었다. 하지만 나는 하나님께 "믿는 남편을 달라"고 기도했다.

어느 날 교회 청년회에서 친하게 지내는 언니가 고향 친구를 소개해 주었다. 언니는 그에 대해 무엇보다 신앙이 좋고 사람도 좋고, 모든 것이 좋다며 만남을 주선했다. 그와 몇 년을 교제하다가 결혼을 약속하고 양가 집안에 알렸다. 그러자 그의 집안에서 "예수 믿는 며느리가 들어온 날이 우리 집 제삿날"이라며 핍박이 시작되었다.

결혼 후 시댁에 갈 때마다 온 집안이 떠들썩하게 고함소리가 났다. 시아버지는 만날 때마다 "지금이라도 예수 안 믿겠습니다"라고 하면 집도 사주겠다고 하셨다. 시아버지께서 너무 무섭고 두렵게 하니 밤에 자면서도 쫓겨 도망 다니는 악몽을 꾸며 늘 불안과 두려움으로 평안한 날이 없었다.

주일이 되면 내가 교회에 가나 안 가나를 확인하러 시아버지가 예고도 없이 시골에서 올라오셨다. 그때부터 새벽기도를 다니며 수요예배, 금요철야예배, 부흥회 등에 빠지지 않고 나갔다. 또 기도원까지 찾아다녔다. 매일 밤마다 악몽에 시달렸고 낮에도 불안과 두려움 때문에 평안이 없고 늘 곤고했다.

직장생활을 하면서도 틈만 나면 성경을 읽고 기도했다. 그래야만 마음이 평안했다. 그리고 시아버지를 위해서도 많이 기도했다. 하지만 내가 아무리 기도를 해도 시아버지의 핍박은 갈수록 더했다. 그래서 하나님께 "제가 100명을 전도하면 시아버지를 구원시켜 주시겠습니까? 아니면 500명을 전도하면, 2000명을 전도하면 시아버지를 구원시켜 주시겠십니까?"라고 울면서 기도했다. 그리고 전도에 미치게 되었다.

어떻게 하면 사람들을 많이 만날 수 있을까?

매달 전도지 1박스를 주문해 전도를 하기 시작했다.

매일 퇴근 후 1시간 이상은 울산의 번화가라 불리는 옥교동 사거리, 중앙시장, 시내·외 버스정류장 등에서 전도지를 나눠주었다. 쉬는 날은 동네 아파트를 돌며 전도를 했다. 매주 순복음소식지 50~100장을 가지고 와서 형제, 친척, 친구 등에게 보냈다.

어느 날 교회에서 집회가 있어 월요일부터 매 시간마다 눈물로 기도를 드렸다. 마지막 날 새벽에 하나님께서 "직장을 그만두라"고 하셨다. 그때 나는 은행에 근무했다. 그곳은 한 번 나가면 다시는 들어올 수 없는 귀한 자리였다. 그러나 하나님의 말씀을 들은 그날 아침 밥을 먹으며 남편에게 "오늘 직장에 사표 냅니다"라고 말하고는 40일 오전금식 작정기도에 들어갔다.

은행에서는 "이 귀한 직장에 서로 입사하려고 줄을 서는데 왜 그만두냐?"며 "다시 생각해보라"고 설득했다. 그러나 나는 사표를 내고 퇴직을 했다. 그리고는 매일 전도를 하러 다녔다.

그때만 해도 동네마다 아파트가 많았다. 전도를 다니면 25층, 20층, 15층, 6층, 5층짜리 아파트 한 동을 다 돌아도 집에 사람이 있는 경우는 한 두 집밖에 없었다. 낮에는 집안에 사람이 아예 없었.

"어떻게 하면 사람을 많이 만날 수 있을까?"라는 생각에 기도를 하며 그 해답을 찾으려 했다. "과일 가게를 해볼까? 아니면 평범한 가게를 할까? 사람을 많이 만날 수 있는 장사가 뭘까?"를 고민하던 중 같은 교회 집사님께서 "제과점이 하나 나왔는데 해보라"고 했다.

제과점은 술, 담배를 취급하지 않고 재고가 많지 않고, 현금 장사이고, 사람이 많이 오고…. 이와 같은 이유로 나는 제과점을 하기로 결정했다. 그리고 기도를 시작했다.

희망으로 시작한 제과점

당시 제과점을 인수하는 데는 1억 이상의 자금이 필요했다. 그러나 내가 가진 것은 천만 원 주고 산 작은 아파트 한 채뿐이었다. 나는 무작정 계약을 하고 작정 기도에 들어갔다. 그런데 주변에서 "천천히 갚으라"며 500만 원, 1,000만 원… 돈이 계속 들어왔다. 덕분에 어렵지 않게 제과점을 인수했다.

제과점은 "빵맛이 좋다"고 소문이 났다. 울산 전역에서 사람들이 빵을 사러 왔다. 나는 납품허가를 내어 큰 공장, 현대자동차, 한국비료, 울산시내 전 지역의 훼미리마트, 학교 간식, 크고 작은 결혼식, 운동회, 유치원 등에 빵을 납품했다. 뿐만 아니라 1호, 2호, 3호… 여러 개의 분점을 냈다.

제과점은 잘되며 바빴다. 장사가 잘되니 손님들에게 빵을 한두 개씩 더 주며 "예수 믿으세요"라고 전도도 했다. 그러나 시간이 가면서 손님이 한 명 두 명씩 줄었다. 그렇지만 너무 바쁘다 보니 기도할 시간이 없었다. 새벽에 제과점에 나와 밤 12시, 새벽 1시까지 일에 매달리다 보니 하나님과 멀어지기 시작했다.

1년, 2년, 3년… 9년, 10년쯤 되자 어려움이 닥치기 시작했다. 납품업체가 하나씩 끊기더니, 종업원들이 애를 먹이고 매상이 뚝뚝 떨어졌다. 그때부터 하나님 앞에 매달렸다. 그러나 제과점은 결국 빚만 잔뜩 지고 모든 기계와 물품들을 고물처리하고 문을 닫고 말았다.

사업 실패로 벌집을 쑤셔 놓은 가정

그때부터 우리 집은 벌집을 쑤셔 놓은 듯 왕왕거리며 정신을 차릴 수가 없었다. 사업 실패가 가져다준 가난과 궁핍, 그리고 채무로 인한 압박, 공포, 두려움, 불안 등 심한 근심, 걱정으로 잠을 이룰 수가 없었다. 빚쟁이들은 아침부터 저녁까지 집으로 찾아오고 끊임없이 빚 독촉 전화를 걸었다. 상황이 이렇다 보니 부부 사이도 나빠졌다. 서로에게 짜증을 내고 다투고 결국에는 상처를 주게 되었다.

내가 할 수 있는 일은 주님 앞에 죽기 살기로 매달리는 것뿐이었다. 주님께 "빚 문제를 해결해 달라"고 기도했다. 하나님께서는 "사람을 낚는 어부가 되리라"는 말씀으로 응답하셨다.

당시 남편은 서울의 신학교에서 신학 공부를 하며 인천에서 전도사 사역을 했고 가족은 울산에 있었다.

사업 실패 후 우리는 하루도 편한 날 없이 시달렸다. 남편은 고관절 괴사로 진통이 심하고 걸음도 제대로 걸을 수 없을 정도였다.

나는 친정, 시댁의 두 어머니와 초·중·고등학교에 다니는 네 자녀의 생계를 책임져야 했다. 매일 새벽 기도를 하고는 우유 배달을 했다. 300가구가 넘는 집에 우유를 배달했다. 이중에는 5층짜리 아파트가 20개나 있었다. 각 층마다 오르내리며 우유를 배달하고 나면 숨이 가쁘고 다리가 후들거렸다. 매일매일 한계를 느꼈다. 그래도 마음속으로 "5층에도 영혼이 있으니 올라갑니다"라며 우유를 배달하는 집마다 구원받기를 기도하며 다녔다.

내 건강은 챙길 시간도, 돌볼 여유도 없었다. 가족들 먹을 것도 부족하니 저녁에 집에 들어가면 배가 고파도 친정 엄마가 "밥 먹었냐"고 물으면 "네, 먹었어요" 하고는 저녁 가정예배를 드리고 또 기도하러 갔다. 몸이 피곤해 쉬고 싶어도 기도하지 않으면 살 수가 없었다. 그런데 시간이 지나면서 몸에 이상을 느끼기 시작했다. 감당할 수 없을 만큼 피곤해 집안일을 할 수가 없었다.

갑상선 암, 눈암… 감당이 안됐다

어느 날, 건강검진을 했다. 결과는 갑상선 암이었다. 고신대 병원에서 수술을 했다. 그리고 얼마 후 대장에 용종이 생겨 제거 수술을 했다. 조금 후에는 자궁에 용종이 생겨 검사하니 암이라고 했다. 또 제거 수술을 했다. 한동안 눈이 계속 가렵고 부었다. 그럴 때마다 안과에 가면 찢어서 고름을 짜내고 치료를 했다. 두 달에 한번, 한 달에 한번, 15일에 한번, 일주일에 한번… 그렇게 찢고 고름을 짜냈다. 그 고통은 말로 표현할 수가 없다.

그저 다래끼인 줄 알았는데 눈 끝과 눈꺼풀 조직검사를 하니 암이라는 진단이 나왔다. 그것도 제일 악한 암이었다. 아산병원에 수술날짜를 예약했지만 가지 않았다. 아픈 곳이 한두 군데가 아니었다. 청력에도 이상이 생겨 한쪽 귀가 잘 들리지 않았다. 눈에는 황반변성까지 생겼다. 병원을 계속 다녔지만 차도는 없었다. 유방에도 용종이 있다며 일단 두고 보자고 했다. 신장에도 2.5cm 용종이 있었다.

병원을 다니기 시작하니 끝이 없었다. 안과, 내과, 산부인과, 이비인후과…. 한 달 내내 병원을 다니며 시간을 다 보냈고 병원비도 감당이 안됐다. 병원에서 의사들의 말을 듣고 집에 오면 잠이 오지 않았다. 주변 사람들의 말을 들으면 더 혼란스러웠다.

지난날을 뒤돌아보았다. 사업실패로 벌집 쑤셔 놓은 듯 툭하면 터지는 물질의 문제들, 가난과 궁핍, 그리고 채무 등으로 인한 압박, 공포, 두려움, 걱정, 근심들, 갑상선암, 눈암, 자궁암 등 건강을 위협하는 질병들 앞에서 날마다 무너지며 잠 못 이루고 고통과 신음 속에서 헤매고 있었다. 거기다 부부간의 갈등과 사춘기에 접어든 자녀들 문제, 양가의 두 어머니와 네 자녀를 합해 총 여덟 식구의 생활고 문제 등이 나를 괴롭혔다.

죽고 싶어도 죽을 수 없는 나…

시어머니는 치매와 중풍으로, 친정어머니는 오래전 입은 전신화상으로 협심증과 심장에 무리가 와서 3일이 멀다 하고 꼼짝 못하고 몸져누웠다.

나는 죽고 싶어도 죽을 수가 없었다. 자녀들 때문에, 또 당시에는 자살하면 지옥 갈 것 같아서 죽을 수 없었다. 그렇다고 앞으로 나아갈 수도 없고, 이대로 멈출 수도 없고, 주저앉을 수도 없고, 뒤로 돌아설 수도 없고, 포기할 수도 없고, 붙잡을 곳도 없고, 버틸 힘도 없고…, 없고, 없고, 없고….

낙심과 좌절, 극심한 염려와 근심, 걱정, 두려움으로 낮이면 저녁이 오는 것이 무섭고 밤이면 아침이 오는 것이 무서웠다.

자살하는 사람의 마음이 이해가 가고, 범죄를 저지르는 사람의 마음이 이해가 갔다. 악한 마음에 사로잡히면, 감당할 수 없는 궁지에 몰리면, 악의 힘에 이끌릴 수밖에 없다는 걸 깨달았다.

힘을 다 잃고 기진맥진하여 "주여! 주여! 주여! 도와주세요"라고 인생이 억울해서 악을 쓰며 하나님께 따지는 기도도 하고, 마귀가 내 인생을 송두리째 삼키고 있으니 목에서 피가 나도록 떠나가라고 또 저주하며 죽기 살기로 싸우기도 했다. 그러나 손에 잡히는 것도, 눈에 보이는 것도 없고, 현실의 문제는 파도처럼 계속해서 밀려들었다.

산천초목도 나보다는 행복해 보였다. 길거리에 지나가는 강아지도, 온갖 짐승도 나보다 행복해 보였다. 길을 지나가다 돌멩이가 보이면 '너는 나보다 행복하다. 너는 염려, 근심, 불안, 아픔, 고통, 갈등은 없잖아'라고 생각했다.

현실이 힘들수록 더 감사, 감사, 감사

 이런 수렁에 빠져 헤어 나오지 못하는 내 인생, 끝이 안 보이는 늪에 빠져 허우적거리는 내 꼴, 한없이 꺼져 내리는 내 한숨….

찬송가 316장 2절 "아무리 나 혼자서 몸부림쳐 봐도 우리들의 힘으로는 어찌할 수 없어 주여 잡아주소서 나를 잡으소서… 주님만을 위해 살게 하소서" 이 찬송이 얼마나 간절하던지….

주님은 내가 기도할 때마다 "항상 기뻐하고 쉬지 말고 기도하고 범사에 감사하라 이것이 너를 향한 하나님의 뜻이니라"는 말씀을 주셨다. 하지만 아무리 기뻐하려 해도 마음도, 생각도, 눈도, 입도, 모두 다 끄덕도 하지 않았다.

고통받는 내 육이 고통받는 내 혼이 "너 같으면 감사가 나오겠느냐? 기쁨이 나오겠느냐?"며 구박을 했다. "기도를 해도 해도 안 되는데 너 기도할 맛이 나겠느냐"라며 내 안에 있는 옛 사람이 더 큰 소리를 쳤다.

영이 약하니 아무리 몸부림쳐도 기도도 잘 안 되고 기뻐함도 없었다. '그러면 내가 살기 위해 감사를 해보자'라고 마음먹었다. 하지만 현실의 문제에 짓눌려 영이 약하고, 은혜가 없다 보니 감사 제목도 보이지 않았다. 그래도 일단 눈에 보이는 것부터 감사하기로 했다.

현실적인 상황이 어려우니 남편에 대한 원망, 불평이 끊이지 않았다. 이것이 더 나를 힘들게 하고 있었다. 원망과 불평이 쏟아질수록 내 마음이 더 곪아 터지고 그로 인해 영적 곤고함은 이루 말할 수가 없었다. 원망, 불평, 미워하는 마음이 늘 머릿속에 있었다. 이것을 빼내기 위해 '감사, 감사, 감사해야 한다'고 생각했다.

억지 감사가 영적인 감사가 되는 기적

그런데 놀라운 일이 벌어졌다.

불평할 때는 남편의 부족함이 한없이 크게 보이더니 감사를 하기 시작하니 '좋은 것이 보이는 눈'이 열렸다. 잔디씨보다 더 많이 뿌려놓은 부정적인 씨앗을 뽑아내는 방법은 감사밖에 없었다. 그때부터 나는 내 자신, 남편, 현재의 환경 등 모든 것 하나하나에 감사하기 시작했다. 처음에는 입술로만 하는 억지 감사로 시작했지만 점점 갈수록 마음으로 하는 간절한 감사, 더 나아가 영적인 감사로까지 나아가게 되었다.

현실은 그대로였지만 내 마음에서는 인생이 풀리고 열리고 있었다. 마음에 기쁨이 다가오며 감사와 찬양의 기도가 저절로 되었다.

"감사와 기쁨은 정비례구나. 감사하는 만큼 기쁨이 오는구나. 감사하는 만큼 승리가 오는구나. 감사하는 만큼 천국을 누리는구나. 감사하는 만큼 주님을 만나는구나."

시편 37편 말씀에 "불평은 행악에 치우칠 뿐 끊어버리신다"고 하셨다. 불평을 하면 할수록 영적으로는 끊어지고, 죄는 더해졌다.

"오 주여! 감사의 약을 먹어 볼래요."

만병통치였다.

"감사의 안경을 써볼래요."

온 세상 천하만국이 하나님 나라였다.

"감사의 옷을 입어볼래요."

천국 패션이었다.

감사의 손길은 예수님의 손길이었다. 사랑의 손길, 섬김의 손길, 살리는 손길이었다. 감사의 걸음은 예수님의 흔적만 남았다.

감사로 시작된 새로운 인생

모든 것을 다 주신 하나님께 감사 제사를 드려야 하는데, 감사를 잃어버리고 감사를 마귀에게 빼앗기고 원망과 불평의 죄만 짓고 있었다. 범사에 감사하는 은사와 능력받기를 기도했다.

예배도, 기도도, 찬양도, 섬김도… 감사가 밑받침될 때 하나님이 주신 사랑의 큰 힘이 폭포수처럼 터져 나왔다.

포항 시골 시댁에 갈 때마다 시아버지의 핍박 때문에 도착해서 다시 집에 올 때까지 눈물을 흘릴 때가 한두 번이 아니었다. 그러나 내가 감사의 기도를 할 때 시어머니와 시아버지, 두 분은 모두 천국으로 가셨다.

감사는 보약 중에 보약이다. 감사할 때마다 하나님이 주시는 힘은 어마어마하다.

질병 때문에 감사감사하면, 물질 때문에 감사감사하면, 환경 때문에, 사람 때문에, 시험받았을 때, 상처 입었을 때, 감사감사만 하면 마음에서부터 어마어마한 힘이 생겨 온갖 두려움, 고통, 무서움, 부정적인 마음은 다 쫓겨나간다. 그리고 긍정으로 소망으로 평강으로 큰 은혜가 입혀진다.

　이 큰 힘이 어디서 올까? 감사 약 한 알이면 된다. 계속 감사감사하면 치료의 속도가 더 빠르다. 우리 마음속에 성령이 임하시게만 하면 안 되는 것이 없다. 내 마음은 성령이 계신 심령 성전이다. 마음이 어둠에 잡혀 무너지면 아무것도 이기지 못한다.

감사 장수 아줌마, 감사 다 팔았어요?

 나는 이렇게 외쳤다.
"힘들고 지치고 절망 가운데 감사의 약을 먹어 보세요.
〈주님! 감사합니다〉라고 크게 열 번만 외쳐 보세요.
감사의 제목이 안팎에서 줄을 서서 떼를 지어옵니다.
감사로 빨리 일어서세요. 어서 일어나세요."
　내 심령에 하나님 나라가 이루어져서 하나님의 기업으로 감사 공장이 쉴 틈 없이 쏟아질 때, 그 씨앗마다 열매가 풍성할 뿐 아니라 그 작품마다 하나님의 영광의 찬송이 충만할 것이다.
　누군가가 물었다.
"저기 감사 장수 아줌마! 감사 다 팔았어요?"
　난 이렇게 대답한다.
"어서 오세요. 많이 팔았고 또 많이 있어요. 없는 감사가 없어요. 어서 오세요. 이것저것 다 필요하겠지만 손님에게 급한 감사부터 골라줄게요. 아이코 손님은 자녀 때문에 힘들군요.

이것 좀 보세요, 자녀에 대한 감사 제품입니다. 자녀를 주신 하나님께 감사, 다른 사람은 없는 아들을 주심에 감사, 공부는 못해도 건강하니 감사, 그래도 말은 잘하니 감사, 이 아들 때문에 나부터 감사 보약을 먹게 되니 감사, 불평에서 감사하는 보약을 먹으니 불평이 다 없어지고 감사로 마음이 건강하니 모두가 같이 치료되고 건강해집니다.

감사로 모든 것을 회복한 이 사람이, 여러분께 권합니다. 저기 감사 병원, 감사 약국, 감사를 파는 가게에 가보세요. 재료는 감사인데 안 나오는 약이 없어요. 해결 안 되는 문제가 없어요. 문제에 맞는 감사 약을 먹을 때 효과를 못 보는 사람이 없어요.

온 시장통에서도, 온 교회에서도, 사람들이 모이는 곳마다, 가정마다, 육과 영이 다 병들어 신음, 고통, 걱정, 근심을 앓고 있다니…. 어서 어서 교회로 가보세요. 예수님을 만나보세요. 그리고 감사 약을 먹어 보세요."

주님께서 나를 어떻게 보고 계실까?

내 인생이 끝나기 전에 사명을 완수해야 한다. 하나님이 나에게 맡기신 사명, 나에게 맡기신 영혼, 가까이는 내 자신이 천국 가야 하고, 또 남편이 천국 가야 한다. 또 자녀가, 형제가, 천국 가야 한다. 내게 맡겨주신 성도들, 영혼들이 천국 가야 한다.

내 힘으로 할 수 없다. 힘들다고, 속상하다고, 이혼하고, 포기한다면 그래서 남편이 지옥 간다면? 힘들고 속상하다고 자녀들의 영혼을 포기하고, 방관한다면? 내일 일을 외면하고 무관심하고 그 영혼을 방치해서 지옥에 간다면?

"주여! 기도도 내 힘으로 안 되고 섬김도 내 힘으로 안돼요."

남편과의 사이에서 이해 못할 문제가 생겼다고 분노하고, 원망하고, 시험에 들고, 미워해 속 끓이며 싸우고 이혼하고자, 갈라서고자, 몸부림치게 된다. 그런 나를 보며 주님께서는 "내 딸아 참 잘한다"라고 하실까? 내 상황을 보고 들은 부모, 형제, 자녀, 친구들이 "잘했다"라고 한 번쯤 동정할 수는 있다. 하지만 하나님 앞에 설 때 "게으르고 악한 종아 어둠에 내쫓으라. 그때 이를 갈며 슬퍼할 것"이다. 게으르고 악함은 하나님 앞에 기도하지 않는 것이다.

힘들 때도 기도하라. 연약할 때도 기도하라. 아플 때도 기도하라. 괴로워도 기도하라. 미워 못 견딜 때도 기도하라. 도저히 절제가 안 되고 감당이 안 될 때도 기도하라.

기도하라는 말씀은 "그때 그때 그때마다 도움의 약을 주겠다. 도움의 응답을 주겠다. 이길 힘도 주고, 위로도 주고, 승리할 힘을 주겠다"는 말씀이다.

감사의 기도로 모든 것이 해결된다

마귀가 그렇게 공격하니, 마귀를 내 힘으로는 이길 수 없음을 알고 계시는 하나님, 나의 연약을 알고 보고 계시는 하나님, 그 하나님이 나의 아버지시다. 나의 모든 문제를 예수의 십자가로 담당하시고 부활의 승리를 준비하시는 주님, 주님은 부르기만 하면 찾기만 하면 대답하고, 응답하고, 만나주고, 해결해 주겠다는 것이 하나님의 사랑의 마음인데, 기도하지 않는 것은 하나님의 마음을 무시하는 것이다. 하나님 아버지를 배신함이요, 아버지를 외면함이요, 기도치 않음은 미련함이요, 어리석음이요, 바보요, 게으름뱅이 중에 게으름뱅이다. 어리석고 미련하고 게으른 종은 매와 채찍과 형벌이 기다리고 있다.

하나님은 게으른 것을 제일 싫어하신다. 게을러 기도하지 않으니 마귀에게 늘 지고 죄만 짓고 하나님이 맡긴 사명을 완수하지 못한다. 하나님께서는 사명이 있어 우리를 이 땅에 태어나게 하셨으니 반드시 인생의 끝에 결산이 있다. 하나님은 하늘 곳간에 알곡이 풍성하기를 바라신다.

남편과 자녀를 보면서

"신명기 32장 9절. 여호와의 분깃: 자기 백성이다,
"야곱은 그가 택하신 기업이로소이다."

신명기 32장 10절 "여호와께서 그를 황무지에서, 짐승이 부르짖는 광야에서 만나시고 호위하시며 보호하시며 자기의 눈동자같이 지키셨다."

하나님은 나의 하나님, 나의 하나님은 진실하신 하나님, 신실하신 하나님, 약속을 변치 않으시는 하나님, 반드시 응답하시는 하나님, 예수님의 사역 전부는 인간 고통을 해결함이었다. 지금도 여전히 역사하고 계신다.

하나님 말씀은 반드시 내게 주시는 것이니 내 몫이다. 믿는 자에게는 이런 표적이 따르니 귀신이 쫓겨나고 새 방언을 하며 병든 사람에게 손을 얹은 즉시 낫는…, 지금도 나를 통해 이런 역사가 일어나기를 '아멘'하고 인정하고 믿고 받아들이는 믿음 주신 것에 감사한다.

죄로부터 오는 저주, 가난, 질병, 고통….
"수고하고 무거운 짐 진 자들아 다 내게로 오라."

예수님이 십자가에서 피 흘려 다 해결해 놓았다. 남편은 절대 지옥에 안 간다. 자녀도 절대 지옥에 안 간다. 하나님 뜻대로 구한 것은 꼭 받았음을 믿으라. 구하라 그리하면 주시리라. 환난날에 부르짖으라. 반드시 응답하리라. 반드시 축복하리라. 반드시 들어 쓰리라.

현실과는 달리, 하나님은 반드시 약속을 이루신다. 10명 100명이 손가락질해도 부정적으로 말하고 저주해도 그 말에는 예수 이름이 없다. 그 생각에는 예수 이름이 없다. 나의 기도는 예수 이름이 있다. 회복되기를, 치유되기를, 쓰임받기를 기도할 때 반드시 응답하신다.

나는 한순간 나를 돌아보고 깜짝 놀랐다. 내가 남편을 지옥 가게 하는 소리를 한 것이다. 믿음 없이 한 말이었다. 나는 남편을 죄인 중에 죄인 취급을 했고 손가락질을 많이 했다. 내가 내 아픔을 못 견뎌 불신앙으로 토해낸 말들이 내 남편을 얽어매었다.

하나님은 천지를 지으신 분이요, 만물을 주관하시는 분이요, 사람을 지으신 분이요, 죽은 송장을 끌어내시는 분이다.

하나님은 내 남편과 자녀들을 반드시 회복시키고 들어 쓰신다. 왜?

하나님의 뜻대로 구한 것은 받은 줄로 믿으라 하셨다.

왜? 예수님의 십자가 보혈이 있기 때문이다.

감사를 잃으면 사탄의 밥이다

 이때까지 돈에 미쳐 생각도 오직 돈, 돈, 돈…. 말마다 오직 돈, 돈, 돈… 일마다 돈, 돈, 돈….

질병에 미쳐 온 마음과 생각이 입만 열면 아프다 아야, 아야, 아야, 아파… 여기도 아파, 저기도 아파. 아이코 아야, 말마다 아파, 생각마다 아파…. 어휴 지긋지긋해, 몸서리가 난다.

이제는 오직 예수께 미치고 싶다. 말씀에 미치고 싶다. 예수의 십자가 사랑에 미치고 싶다. 예수의 보혈, 능력에 미치고 싶다. 부활에 미치고 싶다. 성령에 미치고 싶다. 감사에 미치고 싶다.

예수에 안 미치면 또 다른 데 미치게 된다. 죄에 미쳐, 세상에 미쳐, 마귀와 귀신에 미쳐 생각마다 그 생각이다. 말도 오직 그 말만, 삶도 행동도 오직 그와 함께한다.

"이제는 싫어요, 싫어요, 싫어요, 싫어요. 더 이상 속지 않기를 원하나이다. 더 이상 속지 않을래요."

마귀는 거짓말쟁이었다. 욕심쟁이다. 내 인생을 이용했다. 내 인생을 파괴했다. 내 인생을 병들게 했다. 내 인생을 무너뜨렸다. 마귀가 내 인생을 뺏어갔다.

이제는 오직 예수께 미치고 싶다. 생각마다 오직 예수 생각, 입술에는 오직 예수 말만, 자랑은 오직 예수 자랑만, 오직 예수만 사랑하리라.

이를 위해 기도한다.

"말씀 충만, 은혜 충만, 회개 충만, 기도 충만, 일편단심 오직 예수, 성령 충만으로 내 인생을 정복하소서. 성령 충만으로 내 인생을 경영하소서. 성령 충만으로 내 인생을 다스리소서. 성령 충만으로 내 인생을 살아가게 하소서. 성령 충만으로 내 인생 써주소서."

질병으로 인해 감사를 알게 하신 하나님

질병은 하나님이 내게 주신 선물, 이것 때문에 눈물로 기도하게 되고 겸손하게 되고, 늘 은혜 받게 되고, 나를 돌아보게 되고, 교만치 않게 하시고, 진솔하게 기도하게 하시고, 간절하게 기도하게 하시고, 주님만 바라보게 되고, 주님을 의지하게 되고, 주님 가까이 하게 되고, 순수하게 되고, 성령이 늘 함께하시게 되고, 말씀을 가까이 하게 하시고, 주님께 불쌍히 여김을 받게 되고, 자만치 않게 하시고, 설치지 않게 하시고, 영적으로 게으르지 않게 하시고, 기도하기를 쉬는 죄를 범치 않게 하시고, 늘 나를 돌아보게 하시고, 나의 연약, 나약, 능력 없음을 알게 하시고, 내 인생의 주인이 하나님임을 철저히 시인하고 고백하게 하시고, 천국에 대한 확신을 가지게 하시고, 천국을 더 간절히 알고 깨닫고 소망하게 하시고, 지옥을 알고 깨닫고 실감나게 하시고, 지옥 가지 않게 늘 깨어있게 하였다.

이전에는 질병이 나의 원수였고, 그렇게 미울 수가 없었다. 원수로 취급하고 날마다 대적하고 내쫓았다. 그러나 5~6년 동안 치유 기도를 해도 늘 불편하고 고통이 있었다. 곤고, 근심, 불안, 두려움…. 그런데 오늘은 '아, 이 질병이 하나님이 주신 선물이구나. 축복이구나' 하며 평안과 기쁨이 넘쳤다. 사도 바울도 내가 약할 때 곧 강하다고 했다. 아 맞구나! 이제 질병 앞에 인상 쓰지 말고 질병을 주신 하나님 앞에 감사만 하자.

예수 피만 의지하며 살래요

"주여! 날마다 나를 만나 주시는 주님만을 증거하며 살래요.
더 많이 배우고 더 능력 받아 멋있고 잘하려고 안 할래요.
부족하고 무식하고 잘하는 것 없지만 이 모습 이대로
주님 앞에 드릴래요.
이 모습 이대로 주님과 함께 살래요.
주석이 필요 없어요. 사전이 필요 없어요.
성령을 통해 매일매일 만나 주시는 주님과 함께 살며
내가 만난 주님을 날마다 증거하며 살래요.
나를 인도하시고 내 안에 역사하시는 성령님이
나로 사시고 나로 일하소서.
나의 남은 생이 얼마나 되는지 모르지만 60년 동안
하나님 앞에서 너무 잘못 살았기에, 매일매일 말씀 앞에
철저히 회개하며 예수 피만 의지할래요. 예수 피에 잠겨 살래요.

예수 피만 증거하며 살래요.
내 안에 일하시는 예수 피만 흘려보내며 살래요.
남은 생은 하나님이시고, 하나님의 말씀이시고, 하나님의 음성이요,
하나님의 마음이요, 하나님의 뜻이요, 하나님의 약속이요,
나를 향한 하나님의 사랑이신 말씀에 푹 빠져 미치고 싶어요.
또 하나님과의 대화, 하나님과의 교제, 하나님과의 만남,
하나님 앞에 의논… 하나님을 얻고 예수 생명을 얻고 예수 피를 얻고
부활의 능력이신 성령님을 얻는 기도에 미쳐 살래요.

특별히 말씀 앞에 회개 기도에 미치고 싶어요.
영혼 사랑의 기도에 미치고 싶어요.
하나님을, 예수님을, 성령님을, 말씀 되신 하나님을,
신랑 되신 주님을, 나의 구주가 되시고 생명이 되시고
소망이 되시고 나의 전부가 되신 성삼위 하나님께
감사하는 찬양에 미치고 싶어요. 오직 예수께만 미쳐 살고 싶어요.
이렇게 사는 절정에서 주님께 부르심을 받고 싶어요.
나의 남은 생을 정리정돈하고 싶어요.
일분일초도 헛되이 살고 싶지 않아요.
더 이상 마귀에게 속지 않을래요.
더 이상 마귀의 유혹에 지지 않을래요.
그래서 날마다 하나님 앞에 부르짖을래요.
내 힘으로는 이렇게 살 수 없으니까요.
이렇게 살 수 있게 도와주시는 분은 오직 하나님뿐 이시니까요.

기도하지 않으면 한순간도 살 수 없다

겨드랑이 밑에 주먹만한 뭔가가 부어있었다.
또 시력이 계속 떨어지면서 눈에 안개가 낀 것처럼 불편하고 가려움과 마른 눈곱이 심해졌다.

나는 더 이상 병원에는 가고 싶지 않다. 지금 나타나는 증상대로 병원에서 진찰을 받으면… 마음이 복잡하다. 이 병원 저 병원… 가야 할 곳이 너무 많다. 병원에만 갔다 오면 맘이 한없이 가라앉고 무너진다.

"하나님, 모든 것을 하나님께 맡기고 살래요. 모든 것을 하나님만 의지하고 살래요. 순간순간 속에서 올라오는 유혹과 미혹을 이기고 흔들리지 않기 위해서는 하나님의 말씀과 기도와 찬양에 미쳐야 합니다. 그래서 좌우로 치우치지 않고 날마다 말씀과 믿음과 기도와 찬양의 절정에 도달하는 은혜와 불을 주소서. 주여! 예수께만 미치게 하소서. 예수께 미치지 않으면 질병에 미쳐 꼼짝달싹 못하고 병마에 끌려 다니니까요."

기도를 하지 않으면 영적 세계를 만날 수 없다. 기도하지 않으면 세상을, 육신을, 사탄을 파괴시킬 수 없다. 이길 수 없다. 성령의 감동에 순종하지 않으면 사람의 일을 초월할 수 없다.

"힘들면 지고 있다"고 했다. 반드시 이겨야 한다. 하나님과 원수 되지 말라. 피로 값주고 사신 교회에 원수 되지 마라. 감사해야 몰아낸다. 감사해야 힘이 온다. 인색하고 나눌 줄 모르는, 은혜를 받기만 하는 것은 성장을 방해하는 암적 존재다. 이것부터 몰아내고 이겨야 한다. 이기는 방법은 성령충만 밖에 없다.

주여, 이길 수 있는 힘을 주소서

"내게 능력주소서"라며 한없이 눈물을 흘리며 기도했다.
"말씀의 불! 이 불덩어리가 내 심령에 핵폭탄을 터뜨려 주소서! 그리하여 회개의 불바다를 이루소서. 말씀의 강력한 불! 핵폭탄을 내 심령에 터뜨려 주사 사랑의 불바다를 이루소서. 능력의 불바다를 이루소서.

주여, 사탄에게 죄악의 적군에게 가정과 일가친척, 교회, 나라와 민족까지 다 점령당했나이다. 주여, 보옵소서. 병들고 죽어 가고 신음하고 탄식하는 저 영혼들을….

말씀의 강력한 핵폭탄을 나, 가정, 교회, 나라와 민족에게 터뜨려서 어둠, 가난, 온갖 죄악, 분쟁, 교만, 음란, 우상 숭배 등을 다 몰아내게 하소서. 이길 수 있도록 강력한 말씀과 강력한 기도로 강력한 성령의 불바다를 이루소서.

강력한 성령의 핵폭탄을 터뜨려 주님 안에서 사랑의 나라를 이루게 하소서. 다윗같이 골리앗을 물리치는 말씀의 물맷돌, 믿음의 물맷돌로 선포기도의 강력한 핵폭탄을 사용하게 하소서.

이때까지 이 불같은 능력의 말씀, 능력의 믿음이 없어 이스라엘 백성처럼 골리앗 앞에 벌벌 떨고 살았습니다. 내 심령에 사랑의 능력이 없어, 말씀의 능력이 없어, 기도의 능력이 없어, 많은 영혼을 실족게 했습니다. 주님을 답답하게, 슬프게, 안타깝게 했나이다.

오래전 꿈속에서 내게 어린아이를 맡겨 주셨습니다. 그런데 내가 그

아이를 안으면 쏙 빠져 땅에 떨어지고, 벌겋게 벗겨진 채 안지도 못하고, 안 다치게, 안 쓰러지게 품지도 못하는 내 모습을 보았습니다. 주님께서 내게 맡겨준 영혼을 다 죽이는 모습을 생각했습니다.

주여! 영혼의 신생아인 초신자, 어린 영혼을 맡겨주셨지만 어떻게 키워야 할지도 모르고, 보듬을 수 있는 사랑의 힘이 없어 떨어지는 자를 잡기는커녕 더 떨어뜨리고 넘어지게 했습니다. 업을 줄도 모르고 안을 줄도 모르고 품을 줄도 모르고 붙들 줄도 모르고…. 내가 바로 영적으로 네다섯 살 아기였어요.

어린아이가 아기를 안을 수 없고, 품을 수 없고, 업을 수 없고, 지킬 수 없고, 오히려 넘어지게 하고, 쓰러지게 하고, 또 도망가도 잡을 줄 모르고, 울어도 달랠 줄 모르고, 배고파해도 먹일 줄 모르고, 아파서 울어도 도울 줄 모르고, 더러워도 씻길 줄 몰랐습니다."

주여, 회복되어 천국의 삶을 살게 하소서

"주여, 나는 주님의 신부가 아니었어요. 그러면서 신부인 척 설레고 덤벙대고 큰소리쳤어요. 나는 여전히 주의 자녀로 앉은뱅이, 성장 못하는 영적 유아기를 가진 장애인이었어요.

나의 힘이 되신 여호와여, 내가 주를 사랑하나이다.

나를 도와주시고 나의 구원이 되신 여호와여 내가 주를 사랑하나이다. 나에게 믿음을 주시고, 능력을 주소서.

지금 이 시간 나에게 성령의 핵폭탄, 말씀의 핵폭탄을 터뜨려 주소서. 회개의 불바다를 이루어 나를 치료하소서. 그리하여 예수의 신부로, 그리스도의 좋은 군사로, 이제 나도 사랑의 핵폭탄이 되게 하소서. 사탄의 핵폭탄은 사람을 죽이고 지옥으로 끌고 갑니다. 주님 사랑의 핵폭탄으로 악한 사탄을 다 멸하고 하나님의 사랑의 나라를 이루소서.

오 주여, 사랑의 원자탄이 되고자 호소하나이다. 간구하나이다. 죽어 가는 내 백성을 살리게 하소서. 핵폭탄은 강력한 힘이 있습니다. 사탄도 이것을 이용해 세계를 위협하고 우리를 위협하고 큰 소리를 치는데 주여, 나에게 핵폭탄보다 더 강력한 성령의 권능이 필요합니다. 능력이 없으면 아무것도 할 수가 없습니다.

말씀에서 성령의 불같은 능력이 임할 때, 그 말씀이 나를 살리고 적을 이길 수 있으니 기도에도 성령의 불같은 능력이 있어야 합니다. 찬양도 성령의 불같은 능력이 있어야 해요.

다윗의 시가, 다윗의 고백이, 다윗의 찬양이, 다윗의 기도가, 다윗의 신앙고백이 시편의 말씀이 되어 오늘날 나를 회개의 핵폭탄으로, 사랑의 핵폭탄으로, 기도의 핵폭탄으로, 찬양의 핵폭탄으로, 감사의 핵폭탄으로 이끌어 영적전쟁에서 승리케 하시고, 찬양과 기도 그리고 감사로 은혜의 불도가니, 성령의 불도가니로 이끄시니 감사합니다.

그러나 주여, 수시로 넘어지는 나를 보며 내게 이 불같은 능력이 없어 전쟁을 이기지 못하고 관망만 하고 있으니 주여, 어찌하오리까. 내 심령의 탄식을 들어 주소서.

주여, 나의 이 감사 기도의 책이 성령의 핵폭탄을 이루게 하소서.

이 책을 보는 자마다 감사의 핵폭탄을 터뜨려 감사의 불바다를 이루어 온갖 시험, 미움, 분노, 억울함, 저주, 교만, 온갖 죄악 다 태우소서. 귀신의 집들은 다 태워 소화되고 훼파되게 하시고, 감사의 불이 붙어 심령이 회복되어 천국의 삶을 살게 하소서.

사랑의 불바다, 기도의 불바다, 회복의 불바다, 말씀의 불바다, 능력의 불바다를 이루어 영적으로 회복하고 성장하여 예수의 신부로 살게 하소서. 뭇 영혼을 먹이고 키우고 돌보고 사랑하고 섬기게 하소서.

오 주여, 나의 감사 기도를 통해 성령님이 일하시고 주의 뜻을 이루소서. 주님 오시는 그날까지 나의 글들이 영혼을 살리는 데 쓰임 받게 하소서. 전도의 도구가 되게 하소서."

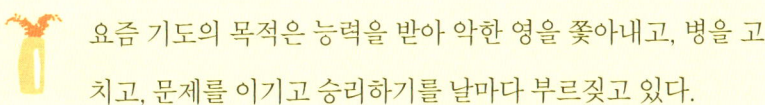

나의 기도를 기뻐하시는 하나님

요즘 기도의 목적은 능력을 받아 악한 영을 쫓아내고, 병을 고치고, 문제를 이기고 승리하기를 날마다 부르짖고 있다.

문제를 붙들고 해결해 달라고 기도하기보다는 말씀을 통해 문제의 원인인 죄를 찾아 회개하려고 애쓴다. 내가 깨닫지 못한 죄, 잃어버린 죄, 숨겨진 죄, 죄인 줄도 모르고 습관적으로 짓는 죄, 죄의식도 없이 내 말과 생각에 묻어나오는 죄, 말씀 앞에서 낱낱이 드러내달라고 하나님께 기도하며 깨닫게 해주시는 대로 회개를 했다.

이렇게 기도하다 보니 모든 문제의 원인은 나에게 있고 문제의 시작도, 과정도, 결과도 나한테 있었음을 알게 되었다. 육신의 판단과 생각으로는 나 아닌 다른 사람에게 원인이 있는 것 같았지만, 근본으로 파고들어가니 결국은 내가 하나님 말씀과 뜻대로 살지 못했기 때문에 문제를 자초했고 압도당한 것이었다. 모든 문제와 원인의 잣대는 하나님 말씀에 있다.

그것도 모르고 못난 내가 문제를 키워서 가까이는 내 가족과 형제, 나아가서는 교회와 나라를 힘들게 했다는 사실을 깨닫고 회개했다. 옹고집과 넘치는 혈기, 소심함, 시기, 욕심, 게으름, 교만을 죽이고, 온유하고 겸손하게 해달라고, 또 성령의 인격과 열매가 나타나게 해달라고 하나님께 부르짖었다.

이 기도를 하나님께서 얼마나 기뻐하시는지…. 기도회 때마다 말씀으로 큰 은혜를 받고 회개가 터져 눈물과 콧물이 범벅되어 기도할 때가 한두 번이 아니다. 눈물의 기도는 영혼의 창이었다. 회개의 눈물기도 후에는 내 영이 맑고 밝아짐을 느끼게 된다.

그동안은 기도의 중요성은 알지만 기도의 영력이 정체되어, 타성에 젖어 의무적, 습관적, 형식적으로 또 시간만 때우는 기도, 하나님의 뜻을 구하기보다 문제 해결에만 급급해 부르짖었다. 하지만 아무리 기도해도 답답했다. 내 자신이 이기적이고 소극적이고 어린아이 수준의 기도에 머물러 있는 것 같아 안타까웠다.

성령의 능력과 사랑이 없는 기도는 역사가 일어나지 못한다. 또한 죄도, 마귀도, 병도, 세상도 이기지 못한다. 그래서 말씀을 통해 하나님의 사랑을 더욱 깨닫게 하시고 말씀 앞에 강력한 회개의 역사가 일어나서 내 심령부터 회복의 불이 붙게 되기를 간절히 기도한다.

"성령의 강력한 불이 임하사 기도의 방해 세력과 기도의 권태기, 기도의 온갖 싫증들을 다 이기고 더 깊은 기도로 들어가게 하소서.

날마다 애쓰고 힘써 더욱 간절히 기도할 수 있게 힘주시고 영감과 영력을 더하소서."

믿는 자에게 능치 못함이 없으리라

믿고 힘 있게 구하는 자에게는 역사가 일어난다. 믿음도 힘이 있어야 하고 구하는 기도도 힘이 있어야 한다. 힘이 없으면 끄덕도 안 한다. 육신도 체력이 있어야 장애물인 돌도 제거하듯이, 영적인 힘이 영력인데 이것이 없으면 아무것도 못한다. 이 영력은 말씀과 기도를 통해 온다.

기도를 해도 해도 평안이 없고 늘 곤고했다. 시편 말씀을 읽다가 시편 119편 165절 말씀이 나에게 강력한 불로 임했다. 말씀이 하나님이시고 하나님의 인격의 음성인데 나에게는 말씀 사랑함이 없었다. 그때부터 말씀을 사랑하게 해달라고, 말씀과 연애하게 해달라고, 말씀을 사모하게 해달라고, 말씀에 미치게 해달라고 기도했다. 또 다윗의 말씀이 송이 꿀보다 더 달다는 고백과 주님의 말씀을 정금보다 더 사랑한다는 고백이 나의 고백이 되게 해달라고 기도했다.

야곱이 라헬을 연애하니 칠년이 수일같이 지나갔다고 했는데, 사탄에 잡혀 질병과 실패와 문제에 빠지면 하루하루가 근심, 고통의 감옥에 갇혀 있어야만 한다. 이젠 말씀 사랑함에 미쳐 야곱처럼 칠년이 수일처럼 여겨지는 복된 삶을 살기를 사모하며 기도했다. 그러나 지금은 어떤 말씀을 읽든지 듣든지 꿀처럼 맛있게 깨달아지고 은혜를 받는다.

"주의 법을 사랑하는 자에게는 큰 평안이 있으니 그들에게 장애물이 없으리이다"(시 119:165).

문제를 하나님 앞에 던져 버리는 것이 믿음이다. 던져버리는 것도 영적인 힘이 있어야 한다. 하나님 앞에 맡기는 것도 영력이 없으면 말만 맡긴다고 큰소리쳤지 심령 속엔 하나도 안 맡겨지고 그대로 있다. 이 영력은 하루아침에 오는 것이 아니다. 매일매일 말씀과 기도로 저축을 해야 한다.

문제가 없을 때 계속 저축하면 문제가 생기지 않을 뿐 아니라 문제가 와도 걱정 없이 뛰어넘어 갈 수 있다.

잠시만 방심해도 사탄은 염려의 화살을 쏜다.

"기도하면 되는데, 왜 염려하느냐? 왜 걱정하느냐? 왜 슬퍼하느냐? 왜 낙심하느냐?"

"내게 능력 주시는 자 안에서 내가 모든 것을 할 수 있느니라"(빌 4:13).

할 수 있다. 하면 된다. 해보자. 믿는 자에게 능치 못함이 없으리라. 나는 부족해도 나는 약해도 주가 도와주신다. 의심 말고 두려워 말라. 기적이 일어난다. 말씀 안에서 믿음 안에서 할 수 있다. 해보자.

책을 준비하면서 길도 모르고 자신도 없어 포기하려 했다. 그러자 성령의 명령이 있었고, 현실적인 인본주의는 부정적인 방향으로 길을 막았다. 나는 이 두 전쟁 속에서 말씀과 찬송이 나를 이기며 이끄심을 깨닫게 되었다.

감사 기도의 능력을 믿어라

감사 기도는 믿음의 기도다. 감사 기도는 능력의 기도다. 감사 기도를 할 때 마음에서부터 긍정의 문이 열리고, 기도의 문이 열리고, 응답의 문이 열리고, 은혜의 문이 열리고, 기적의 문이 열리고, 치유의 문이 열린다.

감사 기도를 할 때 내 마음속에 있는 홍해가 갈라지고, 여리고성이 무너지고, 요단강이 갈라지고, 바벨론이 떠나가고, 아말렉을 이기고, 앗수르를 이기고, 블레셋을 이긴다.

어떤 문제든지 감사 기도를 선포해 보라. 펌프에 마중물을 부어 펌프질을 할 때 지하수 물이 펑펑 쏟아져 나오듯, 눈에 보이는 것부터 또 생각과 마음에서 느끼고 있는 것을 우리의 모든 것을, 담당하시는 예수님의 십자가의 약속을 바라보며 하나하나 감사 기도로 선포해보자. 놀라운 승리를 맛보며 하나님께 영광 돌리게 될 것이다.

내게 글을 쓰게 하신 주님의 뜻

나의 주님께서 내게 고통스런 시간을 갖게 한 것은 지금

이 글을 쓰게 하심이라는 것을 깨달았다. 지독한 가난, 사업 실패, 온갖 질병뿐 아니라 부부와 자녀 문제, 그리고 양가 어머니를 모시며 겪은 심한 마음고생, 거기다 개척교회를 일구게 하심 등 이 모든 것이 내게 글을 쓰게 하시려는 주님의 뜻이라는 걸 알게 됐다.

이때 예수께 나아가게 하사 이 감사의 재료들을 주셔서, 나 같은 자를 위해 은혜를 주심에 몸부림치고 탄식하며 감사했다. 주님께서는 내게 사람들에게 덕(德)을 베풀고 유익을 끼치라는 전도의 도구와 수단으로 이 책을 내게 허락하셨다. 이것은 모두 주님이 하신 일이다. 이 책에 쓰인 모든 내용은 성령께서 하셨다. 이 책은 내가 아니라 성령께서 쓰셨다.

"주여! 주께서 쓰시겠다며 '내 놓아라' 하면 순종할 뿐입니다.

주께서 모든 일을 책임지십니다.

주여, 부디 여기에 적힌 글들이 자살을 생각할 정도로 외롭고, 괴롭고, 염려와 근심, 걱정에 짓눌려 불안, 두려움, 낙심으로 하루하루를 살아가는 이들에게 힘이 되게 하소서.

기도가 안 되고, 함께 기도해 주는 자도 없고, 은혜를 받으러 가고 싶어도 갈 수도 없는 곤궁에 처한 이들의 마음을 붙드소서.

또한 집안의 탕자, 집밖의 탕자들이 주님께 다시 돌아오는 그 일에 쓰임 받는 책이 되게 하소서.

보리떡 5개와 물고기 2마리같이 작은 이 책을 주님 손에 올려드리니 오병이어 기적의 역사가 일어나게 하사 영혼을 회복시키는 일에 쓰임 받게 하옵소서.

이 책의 모든 것은 주님이 하시는 일입니다. 이 글의 주인은 제가 아니라 성령님이십니다. 그동안 제가 범한 염려, 걱정, 계산 등 모든 불신의 죄악을 용서하소서. 처음부터 끝까지 주님께 맡기고 기도하게 하소서. 이 일은 성령께서 하시는 일임을 핍박을 통해 알게 하심에 깊이 감사합니다."

사실 내가 책을 낸다고 했을 때 "이 내용으로는 망신당한다", "혹시 책이 불쏘시개가 되면 어쩌냐?"라는 주변의 관심어린 염려가 있었다. 그러나 나는 그조차도 감사하고, 감사하고, 감사했다.

내용적으로나 물질적으로나 "주님이 이 책을 전도의 도구로 써 주실까?"라는 마음의 숙제를 안았지만 약속의 말씀을 붙들고, 성령의 감동을 붙들며 출발했다. 요단강을 밟는 믿음 주심에 감사했다.

심는 자에게 종자와 먹을 것을 주시는 주님께 감사했다. 물질을 주심에 감사하고(고후 10:10) 글의 내용을 성령께서 책임지심에 감사했다.

또한 성령께서 이 모든 것도 내게 맡기라 하시니 감사할 뿐이다.

"너의 길을 하나님께 맡기라 저를 의지하라 그리하면 저가 이루신다" 하시니 감사하다.

"요단강에 발을 먼저 내디디라" 하실 때 한발 한발 내디딜 때마다 요단강이 갈라지고 문제가 갈라지고 길이 열림에 감사하다.

또한 이 모든 것을 주님께 맡기게 하심에 감사하다. 물질의 문제도 주님께 맡기게 하심에 감사하고, 글을 쓰고 책이 만들어지고 사람들의 선택 또한 주님께 맡기게 하심에 감사하다.

"아무것도 염려하지 말고 다만 모든 일에 기도와 간구로, 너희 구할 것을 감사함으로 하나님께 아뢰라"(빌 4:6) 하심에 감사하다.

"구하라, 찾으라, 두드리라"(마 7:7) 하시니 감사하다. 좋게 하시고, 좋은 열매 주시고, 성령께서 하시고, 하나님 나라 이루시고(렘 33:1-3), 일을 행하시고, 그것을 지어 성취하시는 하나님을 부르짖게 하시니 감사하다.

성령 충만 안에 영권, 인권, 물권이 들어있다.

성령님이 "선포하라. 네가 염려할 것이 아니다. 너는 감사만 하면 된다. 고민하지 말고 망설이지 말고 따지지 말고 맡기고 감사 기도하라. 염려 말고 기도하고 맡기라.

내가 한다! 내가 한다! 내가 한다! 너는 순종만 하라. 감사만하라. 영광만 돌리라. 반드시 내가 너를 축복하리라. 반드시 너를 들어 쓰리라. 축복은 책이 주는 것이 아니다. 하나님이 주는 것이니 집착하지 말라. 낙심하지 말고 실망치 말고 두려워 말라. 부르짖어라. 인내하며 부르짖어라. 내 소망 이루는 날 속히 오리니 하나님께 영광 돌리라" 하시니 이 말씀을 하나님의 응답으로 "아멘" 했다.

"너는 기도 충만, 성령 충만하라. 그러면 물권, 인권은 따라온다."

"이 은혜와 복을 주시려고 사탄이 나를 시험하고 괴롭혔군요. 감사 감사합니다."

이 복을 받지 못하게 하는 사탄! 너는 졌어. 완전히 졌어. 내가 이겼어!!!

제1부

하늘의 뭇별처럼
수많은 감사들

제1장

감사는 있는 것에서부터

1
범사에 감사할 수 있는 은사와 능력

"하나님이여 나의 구원의 하나님이여 피 흘린 죄에서 나를 건지소서 내 혀가 주의 의를 높이 노래하리이다 주여 내 입술을 열어 주소서 내 입이 주를 찬송하여 전파하리이다"(시편 51:14-15)

●감사는 하나님의 뜻이니 감사. ●감사는 하나님의 명령이니 감사.
●하나님의 뜻대로 산다는 것은 우리가 어떠한 환경과 처지 가운데서도 감사하는 것이니 감사. ●하나님의 뜻대로 살기를 몸부림치고 찾고 구했지만 분별을 잘 못했는데 하나님의 뜻은 어려운 것이 아니니 감사.
●"하나님의 명령과 율법은 어려운 것이 아니요 쉬운 것이요 내 맘에 있다"는 구약의 말씀이 생각나고 인식되고 이해가 됨을 감사. ●이젠 어떤 환경과 문제와 처지와 고통과 아픔 가운데서도 감사가 체질화되고 습관화되게 하심을 감사. ●아무 일 없을 때에도 또 기쁠 때에도 감사가 내 심령에서 고동치며 파도치며 울려 퍼지게 하심을 감사. ●이

감사 때문에 이젠 행복이 내 것이니 감사.

●이젠 기쁨도 내 것이니 감사. ●이젠 천국의 삶도 내 것이니 감사. ●이젠 승리도 내 것이니 감사. ●이젠 기적도 내 것이니 감사. ●이젠 염려, 근심, 걱정 끝이니 감사. ●이젠 고통도 아픔도 끝이니 감사. ●이젠 원망, 불평도 끝이니 감사. ●이젠 불행도 끝이니 감사. ●이젠 축복도 내 것이니 감사. ●이젠 형통도 내 것이니 감사. ●이젠 하나님의 사랑도 내 것이니 감사. ●주님께 큰 소리로 감사. 작은 소리로 감사. 기뻐 뛰며 감사. ●손뼉치며 춤추며 감사. 노래로 감사.

●눈에도 감사 충만. ●귀에도 감사 충만. ●입에도 감사 충만. ●손길마다 감사 충만. ●걸음마다 감사 충만. ●마음속에도 감사 충만 ●시간마다 분초마다 감사 충만. ●날마다 주님 부르시는 그날까지 감사 충만.

●또 감사는 기적의 통로가 되니 감사. ●예수께서 어린 소년의 물고기 2마리 보리떡 5개를 손에 들고 감사하신 후 나누어주라 했는데, 5000명이 배불리 먹고 열두 광주리가 남았고, 또 사도 바울과 실라가 귀신 들린 여종을 고쳐주었다가 모진 매를 맞고 빌립보 지하 감옥에 갇혔지만, 거기서 밤중에 감사하며 하나님을 찬양할 때 지진이 일어나고 옥문이 열린 기적을 보게 하심을 깨닫게 하심을 감사.

●감사는 나의 재산 중의 재산이니 감사. ●감사는 하늘문을 여는 열쇠이니 감사. ●감사는 기적을 일으키는 열쇠이니 감사. ●감사는 고통의

진통제이니 감사. ●감사는 응답의 지름길이니 감사. ●감사는 하나님께 받은 은혜에 대한 영수증이니 감사. ●감사는 치료의 지름길이니 감사. ●감사는 질병의 대수술이니 감사. ●감사는 보약이니 감사. ●감사는 하나님께 드리는 사랑의 연애편지이니 감사.

●감사는 하나님을 기쁘시게 하니 감사. ●감사는 모든 사람에게 기쁨을 주니 감사. ●감사는 화목의 열쇠이니 감사. ●감사는 축복의 열쇠이니 감사. ●감사는 날마다 시간마다 분초마다 기적을 보고 누리는 삶이니 감사. ●감사는 행복의 조건이니 감사. ●모든 행복은 감사로부터 오니 감사. ●감사는 가로막힌 담을 허무는 것이니 감사. ●감사는 굳은 맘을 녹이는 것이니 감사. ●감사는 맘 문을 활짝 열게 하는 것이니 감사. ●감사는 아름답게 보이는 안경이니 감사. ●감사는 좋은 소식만 들리는 보청기니 감사. ●감사는 굳어 있는 육신을 부드럽게 하는 윤활유이니 감사. ●감사는 정화제니 감사. ●감사는 복잡한 생각을 정화하니 감사. ●감사는 답답하고 고통스런 맘을 정화하니 감사.

●감사는 운동 중의 최고의 운동이니 감사. ●감사가 충만할 때 어떤 경기도 금메달은 내 것이니 감사. ●감사는 원자력 발전소니 감사. ●감사로 인한 빛은 무한정 공급되어 내 자신을, 가정을, 지역을, 나라와 민족 온 우주를 환히 밝히는 빛이니 감사. ●감사는 최신형 잘 돌아가는 기계이니 감사. ●생각마다 손길마다 일마다 계획마다 하나님의 원하시는 멋진 작품을 만들어내는 기계이니 감사. ●감사는 실패가 없으니 감사. ●감사는 불량품이 없으니 감사. ●감사는 부족함이 없으

니 감사. ●감사는 어디 어느 곳에나 어린아이, 태중에 있는 아이부터 장년에 이르기까지 모든 만물에 적재적소 필요치 않은 것이 없으니 감사.
●누구에게든, 어느 곳이든, 꼭 필요한 것이니 감사. ●또 모든 이를 유익하고 행복하게 하고 기쁨이 되니 감사. ●모든 환경도 해와 달과 별과 바다도 땅도 하늘도 짐승도 우주도 다 좋아하고 기뻐하고 보람을 느끼고 흐뭇해 하니 감사. ●또 다같이 하나님께 영광 돌리니 감사. ●만사형통의 지름길이니 감사. ●감사의 작품은 그 어느 누구도 거절하는 자 없으니 감사.
●감사는 불합격이 없으니 감사. ●감사 제품은 되돌아오는 것이 없으니 감사. ●감사가 닿는 곳마다 행복이 넘치는 하나님이 주신 최고의 선물이니 감사. ●감사가 닿은 곳마다 하나님이 영광 받으시니 감사. ●감사가 충만하니 하나님 아버지의 맘이 땡볕에 시원한 냉수 같으니 감사. ●감사가 충만하여 모두, 즉 온 우주, 나라, 민족, 온 교회, 가정이 화목하고 하나님 아버지의 행복이 충만하니 감사.

주께 영광….
온 우주 만물이 소리 높여 춤을 추며 하나님께 영광! 주께 영광!
감사가 충만하니 하나님도 기쁨을 이기지 못하시네.
이제 나는 감사의 사람이다!
감사는 빛이다.
갇혔던 감옥 문은 활짝 열릴지어다!
심령의 문도 활짝 열릴지어다!

불화도 다 떠나갈지어다!

가난도 다 떠나갈지어다!

궁핍도 다 떠나갈지어다!

시기도 다 떠나갈지어다!

부채도 다 떠나갈지어다!

염려도 다 떠나갈지어다!

불안도 다 떠나갈지어다!

시기도 질투도 짜증도 다 떠나갈지어다!

어둠은 다 떠나갈지어다!

방해 세력도 다 떠나갈지어다!

가로막고 괴롭히는 사탄마귀는 다 떠나갈지어다!

미움도 다 떠나갈지어다!

원망도 다 떠나갈지어다

다툼도 다 떠나갈지어다

어려움도 다 떠나갈지어다

분쟁도 다 떠나갈지어다

불행도 다 떠나갈지어다

주님! 감사의 빛으로 통치하소서.

내 심령에 감사 꽃이 피어 만발하네.

우리 가정에 감사 꽃이 피어 만발하네.

우리 교회에 감사 꽃이 피어 만발하네.

우리 민족에 감사 꽃이 피어 만발하네.

감사의 향기가 진동하네.

감사의 소문이 달려가네.

감사의 노래가 울려 퍼지네.

감사의 웃음소리가 메아리치네.

감사의 맛이 꿀송이보다 다네.

천국 꽃은 감사 꽃이구나! 주님께 영광!

감사 풍년! 아아아~ 이 감사. 이 내음~ 찐하다!

2
불평하면 원수가 내 옆에, 감사는 가까운 곳에서부터 또 있는 것에서부터…

"세월을 아끼라 때가 악하니라 그러므로 어리석은 자가 되지 말고 오직 주의 뜻이 무엇인가 이해하라 술 취하지 말라 이는 방탕한 것이니 오직 성령으로 충만함을 받으라 시와 찬송과 신령한 노래들로 서로 화답하며 너희의 마음으로 주께 노래하며 찬송하며 범사에 우리 주 예수 그리스도의 이름으로 항상 아버지 하나님께 감사하며"

(에베소서 5:16-20)

●트집 부리는 남편 양보해서 감사. ●호랑이 같은 남편 무서워서 감사. ●아버지 같은 남편 따뜻해서 감사. ●왕 같은 남편 순종할 수 있어 감사. ●오빠 같은 남편 듬직해서 감사. ●애인 같은 남편 사랑하니 감사. ●동생 같은 남편 심부름 잘해서 감사. ●종 같은 남편 부릴 수 있

어 감사. ●시아버지 같은 남편 어려워서 감사. ●목자 같은 남편 나를 책임지니 감사. ●친정 아버지 같은 남편 인자해서 감사. ●철부지 남편 기다릴 수 있어 감사. ●연약한 남편 붙들어주고 싶어 감사. ●친구 같은 남편 깊은 비밀 이야기할 수 있어 감사. ●개구쟁이 남편 뒷치닥거리 해 줄 수 있어 감사. ●늘 불안한 남편 기도로 밀어줄 수 있어 감사. ●아들 같은 남편 씻기고 챙겨 먹일 수 있으니 감사.

●환자 같은 남편 불쌍히 여길 수 있어 감사. ●사춘기 같은 남편 참을 수 있어 감사. ●갱년기 같은 남편 힘이 되어 줄 수 있어 감사. ●사장 같은 남편 결제를 잘해주니 감사. ●하나님 같은 남편 늘 다 주고 싶어하니 감사. ●예수님 같은 남편 나의 모든 것을 담당하니 감사. ●형사 같은 남편 나의 잘못을 틀림없이 잡아내니 감사.

●율법 같은 남편 늘 명령하고 지적하고 지시하니 감사. ●성령님 같은 남편 세밀하게 일거일동 간섭하니 감사. ●시어머니 같은 남편 잔소리 다 들어 줄 수 있어 감사. ●은혜로운 남편 넉넉하게 품어주니 감사. ●의사 같은 남편 나의 병을 고쳐주니 감사. ●보약 같은 남편 늘 힘을 얻게 하니 감사. ●자비로운 남편 상처를 싸매주고 이해하고 용서해 주니 감사. ●총알 같은 남편 상처받지 않게 감사의 방패로 무장하니 감사 ●남편은 나의 작은 예수님이니 감사

감사하면 모든 것을 다 가졌고 다 누리는구나. 그러나 불평하면 원수가 내 옆에…. 세월 허송 않게 감사만 해야지. 오 주여! 범사에 감사하는 은사를 주소서.

3
나는 예수님의 택배요 편지다

"너희는 우리로 말미암아 나타난 그리스도의 편지니 이는 먹으로 쓴 것이 아니요 오직 살아 계신 하나님의 영으로 쓴 것이며 또 돌판에 쓴 것이 아니요 오직 육의 마음판에 쓴 것이라"(고린도후서 3:3)

"예수 사랑, 예수 피, 예수 생명.
걸음마다 예수님의 걸음이요 예수님의 발자국 되게 하소서.
손길마다 예수님의 손길 되게 하소서.
예수님의 흔적만 남기게 하소서.
나는 없고 예수님만 남으소서.
껍데기만 가기 싫어요.
성령으로 무장하고 예수 피에 잠기게 하사 내 심령이 예수 피, 예수 생명,
예수 사랑의 저수지가 되어 그리스도의 풍성한 선물을 가지고 가기를
원하나이다.
사도 바울이 그리스도의 풍성한 선물을 가지고 간 것처럼…
하루하루 감사로 말씀의 주님에 이끌리게 하시고,
마지막 날까지 감사로 마무리하여 주 맞이하게 하소서."
모든 게 감사감사감사 후회할 시간이 없다.
오직 감사만 해도 시간이 부족하다.

4
나는 하나님의 공장

"너희가 내 안에 거하고 내 말이 너희 안에 거하면 무엇이든지
원하는 대로 구하라 그리하면 이루리라"(요한복음 15:7)

"내 집은 만민이 기도하는 집" 기도하지 않으면 강도의 소굴이다.

나는 어떤 공장인가? 영혼을 위해 감사 제품을 만들어 생산하는 공장이다.

공장의 목적은 생산(영혼과 심령과 환경을 감사로 살리는 열매)이다.

기업은 가만히 세워놓으면 부도나니….

주님 부르시는 그날까지 감사 제품이 끊임없이 가동되게 하자!

●감사 작품이 쏟아져 나오게 하심을 감사. ●나는 하나님의 기업이니 감사. ●나는 하나님의 상속자, 유업을 이을 자이니 감사. ●나는 하나님의 소유, 하나님의 재산이니 감사. ●나의 재산, 나의 소유는 또한 하나님이시니 감사. ●하나님과 나는 하나이시니 감사.

●말씀을 통해, 환경을 통해, 사람을 통해, 문제를 통해, 감사의 주문이 계속 들어오는데… 감사를 순종치 않으면 불량품이 나옴을 깨달으니 감사. ●원망, 불평은 불량품이니 이때까지 이렇게 불량품만 생산하고 살아온 것을 용서해주시니 감사. ●환난은 감사치 않아 복을 받지 못함의

증거이니 감사. ●감사함으로 다시 힘있게 공장이 잘 돌아가게 하시니 감사. ●기업은 목적대로 많이 생산하여 하나님 나라가 든든히 세워지는 것이요, 양적으로 구원받는 수가 많아지게 하심이니 감사. ●질적으로 신앙의 성장과 성숙이 있으니 감사. ●감사는 나의 신앙고백이니 감사.

감사는 나의 기도요.
감사는 하나님의 응답을 잘 받았다는 하나님께 드리는 영수증이요.
감사는 범사에 하나님을 인정하는 것이요.
감사는 삶으로 드리는 찬양이요.
감사는 하나님과 동행하는 삶이요.
나는 과거도 감사, 지금도 감사, 미래도 감사, 오직 감사로 살래요.

5
예수 피의 굉장한 위력!

"너희가 알거니와 너희 조상이 물려 준 헛된 행실에서 대속함을 받은 것은 은이나 금 같이 없어질 것으로 된 것이 아니요 오직 흠 없고 점 없는 어린 양 같은 그리스도의 보배로운 피로 된 것이니라"(베드로전서 1:18-19)

●예수 피는 나를 향한 하나님의 사랑의 결정체이시니 감사.
●예수 피는 나를 향한 예수님의 십자가 사랑의 결정체이시니 감사.

- 예수 피는 성령님이 지금도 이 사랑 깨닫게 하시니 감사.
- 예수 피가 나를 구원했으니 감사.
- 예수 피로 마귀 것인 나를 하나님 것으로 사셨으니 감사.
- 예수 피로 생명을 얻었으니 감사.
- 예수 피로 나를 낳아주셨으니 감사.
- 예수 피는 나의 능력이니 감사.
- 예수 피가 나의 힘이니 감사.
- 예수 피가 나의 최고의 노래이니 감사.
- 회개 때 흘려들어온 예수 피가 나의 영혼을 적시니 감사.
- 또 성령의 선물까지 주셨으니 감사.
- 나에게 있는 예수 피가 하나님께 드리는
  최고의 사랑의 고백이니 감사.
- 이 예수 피는 하나님을 최고로 기쁘시게 하는 것이니 감사.
- 이 예수 피는 나의 최고의 감사 제목이니 감사.
- 하나님도 나를 향한 그 뜨거운 사랑을 아들을 죽이신 예수 피로 확증하셨으니 감사.

"생명은 피에 있으니 감사. 피가 굳으면 죽은 자이듯,
날마다 주님의 살이요, 피인 말씀을 잘 먹어
예수 생명이 차고 넘치게 하소서.
수술할 때 피가 부족하면 위험하여 반드시 수혈해야 하듯,
날마다 회개를 통해 영적 대수술 받아 회개한 곳마다
예수님 피로 덮으소서.

건강한 자는 오히려 헌혈하여 죽어 가는 자를 살리듯이
나도 예수로, 예수님 피로 건강하게 하소서,
성령이여 예수 피 운반, 즉 헌혈하는 도구로 써주소서.
예수 생명 전하게 하소서.
피가 부족하면 빈혈이 오고 힘이 없고,
피가 깨끗지 못하면 중풍, 영양실조 등 만병의 근원이 되니…."

● 음식을 잘 먹어야 피가 생기듯, 말씀 잘 먹어 예수 피가 생기고 건강하게 하심을 감사 ● 예수 피가 부족하면 영적 빈혈이 오고 힘이 없고, 만가지 병이 옴을 깨닫게 되니 감사.
● 예수 피가 부족하면 감사가 잘 안 되고, 기도에 실패, 예배 실패, 말씀 읽는 것도, 순종도, 찬양도, 전도도 잘 안됨을 깨달으니 감사.
● 말씀을 통해 예수님의 십자가가 보이게 하시니 감사. 예수님의 사랑이 보이니 감사. 예수님 피가 내 심령을 적시게 하시니 감사.

지금은 매사에 예수 피가 부족하다. 다 죄 때문이다.
말씀을 통해 회개하여 예수 피를 내게 부으소서.
예수 생명이 충만하여 건강한 신앙생활 되게 하소서.

6
다 이루신 예수 이름

"예수께서 신 포도주를 받으신 후에 이르시되 다 이루었다 하시고
머리를 숙이니 영혼이 떠나가시니라" (요한복음 19:30)

- 나는 예수님 때문에 기도하기를 쉬는 죄 범하는 자가 아니니 감사
- 나는 예수님 때문에 늘 깨어 성령 안에서 기도하는 자이니 감사.
- 나는 예수님 때문에 불평하는 자가 아니니 감사.
- 나는 예수님 때문에 감사하는 자가 되었으니 감사.
- 나는 예수님 때문에 불안해 하는 자가 아니니 감사.
- 나는 예수님 때문에 평안의 사람이 되었으니 감사.
- 나는 예수님 때문에 두려워하는 자가 아니니 감사.
- 나는 예수님 때문에 강하고 담대한 자가 되었으니 감사.
- 나는 예수님 때문에 약한 자가 아니니 감사.
- 나는 예수님 때문에 사람을 의식하는 자가 아니니 감사.
- 나는 예수님 때문에 사람을 바라보고 비교하는 자가 아니니 감사.
- 나는 예수님 때문에 만족하는 자가 되었으니 감사.
- 나는 예수님 때문에 기뻐하고 찬양하고 감사하는 자이니 감사.
- 나는 예수님 때문에 약속의 말씀이 나의 푯대가 되고
  기준이 되었으니 감사.
- 나는 예수님 때문에 범사에 감사. 전천후 감사.

전심으로 감사하는 자가 되었으니 감사.
- 나는 예수님 때문에 열등의식과 상관이 없으니 감사.
- 나는 예수님 때문에 낙심, 낙담과 상관이 없으니 감사.
- 나는 예수님 때문에 믿음의 사람이 되었으니 감사.
- 나는 예수님 때문에 약속의 사람이 되었으니 감사.
- 나는 예수님 때문에 소망의 사람이 되었으니 감사.
- 나는 예수님 때문에 축복의 사람이 되었으니 감사.
- 나는 예수님 때문에 영적인 무기력감에 빠진 자가 아니니 감사.
- 나는 예수님 때문에 영적으로 민감한 자가 되었으니 감사.
- 나는 예수님 때문에 영적 질병과 상관이 없으니 감사.
- 나는 예수님 때문에 영적으로 강건한 자가 되었으니 감사.
- 나는 예수님 때문에 예수 생명, 예수 사랑을 최고로
  귀하게 여기는 자가 되었으니 감사
- 나는 예수님 때문에 애통하고 통회하는 자가 되었으니 감사.
- 나는 예수님 때문에 믿음 없는 자가 아니니 감사.
- 나는 예수님 때문에 믿음의 사람이 되었으니 감사.

- 나는 예수님 때문에 범사에 주님을 인정하는
  믿음의 사람이 되었으니 감사.
- 나는 예수님 때문에 범사에 주님을 의지하고
  감사하는 자가 되었으니 감사.
- 나는 예수님 때문에 범사에 주님을 찬송하며
  영광 돌리는 자가 되었으니 감사.

- 나는 예수님 때문에 불안해하고 염려, 근심하는 자가 아니니 감사.
- 나는 예수님 때문에 믿음의 사람, 말씀의 사람,
  감사의 사람이 되었으니 감사.
- 나는 예수님 때문에 가난한 심령이 되었으니 감사.
- 나는 예수님 때문에 의에 주리고 목마른 심령이 되었으니 감사.
- 나는 예수님 때문에 작은 일에 충성하는 자가 되었으니 감사.
- 나는 예수님 때문에 날마다 시간마다 분초마다
  예수 생명으로 풍성하게 공급받으니 감사.

- 예수님 늘 나와 함께하시니 감사.
- 시험들 때도 함께하시니 감사.
- 외로울 때도 함께하시니 감사.
- 괴로울 때도 함께하시니 감사.
- 게으를 때도 함께하시니 감사.
- 죄를 지을 때도 함께 있어 보셨으니 감사
- 갈등할 때도 함께하시니 감사.
- 약할 때도 함께하시니 감사.
- 어떤 말을 할 때에도 함께하시고 듣고 계시니 감사.
- 실수할 때도 함께하시니 감사.
- 힘들어 할 때도 함께하시니 감사.
- 불평할 때도 함께하셨으니 감사.
- 불안해 할 때도 함께하시니 감사.
- 육에 끌려다닐 때에도 함께 계셨으니 감사.

- 답답해 할 때에도 나와 함께하시니 감사.
- 그 누구도 나의 친구가 될 수 없음을 감사.
- 주님만이 나의 친구가 되시니 감사.
- 주님만이 나의 힘이시니 감사.
- 주님만이 나의 해결자가 되시니 감사.
- 주님만이 나의 위로가 되시니 감사.
- 주님만이 나의 죄를 담당하셨으니 감사.
- 주님만이 나의 전부가 되시니 감사.
- 주님만이 나의 존재 이유가 되시니 감사
- 주님만이 영광을 받으실 분이시니 감사.
- 믿는 것과 아는 일에 하나가 되게 하심을 감사.
- 경험을 통해 하나님 앞에 믿음이 온전해지니 감사.

- 남편 앞에 한없이 낮아져 있는 나의 모습이지만
  "나의 남편은 작은 예수이니 감사."

- 내가 울 때 위로해 주니 감사.
- 내가 아파할 때 같이 아파해주니 감사.
- 내가 연약할 때 힘이 되어 주니 감사.
- 내가 기뻐할 때 더 기뻐하니 감사.
- 내가 부족할 때 채워주니 감사.
- 내가 지칠 때 밀어주니 감사.
- 내가 낙망할 때 소망이 되어주니 감사.

- 내가 낙심할 때 용기를 주니 감사.
- 내가 넘어질 때 일으켜주니 감사.
- 내가 병약할 때 나의 의사가 되어주니 감사.
- 나의 간호사가 되어주니 감사.
- 나의 간병인이 되어주니 감사.
- 내가 외로울 때 나의 친구가 되어주니 감사.
- 내가 두려울 때 나의 평안이요, 새 힘이 되어주니 감사.
- 내가 고통스러워할 때 내 짐을 대신 져주니 감사.
- 내게 도움이 필요할 때 그때그때 도와주니 감사.
- 내가 고아처럼 느껴질 때 나의 보호자가 되어주니 감사.
- 내가 과부처럼 느껴질 때 나의 신랑이 되어주니 감사.
- 나의 소원을 말할 때 밀어주니 감사.
- 나의 필요를 말할 때 채워주니 감사.
- 내가 호소할 때 기도해 주니 감사.
- 내가 목말라 할 때 생수를 공급해 주니 감사.
- 누가 나를 이렇게 해주랴 좋은 남편을 주심을 감사 감사 감사…

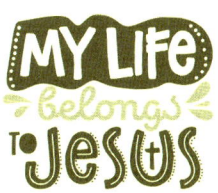

7
너만 조용하면 된다

"교만은 패망의 선봉이요 거만한 마음은 넘어짐의 앞잡이니라 겸손한 자와 함께하여 마음을 낮추는 것이 교만한 자와 함께하여 탈취물을 나누는 것보다 나으니라" (잠언 16:18-19)

"제발 너만 조용하면 된다.

너만 가만히 있으면 된다.

너만 잠잠하면 된다."

모든 문제에 늘 나만 탓했다.

이 말이 듣기 싫고 늘 귀에 거슬렸다.

오늘 새벽에 기도하면서 이 말이 생각나며

하나님 음성으로 들렸다.

아~~~ 맞다. 맞다. 맞다.

나만 겸손하면 된다.

나만 죽으면 된다.

나만 나를 부인하면 된다

나만 잠잠하면 된다.

나만 기다리면 된다.

나만 기도하면 된다.

어떤 일이든, 무슨 문제이든….

내 안의 '너!'

교만, 아집이 안 깨어지고, 안 죽어 늘 고통이었는데

예수님의 십자가를 바라보며

내 안에 철통같이 굳어 있는 교만과 아집을 회개하고

예수님의 십자가 앞에 '너!' 하고 찌르는

나의 교만과 아집은 죽고

예수님의 부활 내 부활되어

'나 때문이야' 하는 겸손을 얻었으니

은혜가 넘쳐 너무너무 감사했다.

오늘 새벽은 남편이 그렇게 고마울 수가 없다.

참 귀한 당신. 내게 귀한 보배.

나를 살리는 남편이구나.

나의 영혼을 지키는 남편이구나.

문제만 있으면 찌르니 기도하게 되는구나

불편하니 기도하게 되는구나.

늘 염려가 되니 기도하게 되는구나

늘 부담이 되니 기도하게 되는구나

나를 힘들게 하니 기도하게 되는구나

편안만 있으면 영적으로 잠 잘 텐데….

● 아픔을 주고 고통을 주니 이것 때문에 기도하게 되어 너무너무 감사.
● 이것 때문에 나를 깨닫게 하시니 너무너무 감사.

- 이것 때문에 예수님의 마음을 깨닫게 되니 감사.
- 남편의 모습이 예수님 앞에 내 모습이니 너무너무 감사.
- 간섭하니 먼저 맘에 불평은 하지만, 이것 때문에
  더 간절히 기도하고 부르짖으니 감사.
- 이런 염려가 있으니 더 간절히 기도하게 되니 감사.
- 이것 때문에 나의 기도의 힘이 더해지니 감사.
- 기도의 저축이 되니 감사.
- 기도의 영성이 더해지니 감사.
- 주님을 가까이 하니 감사.
- 깨어 간절할 수밖에 없는 자극을 주니 감사.
- 아무 문제가 없으면 기도가 평범하고 습관적이고 밋밋하고,
  졸 때로 있고 답답하고 힘이 들어 힘들게 기도하지만,
  결국은 응답으로 늘 성령님이 나의 굳은 맘들을 다 태우고
  기쁨과 평강을 충만하게 부어주심을 경험하게 하심을 감사.
- 영적으로 깨어 있게 하시니 감사.
- 새벽예배에 늘 졸고 기도가 잘 안 되어
  요즘 힘들었는데 다시 회복시켜 주시니 감사.

8
예수 피 용광로

"이삭이 거기 오래 거주하였더니 이삭이 그 아내 리브가를 껴안은
것을 블레셋 왕 아비멜렉이 창으로 내다본지라"(창세기 26:8)

교만, 욕심, 자랑을 싹 다 버리고 오직 겸손, 긍휼, 사랑을
더하라고 말씀하시는 주님.
그저 받았으니 그저 주라 하신 주님!
회개의 영, 회개의 능력으로 예수 피 바다를 이루게 하소서.
예수 피 용광로에 나를 날마다 넣어주소서.
나는 철저히 녹고 예수로만 채워지고 빚어지게 하소서.
말씀으로 예수 피 바다를 이루소서.
기도로 예수 피 바다를 이루소서.
찬양으로 예수 피 바다를 이루소서.
나를 통해 예수 피만 흐르게 하소서.

성령으로 이 십자가 예수 피 사랑의 핵폭탄을 나에게 터뜨리소서.
성령이여 나에게 십자가 사랑의 불바다를 이루소서.
욕심, 돈, 자랑, 내 영광, 온갖 죄악들을 철저히 태우소서.
그리하여 예수 사랑의 핵폭탄이 되고파 부르짖나이다.
예수 사랑에 젖어서, 긍휼에 젖어서, 생명에 젖어,

낮은 자리에서 온갖 환자를 섬기게 하소서

예수님만 나타내소서.

나를 통해 모든 환자를 고치시고 예수님 만나게 하소서.

회개의 눈물이 강물을 이루게 하소서.

예수 피 바다를 이루게 하소서.

주님의 거룩으로 ,주님의 빛으로….

주의 나라로….

제2장

깨진 독

"우리가 이 보배를 질그릇에 가졌으니 이는 심히 큰 능력은
하나님께 있고 우리에게 있지 아니함을 알게 하려 함이라
우리가 사방으로 우겨쌈을 당하여도 싸이지 아니하며
답답한 일을 당하여도 낙심하지 아니하며
박해를 받아도 버린바 되지 아니하며
거꾸러뜨림을 당하여도 망하지 아니하고
우리가 항상 예수의 죽음을 몸에 짊어짐은 예수의 생명이 또한
우리 몸에 나타나게 하려 함이라"(고린도후서 4:7-10)

 내 심령은 예수님을 담은 항아리인데

죄 때문에, 시험 때문에, 마귀 때문에 항아리에 금이 갔다.

반복된 죄, 시험, 마귀 역사 때문에 깨지고 또 깨진다.

온갖 오물이 들어와 염려, 근심, 불만, 두려움으로 채워진다.

죄 때문에 내 심령에 있는 맑은 물은 빠져나가고

내 영혼은, 사람 살려! 사람 살려! 호소한다.

평안, 기쁨, 은혜의 물이 빠져나가 고갈되었다.

수축하고 보수하는 길은 교회밖에 없다.

빨리 나와서 회개하고

말씀의 강력한 불로,

보혈의 강력한 불로,

성령의 강력한 불로,

보수하시고, 고치시고, 새롭게 하소서.

"주의 법을 사랑하는 자는 큰 평안이 있으니

저희에게 장애물이 없다"(시편 119:165).

말씀과 기도로 깨어 있지 아니하면 깨진 독과 같다고 했다.

은혜도 소멸되고, 성령의 소욕도 소멸되고, 사랑도 소멸되고,

믿음도 소멸되고, 영력도 소멸된다.

나는 깨진 독으로 살아왔다. 깨진 독을 보수치 않아

은혜를 받아도 금방 소멸되고, 계속 그렇게 살아왔다.

주여! 항아리에 물을 채워야 남을 줄 수 있는데,

항아리에 물을 채워야 내 자신부터 물이 포도주가 되는

변화의 역사가 일어나는데….

뿐만 아니라 남편을 보아도 주여 깨진 독입니다.

자녀들을 보아도 주여 많이 깨어진 독입니다.

이웃을 보아도, 한국교회를 보아도, 목사님들, 사모님들, 성도들…

주여! 우리 가정, 우리 교회가 모두 깨어진 독입니다.

그래서 변화가 없고, 빛과 소금이 되지 못했습니다.

주여! 나부터 모세의 갈대상자에 진(역청)을 칠한 것같이

나의 속과 겉에 예수 보혈을 칠하고 발라주소서.

겉으로 세상 물이 들어오지 않게, 유혹의 물이 들어오지 않게,

안으로는 죄악의 물이 들어오지 않게,

죄 때문에 깨어진 항아리를 보수해야 되겠사오니,

예수 피밖에 없나이다.

예수님은 고물상 주인이라고 했잖아요.

깨진 나를 고치기 위해 십자가를 지셨잖아요.

영적으로 깨지고, 인격이 깨지고, 환경이 깨지고,

질서가 깨지고, 생활이 깨지고, 길이 깨지고⋯.

맞습니다. 나는 질그릇입니다.

너무 깨지기 쉬운 나였고, 쉽게 깨지는 나였습니다.

주여, 두 손 들고 십자가 앞에 나아가니 나를 다시 빚어 주소서.

깨진 심령을 고쳐 주소서.

예수님 피로 나의 속과 겉을 발라 주소서.

주님의 보혈로 덮고, 성령의 불과 빛으로 덮으소서.

이젠 말씀과 기도로 깨어서 주님의 거룩으로 주님의 생명으로,

주님의 사랑으로, 주님의 권능으로 채우기를 원합니다.

내 자신이 먼저 물이 변하여 포도주가 되게 하시고,

나를 통해 물이 변하여 포도주가 되는 역사가 일어나게 하소서.

깨진 나의 항아리를 보수하소서, 보수하소서.

주님의 보혈을 안팎으로 발라 주소서.

남편에게도 발라 주소서.

자녀에게도 주의 보혈을 간구합니다.

우리 가정도 안팎으로 주의 보혈을 바르소서.

우리 교회도 주의 보혈로 바르소서.

한국의 목사님들, 사모님들, 목회자들 자녀, 가정에

주의 보혈로 바르소서.

한국 교회도 주의 보혈로 바르소서.

이제는 항아리를 깨트리는 돌을 깨트리기를 원합니다.

항아리를 깨트리는 돌을 치우기를 원합니다.

날마다 불같은 성령이 임하사

돌같이 굳은 내 마음을 녹이소서, 깨트리소서.

돌같이 굳은 내 마음을 기경하게 하소서.

그리하여 주님 것으로 살게 하소서!

주님께 영광!

제3장

순종을 연습하는 곳

"네 하나님 여호와께서 이 사십 년 동안에 네게 광야 길을 걷게 하신 것을 기억하라 이는 너를 낮추시며 너를 시험하사 네 마음이 어떠한 지 그 명령을 지키는지 지키지 않는지 알려 하심이라"(신명기 8:2)

 어느 설교자가 가나안은 천국이 아니라 그리스도 안에서 순종을 연습하는 곳이라 했다. 처음 들어본 말씀이었다. 가나안은 천국을 상징하고 있는 것으로 알았는데, '아~맞다' 하고 '아멘'을 하였다.

가나안을 가기 위해서는 요단을 건너는 것이 중요하다고 했다.

호렙 산에서 세일 산을 지나 가데스 바네아까지는 11일 거리였다(신 1:2).

또 호렙 산은 하나님의 말씀을 받은 산, 율법을 주신 산, 모세가 말씀을 받은 산이었다.

11일 걸릴 거리를 40년 걸렸다고 했다(신 1:3).

이것은 헤맸다는 것이다.

세월을 아끼라 했는데(엡 5:18) 세월을 낭비했다는 것이다.

방탕은 시간을 낭비하는 것이라고 했다. 그러나 시간은 돌아오지 않는다.

낭비 뒤에는, 낭비의 중심에는 불순종이 있다고 했다. 즉 하나님을 주인으로 모시지 않는 삶이라고 했다.

술 취하지 말고 성령 충만을 받으라는 말씀이었다.

성령 충만은 말씀에 순종하는 것이라 하니 감사했다.

낭비는 불순종에서 온다는 것을 깨닫게 하시니 감사했다.

광야 40년 생활을 세글자로 표현하면 '불순종'이라고 했다.

불순종을 끊고 요단강을 건너야 한다고 했다.

홍해는 신분이 바뀌는 바다, 즉 마귀의 종 되었던 자가 어린 양의 피로 하나님 자녀가 되는 바다라면, 요단은 광야의 불순종과 옛 습관을 장사 지내는 곳, 즉 요단은 성숙을 향해 결단을 내리는 강, 예수 그리스도를 본받아야 하는 강이라고 했다.

걸음마다, 문제마다, 일마다 하나님의 메시지를 듣고 순종할 때만 가나안을 젖과 꿀이 흐르는 땅으로 누리고 누릴 수 있다.

"정복하라" 하면 정복하고, "돌아라" 하면 돌고, "싸우라" 하면 싸우고, "올라가라" 하면 올라가고, "가만 있으라" 하면 가만 있을 때 하나님의 다스림을, 하나님의 손길을 볼 수 있고 누릴 수 있으니 감사했다.

가나안을 가기 위해선 반드시 요단을 건너야 하는구나. 나의 불순종이 철저히 깨어져야만 가나안의 삶이 되는구나. 일주일 갈 수 있는 길이 40년, 1년이 52주라면 40년이면 2,080주.

방황 그 자체이다. 매일 좀 더 자자, 좀 더 졸자, 좀 더 눕자, 또 문이 돌쩌귀를 따라 도는 것 같은 생활, 개가 토한 것을 다시 먹는 삶, 돼지가 오물에 계속 뒹구는 것 같은 삶, 즉 이런 게으른 신앙생활이었다. 그러나 감사할 것은 이런 가운데에서도 나를 깨트리시고 깨닫게 하시는 주님은 나를 위해 일하셨다.

더 기가 찬 것은 "더디 믿는 자여" 하는 주님의 음성이 내게 하시는 말씀이다.

게으름의 중심에는 불순종의 영이 있고, 실패의 중심에는 불순종의 영이 있고, 낭비와 방탕의 중심엔 불순종의 영이 있다.

이 불순종 때문에 남의 것을 뺏는 강도, 남을 해치면서 뺏는 강도, 이 불순종 때문에 나는 잡년이다. 하나님 아닌 다른 것과 접촉하고 받아들이는…. 이 불순종의 영 때문에 하나님 것을 도둑질하고, 남의 것까지도 탐내고, 도둑질을 했다. 하나님의 것인 십일조를 도둑질하고, 주일을 도둑질하고, 예배시간을 도둑질하고, 기도 시간을 도둑질하고, 전도 시간을 도둑질하고, 또 남의 것을 탐내고 속이는 죄를 범했다.

모든 것이 주님 것인데 성령으로 살지 않고, 이 불순종 때문에 사기꾼이다. 주님의 일하면서 성령으로 하지 않는 것은 모두 사기로 여긴다. 이 불순종 때문에 살인자, 영혼을 살리기보다 죽이기만 한다. 이 불순종 때문에 바리새인과 서기관, 장로들, 빌라도, 십자가에 못 박는 군병들….

주여! 이때까지 이 짓하고 살았습니다. 불순종의 영에 이끌려 하나님의 축복만 끌어 내리려고 하고, 도적질하고, 빼앗으려 하고, 사기꾼, 강도, 사형에 해당하는 죄만 짓고 살았습니다. 하나님의 유업을 잇지 못할 죄만 짓고 살았습니다.

주여, 그래서 응답을 안 하셨군요, 유업을 안 맡겼군요, 일을 안 맡겼군요, 영혼을 안 맡겼군요, 물질을 안 맡겼군요.

아침드라마 "나만의 당신"을 잠깐 본 적이 있다.

악역의 주인공 성제가 꼭 나였다. 돈에, 명예에 눈이 멀어 돌이킴이 전혀 없고, 반복되는 악역, 사기, 살인, 도적, 강도, 거짓말, 생각과 말이 온통 악이었다.

또 선역의 주인공은 자기의 잘못에 대해 "저를 용서하지 마세요. 그 대가를 모두 치루겠어요"라고 했다. 그는 세상 사람, 하나님을 모르는 사람이다.

"주여! 나는 안 됩니다. 용서받아야 합니다. 그 대가는 고통과 고난인데, 주여! 안 됩니다. 나를 불쌍히 여겨주시고 용서하여 주소서."

친정 엄마가 살아 계실 때 우리 자녀 4명을 모두 키웠다.
시어머니, 친정어머니, 우리 부부, 자녀, 모두 8명이 같이 살았는데, 한 번은 나에게 친정 엄마가 "네가 내 딸이 맞냐?" 하는 생각이 들었다고 했고, 힘에 부칠 정도로 힘이 든다고 했다. 그리고 온종일 나가면 전화 한번 안 하고, 들어오면 어머니에게 "수고했다, 고맙다"라는 말을 안 한다고 서운해 하셨다.

또 시어머니가 우리들이 강아지를 예뻐하고 놀아주고 웃고 하니까 "난 저 강아지보다 못하지?" 하셨다. 그때는 웃고 넘어갔지만….

친정어머니도 섭섭한 마음이 큰 것 같다.

내 나름대로 자영업을 하며 또 교회 일하기에 바빴다. 그래서 이해해주길 바랐는데, 그런데 오늘 기도 시간에 두 어머니의 목소리가 하나님의 음성으로 들렸다.

"너 내 딸 맞니? 난 너에게 강아지보다 못하지?"

아버지 잘못했습니다.

용서해 달라고 통곡하며 회개 기도를 했다. 그러나 먼저 감사했다.
집나간 탕자를 기다리며 식음을 전폐하고 돌아오기를 기도하시던 하나님, 나의 죄가 진홍 같을지라도 우리 서로 변론하자. 눈과 같이 희게 해주겠다는 긍휼이 한이 없으신 사랑의 하나님 앞에 감사했다.

"오라 오라, 방황치 말고 오라.
낭패와 실망 당한 뒤에 예수님께 옵니다.
멀리멀리 갔더니 처량하고 곤하다."
이런 찬송을 싫어했다.
그러나 지금은 이 찬송이 나의 기도이고 고백이다.
주여! 이제 더 이상 이렇게 살 수 없어요. 아브람이 아브라함 되었듯이, 사래가 사라가 되었듯이, 야곱이 이스라엘이 되었듯이, 성령 충만 받기 전에는 다혈질에 두려움도 많고 예수를 세 번 부인하던 베드로가 성령 충만 받은 후 오직 성령에 이끌려 복음을 위해 여생을 보낸 것처럼….

물이 바다를 덮음같이 나에게도 주님의 보혈로 덮고
성령의 불과 빛으로 덮으소서.
주여, 나에게도 오순절 성령의 불을 내려주소서.
은혜를 장대비같이 내려주소서.
내 심령이 불순종의 영 때문에 가뭄과 기근으로
굳어지고 갈라지고 상처투성이입니다.
예배 때마다, 기도 때마다, 찬송할 때마다,
은혜의 장대비, 장맛비를 내려주소서.

불순종 때문에 가난하고, 금이 가고, 쩍쩍 갈라져 있는

내 심령 깊은 곳까지 은혜의 단비로 적시고 채우시사

나 같은 자들을 치료하는 데 사용하여 주소서.

주여! 지금 주님의 의를 부어주소서.

주님의 긍휼을 부어주소서

주님의 사랑을 부어주소서.

주님의 축복을 부어주소서. 아멘!"

제4장

보혈로 목욕하다

"맑은 물을 너희에게 뿌려서 너희로 정결하게 하되 곧 너희 모든
더러운 것에서와 모든 우상 숭배에서 너희를 정결하게 할 것이며"
(에스겔 36:25)

한 달이 넘도록 기침을 심하게 해서 목욕을 못했다. 주일 아침 욕실에서 목욕을 했다. 따뜻한 물을 계속 온몸에 퍼부었다. 그리고 이태리 타월로 때를 벗기니 지우개 같은 때가 많이 밀려 나왔다. 참 재미있었다. 목욕을 하고 나니 몸도 마음도 얼마나 개운하고 상쾌한지 또 날아갈 듯이 몸이 가벼웠다.

옷을 갈아입고 교회를 오면서 성령님과의 교제와 교통, 대화를 했다. 이때는 죄와 같다. 한 달만 안 씻어도 초청도 안 했지만 얼마나 많이 묻어 겹겹이 쌓여 있었다. 벗겨도 또 나오고, 벗겨도 또 나오고….

눈에 보이는 물은 육체밖에 씻을 수 없지만 주님의 보혈은 나의 영육혼을 다 씻긴다. 나는 주님의 보혈이 날마다 필요하다. 시간마다 분초마다 필요하다.

주님은 맑은 물로 씻어 정결하게 하되, 나의 모든 우상과 더러운 죄를 씻

기시다(겔 36) 했는데 이 물은 주님의 보혈이었다. 세례도 물에 들어갔다 나오지만 보혈에 잠겼다 나오는 것이다. 이 추운 겨울 날씨에 뜨거운 물만이 때를 씻을 수 있었다.

주님의 보혈은 사랑의 온도요, 빨래도 삶으면 새하얗게 되듯, 주님의 보혈도 살아서 사랑의 불꽃으로 펄펄 끓고 계신다.

이 보혈이 닿는 곳마다 진홍같이 붉은 죄가 흰눈같이 지워지고,

이 보혈이 닿는 곳마다 죽음과 재앙이 넘어가고 구원의 역사가 일어난다.

"이 보혈에 나의 온몸이 잠기게 하소서.

크고 작은 모든 죄와 모든 우상을 섬김에서 정결케 하소서.
주님의 보혈의 목욕탕에 잠겨 영육혼의 모든 죄의 때,
허물의 때, 실수의 때가 모두 불어나게 하소서.
말씀의 타월로 말씀 닿는 구석구석 죄의 때가 회개를 통해
완전히 벗겨지게 하소서.
오늘 거룩한 주일 강단에서 어떤 말씀이든 이 말씀이
나의 영육혼의 죄를 씻는 복된 말씀이 되게 하소서.
목욕 후 성령의 기름으로 나의 영육혼에 바르소서, 임하소서,
흘러 넘치게 하소서."

예배를 시작하며 묵도의 말씀에 은혜를 뜨겁게 받았다.

"황소와 염소의 피가 능히 죄를 없이 못하고"(히 10:4).

"형제들아 우리가 예수님의 피를 힘입어 성소에 들어갈 담력을 얻었나

니 그 길은 우리를 위하여 휘장 가운데로 열어 놓으신 새로운 살길이요. 휘장은 곧 그의 육체니라 또 하나님의 집 다스리는 큰 제사장이 계시매 우리가 마음에 뿌림을 받아 악한 양심으로부터 벗어나고 몸은 맑은 물로 씻음을 받았으니 참 마음과 온전한 믿음으로 하나님께 나아가자"(히 10:19-22).

또 이런 나에게 또 다른 생각이 나를 사로잡고 또 사로잡아 오는 것을 보았다. 내 의지도 밀려나고, 한없이 빨려들고 잡혀 있어서 말씀의 은혜받는 일을 방해했다. 이것 때문에 수시로 넘어지고, 사로잡히고, 빨려드는 나를 볼 때 걱정과 두려움이 왔다.
이것을 이길 수 없을까!

또 마음 깊은 곳, 성령의 음성이 들렸다.
주님의 보혈은 약한 게 아니다.
나의 모든 것을 모두 이루신 십자가의 보혈은 이것까지도 이기고도 남는다는 감동에 다시 새 힘을 얻고, 나는 부족하고 연약하지만 주님의 보혈을 의지하고 그 보혈이 나를 이기고 지키신다는 확신을 가지게 되었다.
주님의 보혈을 계속 구하며 예수 예수 예수… 하며 감사 찬송이 넘쳤다.
"1분 1초도 주님을 떠나서는 살 수 없으니… 또 주님 은혜받지 않으면 1분 1초도 살 수 없는 나의 나약함을 보며 날마다 시간마다 분초마다 주님의 보혈에 잠기게 하소서!"라고 기도했다.

"오호라 나는 곤고한 사람이로다 이 사망의 몸에서 누가 나를 건져내랴"(롬 7:24).

"내가 행하는 것을 내가 알지 못하노니 곧 내가 원하는 것을 행하지 아니하고 도리어 미워하는 것을 행함이다 만일 내가 원하지 아니하는 그것을 행하면 내가 이로써 율법이 선한 것을 시인하노니 이제는 그것을 행하는 자가 내가 아니요 내 속에 거하는 죄니라 내 속 곧 내 육신에 선한 것이 거하지 아니하는 줄을 아노니, 원함은 내게 있으나 선을 행하는 것은 없노라 내가 원하는바 선은 행하지 아니하고 도리어 원하지 아니하는바 악을 행하는도다"(롬 7:15-19).

이 사도 바울의 고백과 탄식이 저절로 나왔다.
가끔 미래에 대한 실패라는 염려로 두려울 때가 있다.
이럴 땐 하나님을 만나면 된다. 하나님을 만난다는 것은 하나님의 말씀을 통해 은혜를 받아야 한다. 내면에 감춰진 재능, 좋은 기질, 성격에 하나님의 빛을 받으면 자연히 치유받고 변화된다. 나를 알면 꿈과 비전이 보이고 재능과 은사, 잠재력이 드러난다.
하나님은 우리에게 독특하고 아름다운 기질과 성품을 주셨다. 그 기질 안에는 좋은 점도 있지만 좋지 않은 점도 있다. 좋지 않은 점을 인정하고 하나님께 고쳐 달라고 손을 내밀면 장점으로 바뀌게 된다.

하나님은 우리 한 사람 한 사람을 너무 아름답고, 훌륭하게 만들어 주셨다. 이 세상에서 나와 똑같은 사람은 한 명도 없다. 이것은 굉장한 가치다. 우리 내면에는 보석 상자가 있는데, 그 상자 안에는 하나님께서 주신 보석처럼 아름다운 기질, 재능, 잠재력 그리고 놀라운 비전이 들어있다. 만약 우리가 어둠 속에 있다면 그 비전과 재능이 드러나지 않는다. 좋은 기질,

성품이 이기심으로 일그러져 있음을 본다.

왜 비전이 안 보일까?

왜 잘하는 것이 하나도 없는 것처럼 보일까?

나만 못 생겼어. 나는 잘하는 것이 없어. 난 불행해.

그러나 없는 것이 아니라 어둠 속에 있기 때문에 안 보이는 것이다.

빛 가운데로 나오면 내가 보이고 재능이 보이고

비전이 보이기 시작한다.

가장 중요한 것은, 세상과 사람들이 결정적으로

나를 변화시킬 수 없다.

가장 힘들고 두렵고 절망적일 때 세상 쾌락을 찾지 말고 하나님을 찾아야 한다. 죄책감이 클수록 더 하나님께 달려가야 한다. 모든 문제 해결은 오직 하나님뿐, 하나님께 가기만 하면 상처는 비전이 되고, 고통은 축복이 되고, 슬픔은 기쁨이 된다.

상대방이 다칠까? 마음이 상할까? 어떻게 하면 기쁠까? 행복할까? 하는 상대방을 향한 사랑이 전제되어 있다.

 "지식은 교만하게 하지만 사랑은 덕을 세운다"(고전 8:1).

 "모든 것이 가하나 모든 것이 유익한 것은 아니다"(고전 10:23).

내가 안다고 생각하는 것이 전부가 아니다. 그런데 가끔 착각할 때가 있다.

제5장

주여! 나를 그토록 사랑하셨나요?

"그가 찔림은 우리의 허물 때문이요 그가 상함은 우리의 죄악 때문이라 그가 징계를 받으므로 우리는 평화를 누리고 그가 채찍에 맞으므로 우리는 나음을 받았도다"(이사야 53:5)

"십자가", "십자가 사랑", "십자가 복음"

사도 바울도 십자가만 자랑, 십자가만 전파, 십자가만을 알기로 작정하셨다고 했다. 새벽 기도를 하면서 예수님의 십자가 현장을 실감하듯 십자가의 그 사랑의 희생의 고통을 바라보며….

그 채찍 소리!

그 망치 소리!

내 맘에 울려 퍼질 때,

나의 죄값 앞에 절규의 회개가 눈물 콧물로 범벅을 이루었다,

그 모진 채찍에 맞을 때마다,

살집이 터지고~

실핏줄이 터지는 비명 소리~

십자가에 대못이 박힐 때!

군중들의 온갖 멸시와 천대, 모욕, 침 뱉음과 모진 핍박 앞에…

심장이 터질듯, 허파가 터질듯. 실핏줄이 모두 터지는 소리!
온통 죄악 덩어리인 나의 죗값을 치르는 예수님의 핏소리,
고통의 극치를 감당하신 예수님.

피는 몸이 상하고 찢기고 터져야만 나온다,
예수님은 십자가를 지시기 전 겟세마네 동산에서 기도할 때도 기름을
짜는 기도, 그 간절함에 실핏줄이 모두 터져 땀방울이 핏방울이 되었다.
예수님의 십자가는 저주의 극치요 또한 하나님의 사랑의 극치다.
그 십자가에 달려서 심장이 터지고, 허파가 터지고, 실핏줄이 눈에도, 귀에도 머리에도 모두 터지고,
혈관도 터져 눈에도 피가 가득, 온몸에 피가 가득, 보이는 피보다 내면에서 툭툭 터진 피가 더 가득 고이고 흐른다.

심장이 터져 피가 폭포수처럼 흐른다.
허파가 터져 피가 폭포수처럼 흐른다.
영, 육, 혼에 피가 얼룩지고 고여 있고,
폭포수처럼 흘러넘친다.
예수님 피는 보혈의 피다.
이 피가
구원의 강물을 이룬다.
생명의 강물을 이룬다.
사랑의 강물을 이룬다.
축복의 강물을 이룬다.

평화의 강물을 이룬다.

경건의 강물을 이룬다.

이 구원의 십자가는 나의 저주를 감당하기 위해 극치의

고통과 형틀이었다. 살점이 일일이 터지고, 실핏줄도, 신경도,

모든 장기도 찢어지고 터지고….

정신적으로 고통이 극치에 달하여

채찍에 맞을 때마다

십자가 못 박힐 때마다

온갖 멸시, 천대, 조롱….

육체적, 정신적, 영적인 고통의 절정을 호소할 때마다,

세포마다, 신경마다 상하고 찔리고 찢기고

툭툭 터지는 고통의 소리,

인간으로서는 견딜 길이 없어….

죄의 삯은 사망이기에 오장육부, 세포, 피, 물, 조직, 머리털까지

심하게 찢기고 피범벅이 되어 뇌도 멍들고, 터지고, 깨지고….

죄의 값을 치르는 고통의 핏소리,

채찍에 맞을 때마다, 터지고 상하고 찢기어 죽음으로

절규하는 소리,

눈에도 피가 엉겨, 귀에도 피가 엉겨, 심장에도 피가 엉겨,

손발에, 온 몸에 피가 엉겨 이 죄의 값이 얼마나 무섭고 큰지

벌벌 떨고 말씀하셨다.

"엘리 엘리 라마 사박다니" "나의 하나님 나의 하나님 어찌하여 나를 버리셨나이까"

내가 그대로 당해야 할 십자가! 주님이 대신 담당하셨네요.
내가 그대로 당해야 할 고통! 주님이 대신 당하셨네요.
내가 처참하게 흘려야 할 그 피! 주님이 대신 흘리셨네요.
주님의 이 십자가 진리와 사랑 깨닫게 하소서! 알기를 원합니다!
예수님만이 나의 구주, 나의 생명, 나의 사랑, 나의 전부,
십자가만이 나의 생명, 나의 모든 것, 나의 존재 이유,
나의 전부가 되십니다.
"이 십자가 사랑의 복음을 힘 있게 전할 수 있게
불같은 성령 충만하게 하옵소서.
이 십자가 복음을 위해
나의 생명, 나의 정성드립니다.
나의 보화드립니다.
이 몸 바쳐 주의 일 하렵니다"〈찬 316〉.
찬송이 나의 간결한 기도가 되었다.

이 십자가가 복음 위해….
① 주여! 나의 생명, 나의 정성드립니다.
　　이 작은 나의 생명 나의 정성 다해 주님만을 위하여 살기 원하오니 주여! 잡아주소서. 나를 잡으소서. 주님만을 위하여 살게 하소서. 아 아! 불같은 성령으로 충만하게 하소서. 환난이 와도 핍박이 와도 주님만 위

해 살게 하소서.

② 주여! 나의 가진 모든 보화를 드립니다.

아무리 나 혼자서 몸부림쳐봐도 우리들의 힘으로는 어찌할 수 없어요. 주만 의지합니다. 주 의지합니다. 성령으로 거듭남을 주시옵소서.

③ 주여! 불 같은 성령으로 충만케 하옵소서. 괴로움이 와도 슬픔이 와도 주님만 위해 살게 하소서.

④ 주여! 이 몸 바쳐 주의 일 하렵니다.

아무리 어려워도 괴로움 당해도 주와 함께 승리하며 살게 하옵소서. 주님 사랑 크시니 주님 따라가며 주님으로 만족게 하여 주소서.

⑤ 주여! 불같은 성령으로 충만케 하옵소서.

고통이 와도 죽음이 와도 주님만 위해 살게 하소서.

십자가는 하나님의 심장, 예수님의 심장, 교회의 심장, 성령의 심장입니다.(심장은 멎으면 죽는다. 심장이 멎으면 시체다. 심장이 멎으면 생명이 없다.)

⑥ 주여! 가정에도, 교회에도 주의 보혈 충만하게 하소서.

⑦ 주여! 십자가 정신으로 주의 보혈 전하게 하소서.

하나님의 사랑의 넓이, 길이, 높이, 깊이는 오직 십자가로만 경험된다. 십자가가 아니고서는 어느 누구도 하나님의 사랑을 알 수도 없고, 말할 수도 없고, 또 구원의 길도 알 수 없다.

하나님은 십자가를 통하지 않고 기독교를 말씀하지 않으셨다. 십자가는 죄인을 구원하시는 하나님의 방법이다.

십자가는 우리에게 생명을 주고, 안식을 주고, 영원한 천국을 주었다(마 11:28; 요1:12).

십자가는 우주의 중심이요, 천국의 중심이요, 보좌의 중심이요, 성령의 중심이요, 하나님의 사랑 자체이시며, 하나님의 마음이며, 예수님의 결정체며, 예수님의 심장이며, 예수님의 생명이며, 예수님의 기쁨이며, 예수님의 눈물이요, 예수님의 전부 되심을 감사하며, 기독교의 중심이며, 구원의 기초이며 복음의 핵심 되심을 찬양합니다.

필리핀 단기 선교를 가면서 비행기를 타고 창공에서~

흰구름이 돌처럼, 비늘처럼, 얼음처럼, 파도처럼, 얼음벽처럼
빈틈없이 깔려 있다.
이것을 보며 불같이 성령 충만하여
크고 작은 유혹, 시험, 환난, 괴로움, 슬픔, 고통을
다 이겨 모든 것이 하얀 구름같이 흔적들이 남아 있음을 보며,
지나가는 크고 작은 흔적마다 하나님의 사랑의 발자국이 있었고,
예수님의 십자가 흔적이 있었고,
나의 성장하는 모습들이 있었고,
그때마다 넉넉히 감당케 하신 목자 되신 주님의 인도하심이 있었기에
이 여러 가지 여러 모양의 구름을 보며 내 심령에서 감사가 메아리쳤다.
이 선교가 예수님 피에 잠겨 성령으로 가기 때문에.
검은 구름은 없었다.
흰구름 사이사이 구멍 뚫린 곳도 없었다.

이것이 세마포요, 예수님의 흔적이요, 십자가의 향기요,
제자의 삶이로구나.
예수님의 피에 잠겨 말씀으로 성령 타고 목적지를 향해 날아가는
비행기 선교팀….
이번 선교를 통해 주의 뜻 이루소서!

새벽기도 중 예수 피의 강물에 7번 담그리이다

예수님의 십자가 피는 구원의 강물을 이룬다.
치유의 강물, 평화의 강물, 부요의 강물,
축복의 강물, 번성의 강물을 이룬다,
나아만 장군이 요단강에 7번 담갔다가 나올 때
어린아이 살같이 깨끗하게 나음같이,
나의 영적인 모든 병,
오늘 아침 십자가 피의 강물에 7번 담그리다.
나의 어떠한 허물도, 실수도, 버릇도, 연약함도, 질병도, 저주도,
불치의 병도 여전히 깨끗해지리이다.

제6장

광야에 물을, 사막에 강을

"보라 내가 새 일을 행하리니 이제 나타낼 것이라 너희가 그것을
알지 못하겠느냐 반드시 내가 광야에 길을 사막에 강을 내리니 장차
들짐승 곧 승냥이와 타조도 나를 존경할 것은 내가 광야에 물을,
사막에 강들을 내어 내 백성, 내가 택한 자에게 마시게 할 것임이라
이 백성은 내가 나를 위하여 지었나니 나를 찬송하게 하려 함이니라"

(사 43:19-21)

●믿고 구한 것은 받은 줄 믿으라 하신 주님. 이미 주신 줄 믿고 감사 기도하게 하심을 감사. ●보라 내가 새 일을 행하리니 이제 나타낼 것이다 하시니 감사. ●생명을 채우게 하시고, 이제 생명으로 드러내시니 감사. ●생명이 채워지면 황무함이 마치리라 하시니 감사. ●약속을 붙잡고 기도하라 하심을 감사.
●생명을 채울수록 전쟁이 있음을 감사. ●이미 이긴 전쟁이니 감사.
●전리품을 소유하게 되어 감사. ●예수님 피를 안팎으로 바를 때 원수가 틈 못타니 감사. ●방주 안팎, 즉 내 심령, 가정, 교회, 예수님 생명, 사랑의 보혈을 안팎으로 날마다 시간마다 분초마다 발라주시니 감사.
●지금 잠을 자면 꿈을 꾸지만 지금 공부하면 꿈이 이루어지니 예수님 때문에 지금 잠자는 자가 아니니 감사. ●지금 공부하는 자 되었으니

감사. ●말씀과 기도로 깨어 있는 자 되었으니 감사.

●예수님 때문에 날마다 시간마다 분초마다 위대한 꿈을 꾸는 자가 되었으니 감사. ●예수님 때문에 나는 건강한 양이 되었으니 감사. ●날마다 시간마다 분초마다 위대한 꿈을 심어 주시니 감사. ●하나님의 사랑을 가장 많이 받는 자 되었으니 감사.

●사명은 자기가 좋아하는 것. 하나님께 영광이 되고, 남에게 유익을 주는 것이 사명임을 깨닫게 하심을 감사. ●단점을 보지 말고, 장점을 키우고 격려하라 하시니 감사. ●단점을 보완하면 장점이 된다 하시니 감사. ●꿈에 미치라 하시니 감사. ●미치면 역사가 일어난다 하시니 감사. ●예수님 때문에 내 자신의 단점을 보는 자가 아니니 감사. ●예수님 때문에 내 자신의 장점을 키우고 격려하는 자 되었으니 감사. ●예수님 때문에 나의 단점을 보완하여 장점이 되게 하심을 감사. ●기본에 충실할 때 세계적인 인물이 되니 감사.

●예수님 때문에 말씀과 기도에 충실한 자 되었으니 감사. ●예수님 때문에 예수 생명, 사랑, 회복에 충실한 자 되었으니 감사. ●예수 생명 사랑에 미친 자 되었으니 감사. ●예수 생명 사랑 회복에 미친 자 되었으니 감사. ●기도에 미친 자 되었으니 감사. ●전도에 미친 자 되었으니 감사. ●말씀에 미친 자 되었으니 감사. ●감사에 미친 자 되었으니 감사.

●버리는 것이 없게 하라 하시니 감사. ●남은 것을 모으라 하시니 감사. ●먹고 남은 보리떡 같은 나를 광주리에 담아 주심을 감사. ●버릴

수밖에 없는 나를 크신 긍휼로 품어주신 하나님께 감사. ●예수님 때문에 버릴 수밖에 없는 자를 품을 수 있는 긍휼을 부어 주심을 감사. ●시험은 마귀가 주는 시험과 하나님이 주시는 시험이 있음을 늘 분별하며 깨닫게 하심을 감사. ●마귀가 주는 시험에 똑같은 여자 문제지만 요셉은 이김으로 큰 축복 받았음을 깨닫게 하심을 감사. ●다윗과 삼손이 여자 문제로 실패할 때 큰 연단으로 엄청난 어려움을 당하는 것을 말씀을 통해 깨닫게 하심을 감사. ●예수님 때문에 마귀의 유혹에 날마다, 시간마다 분초마다 주님 부르시는 그날까지 항상 이기는 자 되었으니 너무너무 감사.

●예수님 때문에 마귀 유혹에서의 실패는 나와 전혀 상관없으니 너무너무 감사. ●또 하나님이 주시는 시험은 합격해야 큰 축복, 큰 믿음, 큰 은혜 큰 영광, 큰 역사가 있으니 감사. ●하나님이 주시는 시험, 즉 테스트는 감사해야 이길 수 있으니 감사. ●감사가 곧 믿음이니 감사. ●예수님 때문에 범사에 감사. ●전천후 감사. ●항상 감사하는 자 되었으니 감사. ●예수님 때문에 형통할 때 감사한 자 되어 계속 형통한 자 되었으니 감사. ●예수님 때문에 불통할 때에도 감사한 자 되어 형통하게 되었으니 감사.
●불평하면 내 마음 문 앞에 죄, 마귀가 들어오려고 엎드려 있음을 깨닫고 알게 되니 감사. ●예수님 때문에 나는 불평하는 자가 아니니 감사. ●선을 행하지 아니하면 즉 감사하지 않으면 죄가 문 앞에 엎드리고 있음을 알게 하심을 감사. ●예수님 때문에 감사하지 않은 자가 아니니 감사. ●선을 행하는 자, 감사하는 자 되었으니 감사.

●내 마음 문 앞에 좌우설주에 예수 피를 늘 바르게 하심을 감사. ●마귀가 떠나갔음을 감사. ●불평은 나와 상관없으니 감사. ●마귀는 나와 상관없으니 감사. ●좋은 생각만 하는 자 되었으니 감사. ●예수님 때문에 섭섭해 하는 자 아니니 감사. ●예수님 때문에 부정적인 생각을 하지 않으니 감사.

●나쁜 생각, 어두운 생각을 하는 자가 아니니 감사. ●허망한 생각을 하는 자가 아니니 감사. ●예수님 때문에 범사에 감사, 전천후 감사하는 자가 되었으니 너무너무 감사. ●예수님 때문에 나는 빌립처럼 현실적인 자가 아니니 감사 ●계산하는 자가 아니니 감사. ●따지는 자가 아니니 감사. ●예수님 때문에 나는 안드레처럼 믿음의 사람이 되었으니 감사. ●예수님 때문에 약속의 말씀을 붙잡는 자 되었으니 감사. ●주님은 다 아시고, 시험코자 크고 작은 문제를 주심을 깨닫게 하심을 감사. ●오늘도 주님은 나를 시험하시고, 달아 보고 계심을 깨달으니 감사. ●예수님과 세상, 땅의 것과 위의 것, 영의 것과 육의 것, 돈을 택하느냐 예수님을 택하느냐. 지금도 순간순간 나를 시험하고 달아보고 계심을 깨달으니 감사.

●예수님 때문에 날마다 시간마다 분초마다 주님을 부르시는 그 날까지 세상 따르는 자가 아니니 감사. ●예수님 따르는 자, 예수님을 택하는 자, 예수님께 순종하는 자 되었으니 감사. ●예수님 때문에 나는 땅의 것을 생각하는 자 아니니 감사. ●땅의 것을 바라보는 자 아니니 감사. ●땅의 것을 욕심 부리는 자 아니니 감사. ●땅의 것을 택하는 자 아니니 감사. ●땅의 것을 따라가는 자 아니니 감사. ●땅의 것에 집착

하는 자 아니니 감사. ●땅의 것에 안주하는 자 아니니 감사. ●땅의 것을 붙잡는 자 아니니 감사. ●땅의 것에 치우치는 자가 아니니 감사.

●예수님 때문에 날마다 시간마다 분초마다 주님 부르시는 그날까지 위의 것을 생각하고 위의 것을 바라고, 위의 것을 택하고, 위의 것을 따라가고, 위의 것을 붙잡는 자 되었으니 너무너무 감사. ●예수님 때문에 나는 육의 사람이 아니니 감사. ●예수님 때문에 날마다 시간마다 분초마다 주님이 부르시는 그날까지 육의 소욕을 따르는 자 아니니 감사. ●나의 언행심사가 육의 지배를 받는 자가 아니니 감사. ●예수님 때문에 날마다 시간마다 분초마다 주님 부르시는 그날까지 성령의 소욕을 좇는 자 되었으니 너무너무 감사. ●나의 언행 심사가 영의 지배를 받는 자 되었으니 너무너무 감사.

돈이 없을 때 감사의 기적

●예수님 때문에 나는 돈을 사랑하는 자 아니니 감사. ●예수님 때문에 날마다 시간마다 분초마다 주님 부르시는 그날까지 돈 따라 가는 자 아니니 감사. ●돈에 목말라 하는 자가 아니니 감사. ●돈을 사모하는 자가 아니니 감사. ●돈을 택하는 자가 아니니 감사. ●돈 욕심 부리는 자가 아니니 감사.
●돈 때문에 걱정 하는 자가 아니니 감사. ●돈 때문에 근심하는 자

아니니 감사. ●돈 때문에 염려하는 자가 아니니 감사. ●돈 때문에 시험에 드는 자가 아니니 감사. ●돈 때문에 죄짓는 자가 아니니 감사. ●돈 때문에 불평하는 자가 아니니 감사. ●돈 때문에 남편을 미워하는 자가 아니니 감사. ●돈에 치우치지 아니하니 감사. ●돈 때문에 기뻐하는 자가 아니니 감사. ●돈 때문에 말씀 거역하는 자 아니니 감사. ●돈 때문에 주님을 부인하는 자 아니니 감사. ●돈 때문에 주님 잃어버리는 자가 아니니 감사. ●예수님 때문에 날마다 시간마다 분초마다 주님 부르시는 그날까지 예수님을 사랑하는 자 되었으니 감사.

●날마다 시간마다 분초마다 주님 부르시는 그날까지 예수님만 생각하고, 예수님만 택하고, 예수님으로 사는 자 되었으니 너무너무 감사. ●예수님 때문에 기뻐하고, 예수님 때문에 행복한 자, 예수님 때문에 만족 하는 자, 예수님 때문에 부자가 되었으니 너무너무 감사. ●예수님 때문에 성공, 승리만 있으니 너무너무 감사. ●예수님이 가난, 질병, 저주, 사망, 죄, 율법을 대속했기에 부유의식이 충만한 자 되었으니 감사. ●건강, 강건함의 의식이 충만한 자, 축복의식이 충만한 자, 생명의식이 충만한 자, 하나님의 은혜의식이 충만한 자, 축복의식이 충만한 자로 채워졌으니 감사.

●예수님 때문에 나는 약한 양이 아니니 감사. ●실한 양이 되었으니 감사. ●날마다 시간마다 분초마다 주님 부르시는 그날까지 성령을 좇아 사는 자 되었으니 감사. ●예수 피와 말씀 붙들고 사는 자 되었으니 너무너무 감사. ●예수님 때문에 욕심 부리는 자 아니니 감사. ●욕심

은 나와 상관없으니 감사. ●좀 더 잘하려고, 내 의를 나타내고자 하는 자가 아니니 감사. ●상대방이 좀 더 잘하기를 바라는 자가 아니니 감사. ●예수님 때문에 다른 사람보다 좀 더 잘하려고 욕심 부리는 자가 아니니 감사. ●예수님 때문에 다른 사람, 남편 목사님, 다른 목사님, 다른 사모님들이 잘하기를 바라고 불평, 판단하는 자가 아니니 감사. ●예수님 때문에 핑계하는 자가 아니니 감사. ●예수님 때문에 거짓말하는 자가 아니니 감사.

●예수님 때문에 외적으로 나타내려고 하는 자 아니니 감사. ●다른 사람 볼 것이 없으니 감사. ●이것은 육의 자리, 핑계 자리이니, 나만 보고 살피는 자 되었으니 감사. ●예수 때문에 비교하는 자 아니니 감사. ●항상 무엇을 탐하고 있는지, 나를 살피는 자 되었으니 감사. ●지금 만족하지 못하고, 뭘 탐하고 있는지, 나를 살피게 되니 감사. ●예수님 때문에 나는 조급한 자가 아니니 감사. ●불안해하는 자가 아니니 감사. ●초조해 하는 자가 아니니 감사. ●예수님 때문에 낙심하는 자가 아니니 감사. ●남편을 탓하는 자가 아니니 감사. ●예수님 때문에 남편을 의지하는 자가 아니니 감사. ●남편에게 위로받기를 바라는 자 아니니 감사. ●주님만이 나의 위로자가 되시니 감사. ●남편이 잘해주기를 바라는 자가 아니니 감사. ●주님만 의지하는 자 되었으니 감사. ●주님만이 나의 소망이시니 감사. ●주님만이 힘이 되시니 감사.

●주님만이 나의 방패가 되시니 감사. ●주님만이 나의 도움이 되시니 감사. ●주님만이 나의 사랑이시니 감사. ●주님만이 나의 아버지시니

감사. ●주님만이 나의 보호자이시니 감사. ●주님만이 나의 응답이시니 감사. ●주님만이 나의 생명이시니 감사. ●주님만이 나의 구주가 되시니 감사. ●주님만이 나의 주인이시니 감사. ●주님만이 나를 책임지시니 감사. ●주님만이 나를 지키시니 감사. ●주님만이 나를 이끌어 주시니 감사. ●주님만이 나의 만족이시니 주님만이 나의 존재 이유가 되시니 감사. ●주님만이 나의 신랑, 남편이시니 감사. ●주님만이 나의 목자가 되시니 감사. ●주님만이 나의 만족이시니 감사. ●주님만이 나의 축복이시니 감사.

●주님만이 나의 전부가 되시니 감사. ●주님만이 나의 모든 것이 되시니 감사. ●주님만이 나의 토기장이가 되시니 감사. ●주님만이 나의 포도나무 되시니 감사. ●주님만이 나의 선생님이시니 감사. ●주님만이 나의 스승이시니 감사. ●주님만이 나의 친구가 되시니 감사. ●주님만이 나의 해결자이시니 감사. ●주님의 큰 사랑 안에 내가 있으니 감사. ●주님의 큰 궁휼 안에 내가 있으니 감사. ●주님의 큰 권능 안에 있으니 감사. ●주님의 큰 약속 안에 내가 있으니 감사. ●주님의 큰 눈 안에 내가 있으니 감사. ●주님의 큰 손 안에 내가 있으니 감사. ●주님만이 나의 치료가 되심을 감사. ●주님만이 나의 행복이 되시니 감사. ●주님만이 나의 승리가 되시니 감사. ●주님만이 나의 목적이 되시니 감사. ●주님만이 나의 존재 이유가 되시니 감사. ●주님만이 나의 산성이시니 감사. ●주님 은혜가 아니면 1분 1초도 살 수 없으니 감사. ●주님의 기름 부음이 없이는 1분 1초도 살 수 없으니 감사.
지렁이 같은 나. 주님 은혜가 아니면 꼼짝도 할 수 없는 나,

주님이 함께하지 않으면 금방 부패하고 썩어 버리는구나.

주님 아니면 쓰레기 같은 나. 주님 아니면 구더기 같은 나.

주님 아니면 벌레 같은 나.

주님 아니면 티끌 같은 나.

주님 아니면 막대기 같은 나.

주님이 함께하지 아니하면 나는 아무것도 아닙니다.

주님이 나를 통치하지 아니하면 난 존재 이유가 없습니다.

주님이 나를 통치하지 않으면 난 목적이 없습니다.

앞 날이 없습니다.

장래가 없습니다.

주님이 나를 통치하지 않으면 소망이 없습니다.

주님이 나를 통치하지 않으면 난 아무런 가치가 없습니다.

주님! 나를 통치하시니 감사합니다.

주님의 생명으로 나를 통치하소서.

주님의 사랑으로 나를 통치하소서.

주님의 긍휼로 나를 통치하소서.

주님의 말씀으로 나를 통치하소서.

● 주님의 나라가 내 심령에 임하시니 감사. ● 날마다 시간마다 분초마다 주님의 생각으로 채우시니 감사. ● 날마다 시간마다 분초마다 주님 부르시는 그날까지 주님 사랑으로 채우시니 감사. ● 주님의 말씀으로 주님의 긍휼로 채우시니 감사. ● 날마다 시간마다 분초마다 주님 부르시는 그날까지 성령으로 충만히 기름 부어 주시니 감사. ● 은혜의 영으

로, 은총의 영으로, 진리의 영으로, 생명의 영으로, 아들의 영으로, 간구하는 영으로, 성결의 영으로, 영광의 영으로, 지혜와 총명의 영으로 묘략의 영으로(지혜를 잘 사용), 모사의 영으로, 하나님을 경외하는 영으로, 찬양의 영으로, 순종의 영으로, 지식의 영으로, 감사의 영으로, 충만히 기름 부어 주시니 감사. ●학자의 혀를 주시고, 학자의 마음을 주신 것 감사. ●제사장의 영으로, 선지자의 영으로, 왕의 영으로 충만히 기름 부어 주시니 감사.

반드시 때가 온다

●범사에 때가 있으니 감사. ●울 때가 있으면 웃을 때가 있으니 감사. ●연단의 시작이 있으면 끝도 있으니 감사. ●최후 소망이 있으니 감사. ●소망이 이루어질 때가 있으니 감사. ●소원을 주셨으니 소원을 이룰 때가 있으니 감사. ●기도할 때가 있으면 반드시 응답받을 때가 있으니 감사. ●가난할 때가 있으면 반드시 부유할 때가 있으니 감사. ●궁핍할 때가 있으면 반드시 풍성할 때가 있으니 감사.

●섬김을 받을 때가 있으면 반드시 섬길 때가 있으니 감사. ●없을 때가 있으면 있을 때가 있으니 감사. ●비천에 처할 때가 있으면 존귀함이 있을 때가 있으니 감사. ●고통받을 때가 있으면 형통할 때가 있으니 감사. ●약할 때가 있으면 강할 때가 있으니 감사. ●힘들 때가 있으

면 편안할 때가 있으니 감사. ●내려갈 때가 있으면 올라갈 때가 있으니 감사. ●준비할 때가 있으면 반드시 쓰실 때가 있으니 감사. ●묶일 때가 있으면 반드시 풀릴 때가 있으니 감사.

●반드시 일할 때가 있으니 감사. ●반드시 쓰임 받을 때가 있으니 감사. ●반드시 심을 때가 있으니 감사. ●반드시 회복할 때가 있으니 감사. ●반드시 거둘 때가 있으니 감사. ●베풀 때가 있으니 감사. ●반드시 부흥할 때가 있으니 감사.
●풍성하게 누리며 가지게 될 때가 있으니 감사. ●반드시 심을 때가 있으니 감사. ●반드시 거둘 때가 있으니 감사. ●반드시 베풀 때가 있으니 감사. ●나의 하나님이 그리스도 예수 안에서 영광 가운데 그 풍성한대로 나의 모든 쓸 것을 채워 주시니 감사. ●아무것도 염려하지 말고 오직 기도와 간구로 감사함으로 하나님께 아뢰라 하시니 감사. ●너는 내게 부르짖으라 하시니 감사. ●응답하시니 감사. ●환난 날에 나를 부르라 하시니 감사. ●주님이 건지신다 약속하시니 감사. ●또 주님을 영화롭게 한다 하시니 감사. ●물질로 풍성하게 나의 모든 쓸 것을 채워 주시니 감사.

●목회자 세미나에 매주 갈 때 교통비뿐 아니라 테이프 구입비, 기타 풍성하게 채워 주신 하나님께 감사. ●파마도 할 수 있게 채워주신 하나님께 감사. ●언제든 심고 섬길 수 있게 풍성하게 채워 주신 하나님께 감사. ●예수님 때문에 나는 돈이 없다고 사람에게 말하는 자 아니니 감사. ●예수님께만 말하는 자 되었으니 감사. ●능력이 없는 사람

의지하는 자가 아니니 감사. ●능력 없는 사람에게 말하는 자가 아니니 감사. ●능력 없는 사람에게 하소연하는 자 아니니 감사. ●주님만 바라보며 주님 의지하고, 주님께 구하는 자 되었으니 너무너무 감사.
●언제든지 힘들 때도 주님 앞에 나갈 수 있으니 감사.
●언제든지 필요할 때도 주님 앞에 나갈 수 있으니 감사.
●언제든지 지칠 때도 주님 앞에 나갈 수 있으니 감사.
●언제든지 아플 때도 주님 앞에 나갈 수 있으니 감사.

●아들을 주신 이가 어찌 아들과 같이 모든 것을 은사로 주지 않겠느냐 하시니 감사. ●금덩어리를 주신 이가 금덩어리 쌀 포장지를 안주겠느냐 하시니 감사. ●나에게 물질을 얻는 능력을 주시니 감사. ●물질을 주님 영광을 위해 잘 사용할 수 있는 지혜를 주신 것 감사. ●물질을 주님 영광을 위해 잘 관리할 수 있는 능력을 주신 것 감사. ●전능하신 하나님이 나의 아버지시니 감사. ●전능하신 하나님이 나의 여호와이시니 감사. ●전능하신 하나님이 나의 남편이시니 감사. ●전능하신 하나님이 나의 구주이시니 감사. ●새 성전도 주신 것 감사. ●새 사택도 주신 것 감사. ●신실한 일꾼도 보내 주신 것 감사. ●영혼들을 많이 보내 주신 것 감사. ●신실하고 성실한 찬양 사역자도 보내 주신 것 감사.

지하 40평에서 개척 교회를 하면서 시어머니, 친정어머니, 남편, 나, 자녀 4명이 살았다. 남편인 목사님은 고관절 괴사로 활동이 힘들고, 시어머니는 중풍과 치매로, 친정어머니는 협심증, 자녀는 초등, 중등생이었다. 물질적인 고통, 정신적 고통, 육체적인 고통이 있을 때에 "광야 사막 길에서 방황하며 거할 성을 찾지 못하고 주리고 목마름으로 내 영혼이 피곤하였도다"(시 107)와 같았다.

어떻게 해야 할지! 무엇을 해야 할지! 어디로 가고 있는지! 지금 잘하고 있는지! 잘못되어 가고 있는지! 계속 가야 할지! 그만두어야 하는지! 다른 길을 찾아야 할지!

과연 이렇게 사는 것이 하나님의 인도인지! 하나님의 영광을 가리고 있는 것은 아닌지! 정말 광야 사막 길에서 방황하며 거할 성을 찾지 못하고 주리고 목마름으로 내 영혼이 피곤하며 내 마음이 상하며 온몸이 움추려 피곤하며 아픔이 심했다.

눈에 보이는 것 없고, 귀에 들리는 것 없고, 갈등과 불안에 사로잡혀 신음하며 근심 중에 여호와 하나님께 부르짖게 하심을 감사했다.

●힘없이 맥없이 주님을 부르짖지만 그 신음 소리까지도 들으시고 건지신 하나님께 감사. ●근심 중에 부르짖을 때 그 고통에서 건지신 하나님께 감사 ●또 바른길로 인도하사 거할 성에 이르게 하시니 감사. ●여호와의 인자하심과 그 크신 긍휼로 인생에게 기이한 일을 행하시는 하나님을 찬양하며 감사. ●사모하는 영혼에게 만족하게 하시며, 주린 영혼에게 좋은 것으로 채워 주시는 하나님께 감사. ●하나님을 사모하는 작은 신음 소리까지 들으시고, 내 영혼에게 만족하게 하신 하나님께 찬양 감사 영광! ●주리고 가난하고 지친 나의 영혼에 좋은 것으로 채워 주신 하나님께 감사 찬양 영광! ●흑암과 사망의 그늘에 앉으며 곤고와 쇠사슬에 매여 꼼짝 못하고 있을 때 이렇게 된 원인을 말씀하신 하나님께 감사. ●하나님의 말씀을 거역하며 지존자의 뜻을 멸시함

이라 하시니 감사.

하나님의 어떤 말씀을 거역하여 그런지? 지존자의 어떤 뜻을 멸시하여 그런지 알 수 없고, 볼 수 없고 깨달을 수 없어 아주 힘없고 연약한 마음의 소리로 주님을 부르고 부르짖었다.

● 그 작은 신음소리를 들으시고 감사로 제사를 드리라 하시니 감사. ● 감사를 잃어버리는 것이 하나님 말씀을 거역함이요, 지존자의 뜻을 멸시함이었음을 깨닫게 하심을 감사.
● 나는 아무것도 할 수 없음을 모두 아시기 때문에, 나를 위해 십자가 지시고 나의 모든 것을 다 이루었는데, 부족한 이대로, 이 모습 이대로, 날마다 순간마다 주님 앞에 나아가, 나의 문제를 소원을 내려놓고 감사만 하면, 주님이 이루시고 영광 받으시니 감사.
● 모두 쫓아내지 못한 가나안 칠족이 올무가 되어 옆구리를 찌르듯이, 아직 남아 있는 내 의, 육의 사람, 옛사람, 율법, 욕심이 한순간도 방심하고 깨어 있지 아니하면 나에게 올무가 되어 찌르고, 괴롭히고, 사로잡아 오는 것을 보게 되니 감사.
● 어떤 고통 중이든 근심 중이든, 예수님 이름을 부르기만 하면 건지시고, 바른 길로 인도하시는 하나님께 감사 찬양 영광!
● 아직 예수 생명으로 충만하게 채워지지 못해 순간순간 넘어지고 쓰러지니 이런 나의 체질을 아시고, 수없이 말씀 구절구절마다 "환난 날에 나를 부르라, 부르짖으라. 그리하면 건지리라 응답하리라, 네가 나를 영화롭게 하리라" 하시니 감사.
● 주님이 일을 행하시고 이루시고 성취하시니 너는 부르짖기만 하면

응답하시고 네가 알지 못하는 크고 비밀한 일을 선물로 보여 주신다 하시니 너무너무 감사.
●하나님의 말씀을 거역하며 지존자의 뜻을 멸시할 때마다 수고로 나의 마음을 낮춰 주시니 감사. ●이럴 때 엎드려져도 나를 돕는 자 없음을 감사. ●물질로 간섭해 주신 것 감사. ●현실에 날마다 물질이 꼭 필요하지만 나를 돕는 자 없으니 감사. ●이것도 하나님의 손길이었음을 감사.

●근심 중에 여호와께 부르짖게 하심을 감사. 또 "그가 그의 말씀을 보내어 그들을 고치시고 위험한 지경에서 건지시는도다"(시 107:20)는 말씀으로 응답하사 그 고통 중에서 구원하시는 하나님께 찬양, 감사. ●흑암과 사망의 그늘에서 인도하여 내시고 그 얽은 줄을 끊으셨으니 감사 찬양 영광! ●여호와의 인자하심과 인생에게 행하신 기이한 일을 인하여 하나님을 찬송, 영광, 감사. ●주님께서 놋문을 깨트리시며 쇠빗장을 꺾으셨음을 감사. ●미련한 자는 저희 범과와 죄악의 연고로 곤란을 당한다 하시니 감사. ●근심 중에 부르짖을 때마다 그 고통에서 구원하시되 그 말씀을 보내어 나를(당신, 자녀, 가정, 교회) 고치시어 지경에서 건지시니 너무너무 감사.

●항상 말씀을 보내시어 깨닫게 하시니 감사.
●말씀을 보내시어 고치시고, 붙들어 주시니 감사.
●말씀을 보내시어 나를 지키시니 감사.
●말씀을 보내시어 나를 인도하시니 감사.

- 말씀을 보내시어 나를 강하게 하시니 감사.
- 말씀을 보내시어 약속을 부여잡게 하시니 감사.
- 말씀을 보내시어 나를 위로하시니 감사.
- 말씀을 보내시어 나를 살게 하시니 감사.
- 말씀을 보내시어 항상 든든하게 하시니 감사.
- 말씀은 나의 반석이시니 감사. 말씀은 나의 구원이시니 감사.
- 말씀은 나의 생명이시니 감사. 말씀은 나의 소망이시니 감사.
- 말씀은 나의 길이시니 감사. 말씀은 나의 빛이시니 감사.
- 말씀은 등이시니 감사. 말씀은 나의 방패가 되시니 감사.
- 말씀은 나의 피할 바위가 되시니 감사.
- 말씀은 나의 산성이시니 감사.
- 말씀은 나의 힘이시니 감사.
- 말씀은 나의 모든 것이 되시니 감사.
- 말씀은 나의 목적이시니 감사.
- 말씀은 나의 도피성이니 감사.
- 말씀은 나의 구원의 뿔이시니 감사.
- 말씀은 나의 능력이시니 감사.
- 말씀은 나의 만족이시니 감사.
- 말씀은 나의 의지가 되시니 감사.
- 말씀은 나의 재산이요, 기업이시니 감사.
- 말씀은 나의 밑천이시니 감사.
- 말씀은 나의 주인이시니 감사.
- 말씀은 나의 자본이시니 감사.

- 말씀은 나의 목자이시니 감사.
- 말씀은 나의 사장이시니 감사.
- 말씀은 나의 친구이시니 감사.
- 말씀은 나의 부모이시니 감사.
- 말씀은 나의 동행자이시니 감사.
- 말씀은 나의 보호자이시니 감사.
- 말씀은 나의 알맹이가 되시니 감사.
- 말씀은 나의 보배가 되시니 감사.
- 말씀은 나를 이끌어 주시니 감사.
- 말씀은 나를 밀어 주시니 감사.
- 말씀은 나를 건지시니 감사.
- 말씀은 나를 고치시니 감사.
- 말씀은 나를 만드시니 감사.
- 말씀은 나를 만들어 가시니 감사.
- 말씀은 나를 날마다 새롭게 창조하시니 감사.
- 말씀은 나의 하나님이시니 감사.
- 말씀은 나의 능력이시니 감사.
- 말씀은 나의 연약을 채우시니 감사.
- 말씀은 나의 통장이니 감사.
- 말씀은 나의 필요를 채우시니 감사.
- 말씀은 나를 빚어 가시니 감사.
- 말씀은 나를 깨트리시니 감사.
- 말씀은 나를 부수시니 감사.

- 말씀은 토기장이시니 감사.
- 말씀은 나를 가루로 만드시니 감사.
- 말씀은 나를 가루 만드는 맷돌이시니 감사.
- 말씀은 나의 거울이시니 감사.
- 말씀은 나를 세워가니 감사.
- 말씀은 나를 밝게 만드시니 감사.
- 말씀은 나를 빛나게 만드시니 감사.
- 말씀은 나를 아름답게 만드시니 감사.
- 말씀은 나를 천국 모델로 만들어 세우시니 감사.
- 말씀은 나를 부자로 만드시니 감사.
- 말씀은 나를 믿음의 부자로 만드시니 감사.
- 말씀은 사랑의 부자로 만드시니 감사.
- 말씀은 은혜의 부자로 감사의 부자로 만드시니 감사.
- 말씀은 기도의 부자와 순종의 부자로 만드시니 감사.
- 말씀은 나를 다듬어 가시고 나를 단장하게 하시니 감사.
- 말씀은 나의 대장장이시니 감사.
- 말씀은 나의 훈련장이시니 감사.
- 말씀은 나를 수없이 반복 연습시키는 훈련소이시니 감사.
- 말씀은 나를 용맹한 군사로 만드시니 감사.
- 말씀은 나를 십자가 군병으로 만드시니 감사.
- 말씀은 나의 잣대이시니 감사.
- 말씀은 수없이 잣대에 맞을 때까지 훈련시키니 감사.
- 말씀은 나의 소원이고 나의 소망이시니 감사.

- 말씀은 나의 바람막이시니 감사.
- 말씀은 나의 열쇠이시니 감사.
- 말씀은 나의 대문이시니 감사.
- 말씀은 나의 삶이시니 감사.
- 말씀은 나의 안식처이시니 감사.
- 말씀은 나의 보금자리이시니 감사.
- 말씀은 나의 노래이시니 감사.
- 말씀은 나의 기도이시니 감사.
- 말씀은 나에게 주는 하나님의 연애편지 받는 것이니 감사.
- 말씀은 나에게 명령장이시니 감사.
- 말씀은 나에게 경고장이시니 감사.
- 말씀은 나에게 최고장이시니 감사.
- 말씀은 나의 변호사이시니 감사.
- 말씀은 나의 하나님이시니 감사.
- 말씀은 나의 아버지이시니 감사.
- 말씀은 나의 남편이시니 감사.
- 말씀은 나의 스승이고 나의 친구이시니 감사.
- 말씀은 나의 천사가 되시니 감사.
- 말씀은 나의 도우미이시니 감사.
- 말씀은 나의 선물이고 나의 기쁨이시니 감사.
- 말씀은 나의 영의 음식이고 나의 양식이시니 감사.
- 말씀은 나의 노래이시니 감사.
- 말씀은 나의 별미이시니 감사.

- 말씀은 나의 보약이시니 감사.
- 말씀은 나의 행복이시니 감사.
- 말씀은 나의 길잡이시니 감사.
- 말씀은 나의 징검다리가 되시니 감사.
- 말씀은 나의 건널목이고 나의 신호등이시니 감사.
- 말씀은 나의 애인이고 나의 비밀이시니 감사.
- 말씀은 나의 비밀이 되어 주시니 감사.
- 말씀은 나의 배부름이고 나의 맛이시니 감사.
- 말씀은 나의 목자가 되시니 감사.
- 말씀은 나의 포도주가 되시니 감사.
- 말씀은 나의 만병통치가 되시니 감사.
- 말씀은 나의 종합병원이시니 감사.
- 말씀은 나의 수술자이시며 나의 의원이시니 감사.
- 말씀은 나의 전문의이시고 나의 소독이시니 감사.
- 말씀은 나의 죄와 허물과 실수를 씻는 목욕탕이시니 감사.
- 말씀은 나의 영육을 깨끗하게 하는 나의 세탁기이시니 감사.
- 말씀은 어떤 허물, 실수, 죄악도 깨끗이 씻어 주시니 감사.
- 말씀은 나의 의의 옷 세마포이시니 감사.
- 말씀은 나의 축복들 가득 실은 집이시니 감사.
- 말씀은 나의 불소각장처럼 나의 속과 겉을 모두 태워 주시니 감사.
- 말씀은 나의 방부제로 썩지도 않게 하시니 감사.
- 말씀은 병들게도, 변하지도 않게 하시니 감사.
- 말씀은 나의 등불로 심령을 밝혀 주시니 감사.

- 말씀은 영혼을 밝혀 주며 가정과 교회를 밝혀주시니 감사.
- 말씀은 나의 나침반이시니 감사.
- 말씀은 나의 운전자이시니 감사.
- 말씀은 나의 안내자이시니 감사.
- 말씀은 나의 선장이시니 감사.
- 말씀은 나의 모든 것! 나의 목적이시니 감사.
- 말씀은 나의 존재 이유가 되시니 너무너무 감사.
- 말씀은 나의 심지가 날마다 시간마다 견고하게 하니 감사.
- 말씀은 날마다 시간마다 분초마다 뿌리가 깊이 내려가니 감사.
- 말씀은 철따라 열매 맺게 되니 감사.
- 말씀은 날마다 시간마다 분초마다 풍성한 열매를 따먹게 되니 감사.
- 말씀은 나의 채찍이며, 지팡이며 나의 막대기가 되시니 감사.
- 말씀은 나의 안경이며, 나의 돋보기이시니 감사.
- 말씀은 현미경으로 오늘도 나를 감찰하시고, 보고 계시니 감사.
- 말씀은 나의 목표가 되고 나의 성적표가 되시니 감사.
- 말씀은 나의 기준이시니 감사.
- 말씀은 나의 지갑이며 나의 백지 수표가 되시니 감사.
- 말씀은 나의 거룩함이며 나의 춤이시니 감사.

- 예수님 때문에 나를 향하신 하나님의 기쁘신 말씀으로 하루를 시작하는 자가 되었으니 너무너무 감사하고, 그래서 기쁨으로 하루를 마칠 수 있어서 감사.
- 예수님 때문에 잠에서 깨는 순간부터 믿음과 승리의 말을 선포하는

습관이 길러졌으니 감사. ●이런 말을 통해 나의 꿈은 새로운 생명력을 얻게 되니 감사. ●하나님의 말씀을 과감하게 선포할 때 온 우주의 힘이 모여 그 말씀을 현실로 이루게 되니 감사.
●하나님의 말씀을 읽고 감상하라고 수많은 약속을 주신 것이 아니니 감사. ●약속의 말씀을 주신 것은 나로 과감히 선포하여 순종과 복종으로 승리와 건강, 희망과 풍성한 삶을 얻기를 원하시니 너무너무 감사.

●예수님 때문에 나는 하나님의 약속을 지키는 데, 게으름 피우는 자가 아니니 감사. ●부지런히 성경을 찾아 특별히 나의 상황에 맞는 말씀을 찾아 적고, 그것을 선포하는 자 되었으니 감사. ●이런 습관을 길러 내는 자 되었으니 감사. ●하나님은 이미 나의 모든 일을 이루셨고, 지금도 역사하시니 감사. ●나머지는 내 몫이니 감사.
●지혜와 성공, 번영, 건강을 얻고 싶어 단순히 말씀을 묵상하고, 믿는 차원을 넘어 과감히 믿음의 말을 하고, 자신과 가족의 승리를 선포하는 자 되었으니 감사. ●예수님 때문에 나는 상대에게 특별히 남편, 자녀, 엄마, 성도들에게 영향을 주면서 살아가는 자이니 감사.
●예수님 때문에 나는 좋은 영향을 미치는 상대에게 좋은 말, 긍정적인 말, 소망의 말만 하는 자 되었으니 감사.

제7장

값진 진주 발견

"또 천국은 마치 좋은 진주를 구하는 장사와 같으니 극히 값진 진주
하나를 발견하매 가서 자기의 소유를 다 팔아 그 진주를 사느니라"
(마태복음 13:45-46)

 ●예수 생명의 값진 진주를 발견하게 하심을 감사. ●예수 생명의 금덩어리를 발견하게 하심을 감사. ●이 귀한 보화를 발견했는데, 이 값진 진주를 발견했는데, 이 귀한 금덩어리를 발견했는데, 겉의 돋힌 가시 있다고 피하는가, 또 그 가시에 찔렸다고 주저앉겠는가, 그럴 수 없으니 너무너무 감사. ●밭에 크고 작은 돌이 있다고 주저앉겠는가. 또 포기하겠는가, 그 돌에 차였다고 주저앉겠는가, 그 돌에 부딪혔다고 포기하겠는가. 그럴 수 없으니 너무너무 감사.
●그 밭에 예수님 생명의 값진 진주를 발견했는데, 나뭇가지가 막는다고 포기하겠는가, 나뭇가지에 걸려 넘어졌다고 포기하겠는가. 그 밭에 보화가 있는데 비가 온다고 포기하겠는가. 눈이 온다고 멈추겠는가. 바람이 분다고 피하겠는가. 그럴 수 없으니 감사. ●춥다고, 덥다고, 차비가 없다고 주저앉겠는가. 못 가도록 옆에서 돌을 던진다고 포기하겠는가. 주변에서 길을 막는다고 주저앉겠는가. 옆에서 침을 뱉는다고 포기

하겠는가. 때린다고 멈추겠는가. 수군수군한다고 피하겠는가, 욕을 한다고 멈추겠는가. 그 보화가 너무 크고 귀하고 값진 것이기 때문에 이 세상 무엇과도 바꿀 수 없으니 감사.

● 이 예수 생명의 보화를 캐는 것에 더욱 침노하는 자 되었으니 오직 예수 생명! ● 이것보다 더 귀한 것이 있는가? 그럴 수 없으니 감사. ● 이것보다 더 좋은 것이 있는가? 그럴 수 없으니 감사. ● 이것보다 더 급한 것이 있는가? 그럴 수 없으니 감사. ● 이 보화를 보는 눈이 더 깊게, 더 넓게, 더 길게 열려지니 감사. ● 예수 때문에 남편도 이 보화를 보는 눈이 열려졌으니 너무너무 감사. ● 우리 교회 오는 모든 분이 이 큰 보화를 보는 눈이 열려지시니 감사.

● 이 보화를 달콤한 사탕으로 바꾸겠는가. 은금을 준다 한들 바꾸겠는가. 빌딩을 준다고 바꾸겠는가. 초가산간 집들을 준다고 바꾸겠는가. 천사 같은 옷을 준다고 바꾸겠는가. 소갈비를 준다 한들 바꾸겠는가. TV드라마가 재미있은들 그것과 바꾸겠는가. 예수 생명의 값어치를 발견하게 되니 감사. ● 이 땅에서 아무리 좋은 것과 귀한 것이라 한들 그 보화를 싸는 포장지에 불과하니, 이 예수 생명의 보화가 더 값지게 여겨지게 하시니 감사. ● 시간마다 분초마다 날마다 이 생명의 보화가 더 크게 보이니 감사. 더 크게 여겨지니 감사. 더 크게 생각되니 감사. ● 나의 눈에는 마음에는 생각에는 온통 예수 생명 보화만으로 가득차게 하시니 감사. ● 이 보화가 날마다 시간마다 분초마다 더 빛나게 되니 감사. ● 이 예수 생명 사랑의 보화가 바위 같으면 이 땅의 모든 것은

작은 돌맹이에 불과하니 감사. ●내 속에 이 예수 생명 사랑의 보화가 온통 빛이 드러나게 하기 위해 오늘도 시간마다 분초마다 생각마다 예수 생명, 말마다 예수 생명, 보는 것마다 예수 생명, 듣는 것마다 예수 생명, 손길마다 예수 생명, 마음마다 예수 생명, 걸음마다 예수 생명, 오직 예수 생명으로 나의 속과 겉이 도배가 되게 하심을 감사.

어제 밀양 산내교회에 가면서 산과 온 들판을 바라볼 때 푸르름이 무성하게 우거져 있었다. 논은 벼들로 온통 싱싱하고 푸르렀고, 밭에는 온갖 채소로 푸르름이 만발했다.
과수원에는 새파란 사과 열매가 조롱조롱 많이 열렸고, 하우스에는 각종 고추, 토마토, 깻잎이 아주 무성하고, 열매도 주렁주렁 달려 있었다. 하지만 논에도 밭에도 심지 않은 곳은 잡초가 무성했다.

●이 모든 것을 예수님의 눈으로 보게 하심을 감사. ●이 모든 것을 하나님의 음성으로 들려지게 하시니 감사. ●깨닫게 하심도 감사. ●심은 대로 거둔다는 법칙을 다시 한 번 실감나게 하시니 감사. ●부지런히 심은 만큼 거둘 수확이 많은 것을 보게 되니 감사. ●부지런히 심어 놓은 후 우리는 잠을 자고, 이리저리 쫓겨 다니며 바쁘고, 또 시간을 보내지만 하나님께서는 심어놓은 씨앗으로 쉬지 않고, 일하심을 보게 하심을 감사. ●무엇을 심든 심은 대로 거두게 되어 30배, 60배, 100배 또는 1,000배까지도 거두게 하시는 하나님께 감사 찬양. ●내 심령 밭에 잡초가 엄청나게 자라는구나 하는 것을 깨달으니 감사.

●이제부터는 내 심령에 예수 생명의 씨를 시간마다 분초마다 심어야 겠다 하는 마음과 다짐을 하게 하시니 감사. ●이제 어떤 경우도 사망의 씨앗은 뿌리지 않아야겠다. ●예수님 때문에 사망의 씨앗을 심는 자 아니니 감사. ●예수 때문에 심령 밭에 저주의 씨를 뿌리는 자가 아니니 감사. ●내 심령 밭에 죄악의 씨를 뿌리는 자가 아니니 감사. ●예수 때문에 육의 소욕으로 씨를 뿌리는 자가 아니니 감사. ●내 의로 씨를 뿌리는 자가 아니니 감사. ●게으름의 씨를 뿌리는 자가 아니니 감사. ●미워하는 씨를 뿌리는 자가 아니니 감사. ●수군수군하는 씨를 뿌리는 자가 아니니 감사. ●불평하는 씨를 뿌리는 자가 아니니 감사. ●원망하는 씨를 뿌리는 자가 아니니 감사. ●인색한 씨를 뿌리는 자가 아니니 감사. ●욕심 부리는 씨를 뿌리는 자가 아니니 감사. ●불순종하는 씨를 뿌리는 자가 아니니 감사. ●우상 섬기는 씨를 뿌리는 자가 아니니 감사.

●남편을 미워하는 씨를 뿌리는 자가 아니니 감사. ●시어머니를 미워하는 씨를 뿌리는 자가 아니니 감사. ●염려, 근심, 걱정하는 씨를 뿌리는 자가 아니니 감사. ●내 생명으로 사는 씨를 뿌리는 자가 아니라 오직 예수 생명의 씨를 뿌리는 자가 되었으니 감사. ●하나님을 원망하고 성령을 근심하게 하며 불순종, 감사하지 않은 마음, 우상, 교만, 자기자랑, 불효, 성결하지 못한 씨를 뿌리는 자가 아니니 너무너무 감사
●허망한 생각, 더러운 말, 낙담, 낙심, 과격한 말, 아첨, 상처 주는 말, 다른 사람을 험담하고 비방하는 씨를 뿌리는 자가 아니니 너무너무 감사. ●추악, 탐욕, 악의, 사기, 분쟁, 수군수군하며 남편을 미워하고, 자

녀를 미워하고, 이웃을 미워하는, 무정한 이런 씨를 뿌리는 자가 아니니 너무너무 감사. ●게으름, 코웃음, 눈짓, 고집, 음란, 원통함, 참소, 불만족, 무례함을 행하는 이런 씨를 뿌리는 자가 아니니 너무너무 감사. ●돈사랑, 남을 판단, 이간질, 원한, 분노, 남을 속임, 분리, 훼방, 질투, 혈기 부리는 이런 씨를 뿌리는 자가 아니니 너무너무 감사. ●비판, 정죄, 원망, 다툼, 저주, 고통, 질병, 고생의 씨를 뿌리는 자가 아니니 감사.

●부정한 이익을 취하는 자가 전혀 아니니 너무너무 감사. ●그리스도 예수 안에 있는 생명의 성령의 법이 죄와 사망의 법에서 나를 해방하였음을 너무너무 감사. ●그리스도 예수 안에 있는 나에게는 결코 정죄함이 없으니 너무너무 감사. ●사망에서 나를 건져주신 하나님께 감사. ●생명의 성령의 법이 죄와 사망의 법을 삼켜 버렸으니, 예수님 때문에 죄와 사망의 씨를 뿌리는 자가 아니라 이런 것은 나와 전혀 상관이 없으니 너무너무 감사. ●예수님 때문에 날마다 시간마다 분초마다 영의 사람으로, 은혜의 사람으로, 사랑의 사람으로, 생명의 사람으로, 믿음으로 씨를 뿌리는 자가 되었으니 너무너무 감사. ●예수님 때문에 하나님만을 사랑, 찬양, 감사, 경외, 경배, 영광 돌리는 자가 되었으니 감사. ●예수님 때문에 성령을 기쁘시게 하는 자가 되었으니 감사. ●감화, 감동에 순종하는 자가 되었으니 너무너무 감사. ●예수님 때문에 아멘, 순종, 충성하는 자 되었으니 너무너무 감사. ●예수님 때문에 범사에 감사. ●전천후 감사하는 자가 되었으니 감사. ●예수님 때문에 날마다 시간마다 분초마다 하나님만을 사랑하고, 영광 돌리는 자 되었으니 너

무너무 감사. ●예수님 때문에 날마다 시간마다 분초마다 온유하고, 겸손하고, 낮아지는 자 되었으니 감사.
●하나님만, 십자가만 자랑하는 자가 되었으니 너무너무 감사. ●예수님 때문에 효도하는 자, 부모님께 순종하는 자, 시어머니, 친정어머니를 사랑하는 자 되었으니 너무너무 감사. ●예수님 때문에 날마다 시간마다 분초마다 성결한 자, 정결한 자, 거룩한 자가 되었으니 감사. ●예수님 생각, 위에 있는 것만 생각, 믿음으로 생각, 소망으로 생각, 잘 될 것만 생각, 긍정적으로 생각한 자 되었으니 너무너무 감사. ●예수님 때문에 좋은 말, 생명의 말, 사랑의 말, 감사의 말, 믿음의 말. 세우는 말, 은혜와 덕과 유익을 끼치는 말, 하나님께 영광 돌리는 말만 하는 자 되었으니 너무너무 감사.

●예수님 때문에 소망의 사람, 기쁨이 충만한 자. 항상 기뻐하는 자 되었으니 너무너무 감사. ●예수님 때문에 섬기는 자, 베푸는 자, 구제하는 자가 되었으니 감사. ●예수님 때문에 예수 사랑으로 격려하는 자가 되었으니 감사.
●예수 사랑으로 남을 높이는 자가 되었으니 너무너무 감사. ●예수님 때문에 하나님을 경외하는 자, 남을 유익하게 하는 자, 예수 사랑으로 선대하는 자, 너그러운 자가 되었으니 너무너무 감사.
●예수님 때문에 화평하게 하는 자, 예수 사랑으로 남편을 사랑하는 자, 예수 사랑으로 자녀들을 사랑하는 자가 되었으니 감사.
●예수님 때문에 동정하고, 인자한 자 되었으니 너무너무 감사.
●예수님 때문에 영육 부지런한 자, 성실한 자, 신실한 자가 되었으니

감사.

● 예수님 때문에 날마다 시간마다 분초마다 찬송하는 자가 되었으니 감사. ● 날마다 시간마다 분초마다 말씀을 보고, 듣고, 묵상하는 자가 되었으니 너무너무 감사. ● 또 순종하고 행하는 자가 되었으니 감사.

● 예수님 때문에 날마다 시간마다 분초마다 감사로 기도하는 자 되었으니 너무너무 감사. ● 믿음의 사람, 즉 날마다 시간마다 분초마다 믿음이 쑥쑥 자라게 되니 너무 감사. ● 예수님 때문에 평화의 사람, 평안의 사람, 평강의 사람이 되었으니 감사. ● 예수님 때문에 기도하는 자, 오래 참는 자, 인내하는 자, 절제하는 자 되었으니 너무너무 감사. ● 예수님 때문에 돈을 사랑하지 않는 자가 되었으니 감사. ● 돈 욕심 부리는 자 아니니 감사. ● 돈 때문에 미혹 받는 자 아니니 감사. ● 돈 때문에 염려, 근심, 걱정하는 자 아니니 감사. ● 돈을 다스리고 정복하는 자, 잘 관리하는 자, 돈으로 하나님 나라에 잘 심는 자가 되었으니 감사. ● 예수님 때문에 이웃을 사랑하는 자, 남을 높이는 자, 용서하는 자가 되었으니 감사. ● 예수님 때문에 웃음의 사람, 이해하는 자, 품는 자, 사랑하는 자가 되었으니 감사. ● 예수님 때문에 남을 도와주는 자, 중보하는 자, 사랑하는 자가 되었으니 감사. ● 예수님 때문에 예수 사랑으로 칭찬하는 자, 예수 사랑으로 포용하는 자, 인자한 자, 자비로운 자가 되었으니 감사. ● 예수님 때문에 축복만 하는 자, 영육이 치료받는 자, 영육이 강건한 자, 위로하는 자, 구제하는 자가 되었으니 감사.

● 씨를 뿌리고 가꾸지 않으면 잡초가 무성하게 올라오는데, 예수 때문에 날마다 시간마다 분초마다 어둠을, 죄악을, 육의 소욕을, 나의 의를

부인하는 것이 잡초를 제거하는 것이기에 나를 부인하는 자 되었으니 감사.
●우리 집에도 텃밭으로 각종 채소를 심는 것을 보게 되니 감사. ●잡초를 모두 뽑고, 메어도 몇 날만 있으면 또 자욱하게 잡초가 올라와, 시시때때로 뽑고, 메지 않으면 농작물이 제대로 자랄 수 없음을 보게 하심을 감사. ●내 심령의 밭에 생명의 씨가 쑥쑥 자라게 하기 위해 날마다 시간마다 분초마다 부인하면서 또 예수 생명의 씨를 부지런히 뿌려야겠다라는 마음을 주신 것 감사. ●또 날마다 시간마다 분초마다 예수 생명 사랑 씨앗을 뿌리게 하심을 감사. ●내 심령과 내 속과 겉이, 온통 예수 생명 사랑으로 무성하게 되니 감사. ●또 날마다 시간마다 분초마다 풍성한 생명의 과실을 맺게 하시니 감사. ●이 예수 생명 사랑을 나눠주게 하심을 감사.

●주는 나의 아버지이시니 감사. ●나는 진흙이요. 주는 토기장이시니 감사. ●나는 모든 것이 주의 손으로 지으신 것이니 감사. ●주님이 과히 분노하지 않으시고 죄악을 영원히 기억하지 않으시니 감사. ●주님이 종일 손을 펴서 자기 생각을 쫓아 불선한 길을 행하는 패역한 나를 불렀으니 감사. ●하나님이 새 하늘과 새 땅을 내 심령, 가정, 푸른 초장교회에 창조하시니 너무너무 감사. ●이전 것은 기억되거나 마음에 생각나지 아니하게 됨을 감사. ●하나님의 창조하심으로 인하여 영원히 기뻐하며 즐거워하게 됨을 감사. ●하나님이 내 심령, 가정, 교회로 즐거움을 창조하심을 감사. ●그 백성인 나로 기쁨을 삼으시니 감사.

제8장

새 일을 위한 기도

"보라 내가 새 일을 행하리니 이제 나타낼 것이라 너희가 그것을
알지 못하겠느냐 반드시 내가 광야에 길을 사막에 강을 내리니"
(이사야 43:19)

 어디서부터 어떻게 무엇을… 엄두가 나지 않는다. 정리도 안 되고,
이 노트 저 노트 뒤적거리다 시작을 못하고 있다.
하나님께서 몇 년 전 기도 중에 "책을 내라"는 감동을 주셨다.
그 후 필리핀 선교, 아침 설교를 하고 나니 여러 목사님들이
책을 내라고 했다. 하나님이 주신 것인데 나눠야 한다고….
이를 두고 기도할 때 이 책을 통해 감사를 회복시키는 일에 쓰임 받기를,
영적으로 회복하는 일에 쓰임 받기를 기도했다.
막상 pc를 켜고 글을 써서 이메일로 보내야 하는데 나 혼자서는 어느 것부터
무엇을, 어떻게 해야 할지 엄두가 나지 않아 하나님께 기도했다.
"주여! 이 일을 위해 사람을 붙여 주소서.
노트를 보고 스스로 정리하며 일을 할 수 있는…
이 일에 메이지 않도록 사람을 붙여 주소서.
좋은 출판사를 만나게 하시고, 지혜롭게 책을 낼 수 있도록

일할 수 있는 자를 붙여 주소서.
이 일로 인해 물질에 마음 뺏기지 않으며, 욕심 부리지 않게
물질로써 선교에 동참할 수 있게 하소서.
이 책으로 지금뿐만 아니라 내가 천국 가고 없어도 두고두고
회복의 열매, 복음의 씨앗이 되게 하소서."

●위기 때 세 가지 반응에 대해 보여 주시니 감사. ●위기를 인정하지 않고 원망하고 자포자기하는 것, 되는대로 되라는 식으로 대책 없이 위기를 보기만 하는 자, 끝으로 위기에 긍정적으로 반응하여 창조적으로 해결하는 반응을 통해 나 자신을 돌아보게 하시니 감사.
●이 문제로 인해 내 마음 한구석에 자포자기가 있는 것을 보게 되니 감사. ●또 한구석엔 대책 없이 한숨만 쉬고 있는 것을 보게 되니 감사. ●또 한구석엔 성령의 인도와 감동을 생각해서 하나님 음성을 생각하며 긍정적으로 반응하고 있음을 보게 되니 감사. ●또 말씀을 통해 창조적 해결 방안을 위해 하나님께 더 기도한 뒤 묻고, 하나님의 인도를 구하고 있는 나를 보게 되니 감사.

●이 일을 통해 자신의 잘못을 발견하고 하나님을 더욱 의지하고 다시 일어서라 하시니 감사. ●이를 통해 나의 의를 발견하게 되니 감사. ●순수한 하나님 영광과 하나님 나라를 위함보다 내면에 욕심이 있음을 보니 감사. ●내 자랑도 있음을 보게 되니 감사. ●믿음 없음을 보게 되니 감사. ●방법도 길도 어떻게 해야 할지 모르는 나의 부족함을 보니 감사.

●이 모든 것을 예수 십자가 앞에 내려놓게 하시니 감사. ●여호사밧 왕이 민족의 멸망의 위기 앞에서 성가대를 세워 거룩한 옷을 입히고, 군대를 앞에 세우고 찬양하게 한 것을(대하 20:14-23) 보게 하시니 감사. ●위기 앞에 살려달라고 기도한 것이 아니라 "여호와께 감사하세 그 자비하심이 영원하도다"(21)라고 찬양함을 보게 되니 감사. ●위기에서 선택한 믿음은 감사이니 감사. ●감사의 노래와 찬송이 시작될 때 놀라운 일이 일어난 것을 보게 되니 감사. ●감사 찬양을 부르는 자들을 보면서 적들이 하나님을 두려워하기 시작해서 적들끼리 분란이 일어나서 서로 싸워 결국 멸망하고 물러난 것을 보게 되니 감사.

●내 속에 있는 적은 불신, 의심, 포기, 부담, 자신 없어함, 찾지 않고 두드리지 않음을 보게 되니 감사. ●맞구나 맞아. 전능하신 하나님이 내 아버지인데, 감동 주신 이가 이 일도 인도하시리라. 전쟁은 여호와께 속한 것이니 나는 감사와 찬송의 불을 붙여야겠구나 하니 감사. ●천사가 수종드니 감사. ●예수님도 위기 앞에서 감사했으니 감사. ●말씀 전하시고, 빈들에서 먹을 것이 없을 때 겨우 보리떡 5개, 물고기 2마리밖에 없지만 불평하지 않고 감사 기도를 드렸을 때 오병이어의 기적이 일어났음을 보게 되니 감사. ●지금 내게 있는 것에 감사하라는 하나님의 음성이 들리니 감사. ●또 고라신에서도 복음을 전했지만 거절 당했을 때도 예수님은 "아버지여 지혜롭고 슬기있는 자에게는 숨기시고, 어린아이들에게 나타내심을 감사합니다"라고 기도드린 것처럼 예수님도 위기엔 감사를 선택했음을 보게 되니 감사.

한 가정의 아버지요 공동체의 리더였던 다윗에게도 어려운 상황이 다가왔다. 전쟁터에 나갔다 돌아오니 마을은 불타 버렸고, 처자식들은 포로로 잡혀가 버렸다. 부하들의 식구들까지 잡혀갔다. 삶의 모든 것을 잃어버린 것 같았을 때 다윗은 하나님을 힘입어 용기를 얻었다고 했다(삼상 30:1-15) 울 기력이 없도록 소리 높여 목 놓아 울었다고 했다. 그러나 다윗은 여기에 머물지 않았다.

"다윗이 크게 다급하였으나 그의 하나님 여호와를 힘입고 용기를 얻었더라"(삼상 30:6).

● 실패의 자리, 절박한 현장에서 낙심된 사람에게 용기를 주시는 주님을 만났다 하시니 감사. ● 믿음은 주님을 만나는 것이니 감사. ● 예수님을 만나면 길이 열리니 감사. ● 앞길이 보이지 않을 때 주님을 나의 힘으로 삼고 용기를 얻게 하시니 감사. ● 또 다윗은 하나님의 말씀을 따랐으니 감사. ● 다윗은 장수이지만 이 상황에서 스스로 판단할 수 있지만 여호와께 물었다고 하시니 감사. ● 자신이 움직이기 전에 먼저 하나님께 물었다고 하시니 감사. ● 하나님께서 "그를 쫓아가라 네가 반드시 따라잡고 도로 찾으리라" 말씀을 들었으니 감사. ● 말씀을 들을 때 소망이 생겼으니 감사.

● 실상은 눈에 보이지 않지만 약속을 믿었으니 감사. ● 믿음은 바라는 것들의 실상이라 하셨으니 감사. ● 또한 믿음은 보이지 않은 것들의 증거라 하시니 감사.
● 빼앗아갔던 모든 것을 도로 찾고, 아무것도 잃은 것이 없이 모두 찾

아왔고, 양 떼와 소 떼를 모두 되찾았더라 하시니 감사. ●하나님 말씀대로 찾고, 찾고, 찾은 역사가 일어났으니 감사. ●이 말씀이 큰 은혜가 되니 감사. ●길이 보이지 않을 때 하나님을 향하여 용기를 얻게 하시니 감사. ●용기를 주시는 주님을 만나게 하심을 감사.

●하나님을 만남으로 길을 예비하시니 감사. ●다윗에게 하나님은 단순하게 "그를 쫓아가라" 말씀했지만 어디로 갈지를 알지 못했다고 했으니 감사. ●내게도 "책을 내라" 했지만 어떻게 해야 할지 알지 못했으니 감사. ●다윗은 중간에 200명의 낙오자가 발생했다고 해도, 말씀을 붙들고 가다 보면 어려움이 다가온다 하니 감사.

●그때 머뭇거리지 말라 하시니 감사. ●하나님은 여호와 이레의 하나님이시니 감사. ●나도 유명한 이름 있는 출판사를 의지했던 것 용서해 주시니 감사. ●다윗이 길에서 사람을 만났는데, 먹을 것을 주고 가족들을 끌고 간 곳을 인도했던 것처럼, 나도 이런 만남과 길을 인도해 주실 줄 믿고 감사.

●적은 수의 군인으로 기습 공격해 승리를 얻은 것처럼 이름 없는 출판사일지라도 승리를 주실 줄 믿고 감사. ●길에서 만난 사람은 하나님이 보내준 천사이고, 광야의 길잡이였으니 감사. ●나도 이 일에 지도이고, 나침반인 사람을 만나게 해주실 것을 믿고 감사.

사르밧 과부처럼 100% 순종하는 믿음을 주소서

●순종하여 기적을 보며 살자 하시니 감사. ●순종하여 기적을 일으킨 사르밧 과부를 통해 은혜 받으니 감사. ●42개월 동안(3년 6개월) 비가 오지 않아 극심한 가뭄 때문에 부자들도 힘들어하는데, 과부인 그에게는 더욱 큰 시련이었음을 보며, 학벌, 경력, 지식 등으로 많은 책들이 쏟아져 나오는데, 지식도 부족하고 경험도 없고 아무것도 준비되어 있지 않은 나에게는 시작하기도 보통 어려운 것이 아님을 보게 되니 감사. ●하지만 하나님이 나의 길잡이요, 빽이요, 도움이시니 너무너무 감사.
●사르밧 과부는 마지막 남은 밀가루 한줌을 아들과 함께 빵을 구워 먹고 죽으려고 하는 판에 인생을 끝내려고 하고 그때 욥의 아내처럼 신앙을 지킬 힘도 없이 하나님을 원망하고 배반할 수도 있는데, 하나님은 그 여인에게 말씀에 순종할 수 있는 믿음을 주셨으니 감사.
●아~ 맞다! 아무것도 없고, 보이는 것 없고, 잡히는 것 없는 환경이지만 하나님 말씀에 순종하는 믿음을 받았으니 특별한 은혜였음이 감사. 특별한 은총이었음이니 감사.

오! 하나님 나에게도 말씀에 순종하는 믿음을 주소서!
이 선물을 받기를 원합니다.
"아들을 주신 이가 어찌 그 아들과 함께 모든 것을 우리에게 은사로 주지 않겠느냐" 하신 하나님, 저에게 하나님을 100% 신뢰하는 믿음, 하나님을 100% 의지하는 믿음, 하나님께 100% 맡기는 믿음, 하나님께 100% 순종하는 믿음을 주소서!
믿고 구한 것은 받은 줄 믿으라 하셨으니 감사합니다.

환경과 마음은 절박한 상황으로 너무 좋지 않은데, 꼭 거지 같은 자가 선지자라면서 물 좀 달라고 했다. 42개월 동안 비가 오지 않아, 물이 얼마나 귀한데, 검손하게 구걸하는 것도 아니고 명령했음을 보게 된다. "물이 어디 있어!" 하고 그 절박감의 스트레스로 고함을 칠 수도 있지만, 이 과부는 마지막 기회를 놓치지 않으려는 듯 "예" 하고 물을 구하러 갔음을 보니 감사, 감사, 감사했다.

또 그 거지는 한 술 더 떠서 이왕 물을 가지고 올 때 나를 위해 떡을 하나 만들어 오라고 명령했다. 과부는 "저에게는 먹을 것이 없고, 다만 밀가루 한 줌밖에 없어 마지막으로 아들과 같이 구워 먹고 죽으려 합니다"라고 했다. 그러나 선지자는 "두려워 말고 내 말대로 하라. 먼저 그것으로 나를 위해 떡을 만들어 내게로 가져오라"고 했다. 하나님의 시험은 점진적이었음을 보여 주시니 감사했다.

물 좀에서 떡까지… 사르밧 과부가 욕설을 퍼붓지 않고, 묵묵히 하나님의 명령으로 여겨 순종한 것은, 하나님께서 순종할 수 있는 마음을 주셨기 때문임을 깨닫게 하시니 감사했다.

이 과부가 가지고 있는 신앙은 하나님을 바라는 신앙, 하나님의 기적을 믿는 신앙, 늘 영적으로 깨어있는 신앙이었음을 알 수 있어 감사했다.

● 믿음의 사람으로, 하나님의 기회를 포착한 여인이니 감사. ● 축복이 클수록, 기적일수록, 하나님이 요구하시는 믿음의 시험도 크지만, 아브라함도 믿음의 조상이 되기 위해 독자 이삭을 모리아 산에서 번제로 드리라 했을 때 하나님께서 아브라함에게 하나님 말씀에 순종할 믿음을 주었으니 감사 감사.
● 우리의 대적은 내 속에 있는 불신, 의심임을 깨달으니 감사.
● 이 과부는 자신이 온갖 불신, 의심, 불평, 분노, 미움을 이기고 하나님 말씀에 순종함에 승리했음을 보게 되니 감사. ● 어찌 보면 생명까지 빼앗는 시험, 생명을 요구하는 시험이었지만, 죽고자 하는 자는 살고, 살고자 하는 자는 죽는다는 하나님 말씀을 바라보니 감사. ● 하나님 말씀이 나의 길이요, 등이요, 진리이니 감사.

● 나를 쳐서 말씀에 복종하기 위해서 성령 충만해야 하니 감사. ● 이 일을 위해 더욱 기도하게 하시니 감사. ● 믿음의 온전한 순종 앞에 선지자가 과부에게 축복함(왕상17)을 보게 되니 감사. ● "이스라엘의 하나님 여호와의 말씀이 나 여호와가 비를 지면에 내리는 날까지 그 통의 가루가 떨어지지 아니하고, 그 병의 기름이 없어지지 아니하리라" 기적은 "예" 하는 마음과 말뿐 아니라 행동까지 따라야 함이니 감사. ● 행동으로 순종의 열매가 온전히 이루어질 때까지 내 속에서 방해하는 대적을 물리쳐 이기고, 성령의 인도를 끝까지 받아야 함이니 감사.
● 사르밧 과부도 아브라함도 그렇게 했으니 감사. ● 내가 못한다고 하나님도 못하는 것은 아니니 감사. ● 말씀을 들으며 또 기도할 때, 우리 머리로는 도저히 이해되지 않는 하나님의 요구가 있을 때 그때가 바로

기적을 경험할 기회이니 감사, 감사, 감사.

●하나님 음성에 믿음으로 순종하면 언제인가는 하나님의 시간에 기적을 볼 수 있으니 감사. ●순종의 무수한 기회를 놓친 것 용서해 주시니 감사. ●이제 놓치지 않도록 나에게도 말씀에 순종할 믿음을 주신 하나님께 감사, 감사, 감사. ●이 과부는 하나님의 기적을 체험하고 더 큰일을 성취하시는 하나님의 손길을 보게 되니 감사 감사. ●이 말씀 속에서 하나님의 뜻과 사랑을 깨닫고 은혜 받게 하시니 감사.

하나님은 나에게 어떤 모습으로 오실지 모른다.
내가 가장 힘들 때, 마지막 코너에 몰릴 때, 더 이상 버틸 수 없을 때 찾아오신다. 사람을 통해 방문하신다. 그리고 시험하신다. 하나님보다 사랑하고 집착하는 것을 요구하신다. 우상이 깨졌나, 기적을 감당할 그릇이 준비되었나를 꼭 시험하신다. 내가 살아 있으면 절대 순종할 수 없다. 빨리 욕심보다 손해를 택하고, 분노보다 섬김을 택하고, 육의 소욕보다 성령의 음성을 택해야 한다.

●나보다 남을 먼저 생각하는 결단을 내리고 희생하는 순종 뒤에는 하나님의 큰 위로와 기적이 기다리고 있으니 감사. ●"맞다, 맞다, 맞다" 그렇게 해야 하니 감사 감사. ●힘들고, 지치고, 눌린 가운데 있는 자에게 감사 편지로 다른 사람들에게 불편과 아픔을 나누며, 회복의 기회가 된다면 그렇게 해야겠구나 하는 마음이 생기니 감사 감사 감사.

제9장

기도의 힘으로 살게 하시다

"이르시되 기도 외에 다른 것으로는 이런 종류가 나갈 수 없느니라"
(마가복음 9:29)

"구하라 그리하면 너희에게 주실 것이요
찾으라 그리하면 찾아낼 것이요
문을 두드리라 그리하면 너희에게 열릴 것이니
구하는 이마다 받을 것이요 찾는 이는 찾아낼 것이요
두드리는 이에게는 열릴 것이니라"(마태복음 7:7-8)

●기도를 쉬는 것이 죄이니, 이 죄 짓지 않게 하시니 감사. ●기도의 힘으로 살게 하심을 감사. ●기도의 힘으로 살아야 행복하니, 기도해야 내 인생의 앞길이 보이니 감사. ●기도해야 진정한 지도력이 나오니 감사. ●기도할 때 강력하게 이끌 수 있는 힘을 발휘할 수 있으니 감사. ●기도하는 자가 진정한 지도자이니 감사. ●시간이 없다고, 핑계대는 자가 아니니 감사. ●시간이 없어도 바빠도 밥을 먹는 것처럼, 숨을 쉬는 것처럼 말씀과 기도로 깨어 있게 하심을 감사. ●기도 외에 다른 방법이 없다고 하시니 감사. ●기도 없는 순종, 기도 없는 섬김은 오래가지 못함을 알게 하시니 감사. ●아무리 사명감에 불타도 기도가 없으면 금방 식어지고 힘이 없음을 알게 하시니 감사.

●기도의 뒷받침 없이는 열매를 거둘 수 없음을 감사. ●은혜, 봉사, 섬김, 충성, 예배… 모든 것의 기본은 기도이니 감사. ●범사에 하나님을 인정하고 주님을 의지하게 하심을 감사. ●범사에 하나님께 물어보게 하심을 감사. ●범사에 하나님께 감사로 영광 돌리게 하심을 감사. ●범사에 하나님을 인정하고 기도함으로, 하나님을 하나님으로 모시고 대접하게 되니 감사.

●하나님은 나의 하나님, 나는 하나님의 백성이니 감사.
●하나님은 나의 주인, 나는 하나님의 종이니 감사.
●하나님은 나의 스승, 나는 하나님의 제자이니 감사.
●하나님은 나의 신랑, 나는 하나님의 신부이니 감사.
●하나님은 나의 아버지, 나는 하나님의 딸이니 감사.

●기도할 때 기쁨이 오니 감사. ●기도할 때 감사가 오니 감사. ●기도할 때 평강이 오니 감사. ●기도할 때 은혜가 오니 감사. ●기도할 때 응답이 오니 감사. ●기도할 때 교만이 처리되니 감사. ●기도할 때 겸손해지니 감사. ●기도할 때 생각의 불순물이 제거되니 감사. ●기도할 때 마음속에 어둠이 다 물러가니 감사. ●기도할 때 빛이 임하니 감사. ●기도할 때 승리하게 되니 감사. ●기도할 때 피곤이 물러가니 감사. ●기도할 때 고도의 안식을 맛보게 되니 감사. ●기도할 때 생각 속, 마음속 문제 가운데 정리정돈이 되니 감사. ●기도할 때 분별력이 오니 감사. ●기도할 때 죄악이 벗어지니 감사.
●기도는 만병통치이니 감사. ●기도는 만사형통이니 감사. ●기도할

때 문제를 이기게 되니 감사. ●기도할 때 미움을 이기게 되니 감사. ●기도할 때 질투를 이기게 되니 감사. ●기도할 때 열등감을 이기게 되니 감사. ●기도할 때 자신을 이기게 되니 감사. ●기도할 때 환경을 이기게 되니 감사. ●기도할 때 사탄을 이기게 되니 감사. ●기도할 때 정복하게 되니 감사. ●기도할 때 자신을 다스리게 되니 감사. ●기도할 때 번성하게 되니 감사. ●기도할 때 굳건히 세워지니 감사. ●기도할 때 변화되어지니 감사. ●기도할 때 순종하게 되니 감사. ●기도할 때 사랑하게 되니 감사. ●기도할 때 절제하게 되니 감사. ●기도할 때 성령 충만을 받게 되니 감사.

●기도할 때 성령이 가르치시니 감사. ●성령은 나를 가르치시는 교사이시니 감사. ●성령은 내가 해야 할 일을 가르쳐 주시니 감사. ●보혜사이신 성령께서 모든 것을 가르치시니(요 14:26) 감사. ●이 성령님께 모든 것을 물어보고, 또 배우게 하시니 감사. ●사소한 것까지도 성령님께 물어보는 체질이 되게 하심을 감사. ●또 성령님께 작은 일까지도 의논하게 하심을 감사.

●이 성령께서 내 삶을 주장하심을 감사. ●내 삶의 전부를 통치하심을 감사. ●성령님의 통치에 전적으로 순종하는 자 되었으니 감사. ●또 성령은 나를 인도하시는 분이니 감사. ●"진리의 성령이 오시면 그가 너희를 모든 진리 가운데로 인도하시리니"(요 16:13). 성령님이 나를 모든 진리 가운데로 인도하시니 감사. ●오직 진리의 말씀으로 인도하심을 감사. ●모든 일에 하나님의 음성, 즉 말씀을 구하는 자 되었으니 감

사. ●성령께서 모든 일에 말씀으로 응답하시고 인도하심을 감사.
●성령께서 말씀으로 항상 모든 일을 분별하게 하심을 감사. ●성령의 음성에 민감한 자 되었으니 감사. ●성령의 음성에 민감하게 반응하는 자 되었으니 감사. ●순종하는 자 되었으니 감사. ●성령의 음성에 기계처럼 자동적으로 순종하는 체질이 되게 하심을 감사. ●오직 평생 모든 일에 성령의 인도를 받고 따라가는 자가 되었으니 감사.

●성령님이 항상 나를 이기는 자 되었으니 감사. ●나의 고집이 나를 이기지 못하고, 오직 성령님이 나를 이기고 주관하시니 감사. ●나의 연약함이, 부족함이, 육의 소욕이, 죄가 나를 절대 이길 수 없다 하니 감사. ●오직 성령이 나를 다스리기 때문이니 감사. ●내 인생에 실패가 없으니 감사. 이는 성령이 나의 인생을 사시기 때문이니 감사. ●내 인생에 실망은 없으니 감사. 이는 성령이 나를 다스리시고 소망이 되시기 때문이니 감사. ●내 인생은 철저히 성령께 맡기는 자가 되었으니 감사.

●"이와 같이 성령도 우리의 연약함을 도우시나니 우리는 마땅히 기도할 바를 알지 못하나 오직 성령이 말할 수 없는 탄식으로 우리를 위하여 친히 간구하시느니라"(롬 8:26). 성령님은 나를 도우시는 분이니 감사. ●연약한 나는 성령의 도우심이 없이는 살아갈 수 없으니 감사. ●성령의 도우심이 없이는 한순간도 일어설 수 없는 존재이니 감사.

●성령님은 나의 존재 이유, 나의 전부, 나의 모든 것이 되시니 감사 ●성령님은 나를 안내하시는 가이드 역할을 하시니 감사. ●어떻게 해야

하며, 무엇을 해야 하며, 어디로 가야 할지 모를 때 나의 안내자요 가이드가 되심을 감사. ●무지한 내 인생을 가르치시고 인도하시며 도우시는 성령님께 감사. ●늘 말씀과 기도로 깨어서 성령 충만하게 하시고 날 다스려주시니 감사.
●나는 행복한 자이니 감사. ●최고의 행복한 자이니 감사. ●경호원이 필요 없으니 감사. ●성령님이 직접 나를 지키고, 인도하시고, 가르치시고, 도우시는데 나는 두려움이 없으니 감사.

나는 하나님이 내 아버지이기 때문에 배짱 중에 배짱을 가진 자다.
어느 누구도 날 넘보지 못한다. 감히 덤벼들지 못한다. 감히 내가 누군데!
하나님이 감싸고 있고, 하나님이 아끼는 하나님의 딸이다.
'옥덕자!' 넌 하나님의 자녀답게, 떳떳하게, 담대하게 살아라.
'비실비실' 살면 하나님이 숨 막혀! 답답하고 안타까워 알았지?
'오! 이 기쁨 주님 주신 것.' 주께 영광 할렐루야. 주만 찬양해!

●나를 경호원에게도 안 맡기시는, 하나님이 직접 지키시고, 살피시고, 인도하시고 도와주시는~ 나는 그렇게 귀중하고 소중한 자이니 너무 너무 감사. ●나는 하나님의 재산 제1호이니 감사. ●하나님의 사랑 제1호이니 감사. ●하나님의 것 제1호이니 감사.

"나는 이런 존재다"
감사. 영광, 찬송 드린다.
"옥덕자" 너는 하나님의 딸, 하나님의 자녀, 하나님의 상속자다.

네가 예수 이름으로 선포하는 대로 모두 이루어주리라.
예수 이름으로 선포할 때 모든 것이 굴복하고 수종든다.
그런데 옥덕자! 하나님 자녀답게 처세하라!
네가 어떻게 하느냐에 따라, 어떻게 사느냐에 따라 너의
아버지 하나님께서 욕먹기도 하고, 아버지 이름이 땅에 짓밟히기도 한다.
또 네가 어떻게 살고 처세하느냐에 따라 너의 아버지가 영광을 받으시고,
아버지 이름이 높아지기도 하고, 아버지 사랑의 소식이
세계만방에 소문이 퍼지기도 한다.
덕자, 너 효녀 되길 원하지…?
깨어 기도하며 오직 하나님을 기쁘시게 하렴! 아멘 아멘!

장애물을 뛰어넘는 감사

●나의 인생은 단순한 경주가 아니다. 장애물 경주이니 감사. ●아무리 잘 달려도 그 많은 장애물 중에 하나에 걸려 넘어지면 경기를 망치게 됨을 알게 하심을 감사. ●그 장애물을 뛰어 넘는 방법은 오직 감사이니 감사. 오직 기도이니 감사. 오직 말씀이니 감사. 오직 믿음이니 감사. ●요셉도 첫 장애물인 형들의 시기와 미움 때문에 노예로 팔려갔지만, 하나님과 함께하심의 믿음과 감사 때문에 장애물을 지혜롭게 뛰어 넘었기 때문에 바로의 시위대장 보디발의 가정 총무가 되었음을 보게 되니 감사. ●모든 노예를 관리할 뿐 아니라 그 집의 재물과 재산까지

관리하는 자리에 이르게 됨을 보게 되니 감사.

요셉의 두 번째 찾아온 장애물은 보디발의 아내의 유혹, 마귀는 제일 약한 점을 노린다.

● 부모형제 친구도 없는 외로움을 알고 마귀는 고단수로 찾아왔음을 보게 하시니 감사. ● 보디발의 아내는 권력과 미모와 모든 것을 다 갖춘 여인이었으나, 요셉은 하나님 앞에서 사는 믿음과 주께서 지켜주실 줄 믿는 믿음으로 감사할 때 그 유혹의 장애물을 뛰어 넘었음을 보게 되니 감사. ● 불안해하고 두려워하면 이길 수 없지만, 감사로 말미암아 과감하게 유혹을 담대히 물리칠 수 있었으니 감사.
● 요셉이 이 유혹에서 어떻게 승리했는가를 알고 깨닫게 하심을 감사.
● 요셉은 유혹을 단호하게 거절했음을 보게 되니 감사. ● 유혹 앞에 우물쭈물하거나 서성대면 안 되니 감사. ● 묵상하거나 생각해서도 안 됨을 배우게 하심 감사. ● 계속 묵상하고 생각하면 죄악에 대한 경계심이 풀어지기 쉽기 때문에 단호하게 거절했음을 보고 깨닫게 하심을 감사.
● "아니요" 하고 거절하는 힘을 키우게 하심을 감사.

● 요셉은 또 유혹 앞에 듣지도 않고 함께 있지도 않았음을 감사. ● 들을 가치가 없는 말은 듣지 않게 하심을 감사. ● 들을 가치가 없는 내용을 끝까지 모두 듣고 경청하는 일는 어리석은 일임을 알게 하심을 감사. ● 들으면 공허하게 만들고, 사탄은 그때 속삭임을 알게 하시니 감사. ● 얼마나 좋은가? 얼마나 부유한가? 하는 유혹의 자리에 함께하지

않게 하심을 감사.

●유혹의 장소에서 고민하는 것은 심히 잘못된 태도임을 깨닫게 하시니 감사. ●그 자리를 요셉이 피했던 것같이 유혹의 자리는 즉각 피하게 하시니 감사. ●박해는 참아야 하고, 마귀는 대적하라 했으니 감사. ●그러나 유혹은 피하라 했으니 감사. ●술을 좋아하는 자는 술자리를 피하고, 노름을 잘하는 자는 그 자리를 피하고, 낮에 잠자기를 좋아하는 자는 그 자리를 피해야 하고, 게으른 자 또 드라마를 좋아하는 자는 그 자리를 피해야 하니 감사. ●이성의 유혹에 약한 자는 유혹의 자리에는 가지 말아야 하니 감사.

●시험에 들지 않게 다만 악에서 구해 달라고 기도하면서, 날마다 크고 작은 유혹의 장애물을 이기게 하심을 감사. ●시험에 들지 않게 해달라고 기도하면서 유혹의 자리에 가는 것은 손가락을 불속에 집어넣고 데이지 않게 해달라는 것과 같다고 하니 감사.

●지금 나에게 오는 유혹이 잠과 드라마이다. 말씀 읽고 기도하고자 할 때 방에 들어가지 말고 밖으로 나오자. 거실의 TV 앞에 앉지 말자. 그리고 성경말씀을 보며 기도부터 하자.

●어떤 유혹이든 유혹은 마귀가 주는 것이니 도우시고 건지시는 하나님을 의지하며 감사할 때 이길 힘을 주시고, 물리치고 뿌리칠 담대한 힘을 주시니 감사. ●감사할 때 성령이 역사하시니 두려움이 떠나가고 지혜가 발동하고 피할 길을 주시니 감사. ●감사는 가장 밝은 빛을 발하니 감사 앞에 어둠이 줄행랑을 치니 감사. ●어둠이 주는 두려움도 불안함도 염려 근심도 시험도 다 떠나가니 감사.

감사의 능력은 성령께서 이기게도 하시고 뛰어넘게도 하시고 감당하게도 하신다.
어떤 유혹이든 미혹이든 시험이든 주님의 약속을 바라보며 무조건 감사하며 주의 영광을 보자!

말씀의 감동으로 드려지는 감사 기도의 위력

●물이 바다를 덮음같이 여호와를 아는 지식이 나, 남편, 자녀 세상에 충만하게 하심을 감사. ●모든 곳에서 해함도 상함도 없게 하심을 감사. ●여호와의 영으로 충만하게 하심을 감사. ●지혜와 총명의 영으로 충만하게 하시니 감사. ●묘략과 재능의 영으로 충만하게 하시니 감사. ●지식과 여호와를 경외하는 영으로 충만하게 하심을 감사.
●여호와 하나님은 나의 구원이시니 감사. ●나의 신뢰는 오직 예수이시니 감사. ●내게 두려움이 없으니 여호와는 나의 힘이시며, 노래이시며, 구원이심을 감사. ●하나님의 뜻은 십자가를 지는 것이니 감사. ●하나님의 뜻은 내가 죽는 것이니 감사. ●진정한 사랑은 주고 잊어버리는 것이니 감사.

●사람에게 바라면 섭섭 마귀가 찾아옴을 알게 하시니 감사. ●예수님에게 빚 갚는 것은 가난하고 어려운 자를 돕는 것이니 감사. ●나보다

남을 더 사랑하게 하심도 오직 예수이시니 감사. ●하나님 은혜 감사해서 나를 드리는 예배가 되게 하심도 오직 예수이시니 감사.

●과욕은 비극을 불러옴을 보여 주시니 감사. ●탐욕이 사망으로 이어진다는 것을 경고하심을 감사. "욕심이 잉태한즉 죄를 낳고 죄가 장성한즉 사망을 낳는다"(약 1:15) 하셨는데, 예수님 때문에 과욕 부리는 자가 아니니 감사. ●예수님 때문에 남편 자녀도 과욕 부리는 자가 아니니 감사. ●탐욕과 상관이 없으니 감사. ●주님의 보혈과 성령의 능력으로 덮으사 과욕과 탐욕은 나와 상관없게 하심을 감사. ●주님 부르시는 그날까지 과욕과 탐욕은 상관이 없도록 하심을 감사. ●사람은 제 스스로 행복을 느끼지 못함을 깨닫게 하심을 감사. ●남을 즐겁게 해줄 때 비로소 행복을 느끼도록 창조되었음을 감사. ●행복을 얻으려면 먼저 남에게 사랑을 베풀어야 하니 감사. ●이기적이고 독선적인 마음으로 행복을 누릴 수 없음을 알게 하심을 감사. ●행복은 배려하고 감사하는 마음에서 출발하니 감사.

●사탄은 불평하는 사람의 마음에 파고들어 영혼을 파멸시키는 전략을 알게 하심을 감사. ●감사하는 마음에는 사탄이 씨앗을 뿌릴 수 없으니 감사. ●감사할 일이 생겼을 때 감사하기란 아주 쉽지만, 슬프고 절망적인 상황에서 감사하기란 쉽지 않다. 그러나 이런 상황에서 감사하면 기적이 일어남을 보게 되니 감사. ●고통을 당할 때 흘리는 눈물은 약속의 무지개가 된다 하시니 감사. ●하나님은 항상 고통 뒤에 축복을 예비하심을 감사.

●고통 없이 주어지는 것은 대부분 무가치한 것들이니 감사. ●아침에

눈을 뜨고 맑은 공기를 주심을 감사. ●깨끗한 물을 마실 수 있어서 감사. ●자유롭게 찬송할 수 있어서 감사. ●자유롭게 생명을 볼 수 있어서 감사. ●자유롭게 기도할 수 있어서 감사. ●맛있는 밥과 반찬을 먹을 수 있어서 감사.

●틈만 나면 감사를 노트에 적기로 작정했음을 감사. ●감사와 긍정적인 맘을 주심을 감사. ●감사하는 마음에 기쁨이 충만함을 맛보게 하심을 감사. ●감사하는 마음에 행복이 깃드니 감사. ●감사하는 사람에게 감사할 일을 많이 주시는 하나님께 감사. ●이 땅에서 천국은 의심과 불평의 문을 뛰어넘어 예수님 때문에 감사 문을 통과한 자가 날마다 누리게 하심을 감사. ●감사의 사랑이 자신과 주변을 행복하게 만드니 감사.

●믿음과 착한 양심을 가지게 하심을 감사. ●돈을 사랑함이 일만 악의 뿌리가 되니, 이것이 자기를 찔러 올무가 된다 하였음을 깨달아 알게 하심을 감사. ●예수 때문에 선한 싸움을 싸우는 자가 되었으니 감사. ●돈을 사랑치 않고 하나님을 사랑하는 이 전쟁에서 날마다 하나님 사랑함이 이기게 하시니 감사. ●모든 사람을 위해 간구와 기도와 도고와 감사하는 자 되게 하였으니 감사. ●예수 때문에 모든 경건과 단정함으로 고요하고 평안한 생활을 하는 자 되게 하였으니 감사.
●하나님은 모든 사람이 구원을 받으면 진리를 아는 데 이르기를 원하시니 감사. ●예수 그리스도를 전파하는 자로 사모와 센터원장으로 세우심을 입었으니 감사. ●이를 위하여 믿음과 진리 안에서 내가 이방인의 스승이 되었으니 감사.

●예수님 때문에 분노와 다툼이 없이 거룩한 손을 들어 기도하는 자 되었으니 감사. ●예수님 때문에 단정함으로 옷을 입으며 소박함과 정절로서 자신을 단장하고 금이나 진주나 값진 옷으로 하는 자가 아니니 감사. ●예수님 때문에 일체 순종함으로 종용히 배우게 하심을 감사. ●예수님 때문에 정숙함으로써 믿음과 사랑과 거룩함으로 거하는 자 되었으니 감사. ●방문요양센터와 주간보호센터를 통해 영혼들을 정숙함으로 믿음과 사랑과 거룩함에 이르도록 해산함의 수고로 섬기게 하심을 감사.

●해산은 내 힘으로 되는 것이 아니니 감사. ●나부터 날마다 정숙함으로 믿음과 사랑과 거룩함에 거하게 하심을 감사. ●이것을 하나님께서 해산함으로 여겨 한 영혼, 한 영혼이 구원을 얻게 인도하심을 감사. ●예수님 때문에 항상 선한 일을 사모하는 자 되었으니 감사. ●모든 것이 하나님의 은혜요, 하나님이 주신 것이니, 욕심 부리지 않게 하시니 감사. ●돈을 욕심으로 요구하는 자가 아니니 감사. ●센터도 큰 기업에서 후원하는 길을 열어 주사 물질에 욕심 부리지 않고, 맡겨준 영혼에 최선을 다하게 하심을 감사. ●등급을 안 받아도 다 와서 행복하게 지내게 하심을 감사.

●예수 때문에 나는 책망할 것이 없는 자가 되게 하셨음을 감사. ●절제하며, 신중하며, 단정하며, 나그네, 보내신 어르신들을 대접하며 가르치기를 잘하게 하심을 감사. ●세상을, TV를, 돈을, 먹는 것을 즐기지 아니하며, 구타하지 아니하며, 오직 관용하며, 다투지 아니하며, 돈을 사랑하지 아니하게 하심을 감사. ●맡겨준 집을 잘 다스려 맡겨준

영적 자녀들로 모든 공손함으로 복종하게 하심을 감사. ●교만하지 않게 하시니 감사. ●외인에게서도 선한 증거를 얻는 자가 되게 하심을 감사. ●비방과 마귀의 올무에 빠지는 자가 아니니 감사.
●예수 때문에 정중하고, 일구이언 하는 자가 아니니 감사. ●더러운 이를 탐하는 자가 아니니 감사. ●깨끗한 양심에 믿음의 비밀을 가진 자가 되었으니 감사. ●예수 때문에 정숙하고, 모함하지 아니하며, 절제하며, 모든 일에 충성된 자가 되었으니 감사. ●하나님이 맡겨 주신 집을 잘 다스리는 자가 되었으니 감사. ●예수 그리스도 안에 있는 믿음으로 큰 담력을 얻은 자 되었으니 감사.

●예수께서 하나님의 집에서 어떻게 행하여야 될지를 성령으로, 말씀으로 날마다 가르쳐 주시니 감사. ●내게, 우리에게 맡겨주신 모든 영혼, 가족, 센터, 어르신들 요양보호사 직원 한 사람 한 사람이 믿음에서 떠나는 자 없게 하심을 감사. ●미혹의 영과 귀신의 가르침은 저들과 전혀 상관이 없으니 감사. ●외식하며 거짓말하는 자가 전혀 없으니 감사.
●하나님이 지으신 모든 것에 선하며, 감사함으로 받으면 버릴 것이 없으니 감사. ●하나님의 말씀과 기도로 날마다 거룩하게 하심을 감사.
●날마다 나를 말씀으로 깨우쳐 주시니 감사. ●그리스도 예수의 좋은 일꾼이 되게 하심을 감사. ●믿음과 말씀과 좋은 교육으로 날마다 성령께 양육받게 하심을 감사. ●또 성령으로 믿음의 말씀과 좋은 교육으로 날마다 양육하게 하심도 감사. ●망령되고 허탄한 신화를 버리고, 또 유혹하는 세상 즐거운 일을 버리고 경건에 이르도록 내 자신을 연단하

게 하심을 감사.

●예수 때문에 오직 말과 행실과 사랑과 믿음과 정결에 있어 믿는 자와 모든 이들의 본이 되게 하셨음을 감사. ●예수님 때문에 말씀을 읽는 것과 권하는 것과 가르치는 것에 전념하게 하심을 감사. ●안수받을 때에 예언을 통하여 받은 것을 가볍게 여기지 말라 하시니 감사. ●이 모든 일에 전심전력해서 나의 성숙함을 모든 사람에게 나타내게 하심을 감사. ●내가 내 자신과 가르침을 살펴 이 일을 계속하게 하심을 감사.

●붙여주신 어르신들을 꾸짖지 말고 권하게 하심을 감사. ●아버지에게 하듯 하게 하시니 감사. ●젊은 분들에게는 온전히 깨끗함으로 자매에게 하듯 하게 하심을 감사. ●과부를 존대하게 하심을 감사. ●참 과부로서 외로운 자를 하나님께 소망을 두어 주안에서 항상 간구와 기도로 인도케 하심을 감사. ●불공평하게 행하는 자가 아니니 감사. ●공평하게 행하는 자이니 감사. ●예수 때문에 다른 사람의 죄에 간섭하는 자가 아니라 내 자신을 지켜 정결한 자가 되었으니 감사. ●예수 때문에 다른 교훈을 하는 자가 아니니 감사. ●바른 말, 즉 예수 그리스도의 말씀과 경건에 관한 교훈을 하는 자이니 감사.

●예수님 때문에 교만한 자 아니니 감사. ●아무것도 알지 못하고 변론과 언쟁을 좋아하는 자가 아니니 감사. ●투기와 분쟁과 비방과 악한 생각을 하는 자가 아니니 감사. ●부패한 자가 아니니 감사. ●진리를 잃어버린 자가 아니니 감사.

● 예수 때문에 자족하는 마음을 가진 자이니 감사. ● 경건에 큰 이익을 얻은 자가 되었으니 감사. ● 세상에 아무것도 가지고 온 것이 없으매 또 아무것도 가지고 가지 못하니 감사. ● 그런즉 먹을 것과 입을 것이 있은즉 족한 줄 알라 하시니 감사. ● 부하게 하는 자는 시험과 올무와 여러 가지 어리석고 해로운 욕심에 떨어진다고 말씀하시니 감사. ● 또 사람으로 파멸과 멸망에 빠지게 하는 것이라 말씀하시니 감사. ● 예수 때문에 나, 남편, 자녀들은 부하고자 하는 자가 전혀 아니니 감사. ● 돈을 사랑함이 일만 악의 뿌리가 되고, 돈을 탐내는 자는 미혹을 받아 믿음에서 떠나 많은 근심으로 자기를 찔렀다고 하시니 감사. ● 예수님 때문에 나와 남편과 자녀들은 돈을 사랑하고 탐내는 자가 전혀 아니니 감사.

● 예수님 때문에 나와 남편과 자녀들은 의와 경건과 믿음과 사랑과 인내와 온유를 따르는 자 되었으니 감사. ● 믿음의 선한 싸움을 싸우는 자 되었으니 감사. ● 영생을 취한 자 되었으니 감사.
● 우리 주 예수 그리스도께서 나타나실 때까지 흠도 없고, 책망받을 것도 없이 이 명령을 지키게 하심을 감사. ● 예수 때문에 마음을 높이는 자가 아니니 감사. ● 예배에 성공자가 모든 것에 성공자이니 감사. ● 예배 때 아이디어가 오니 감사. ● 믿음이 오니 감사. ● 예배 때 해결책이 오니 감사. ● 예배 때 변화가 오니 감사. ● 예배 때 기쁨이 오니 감사. ● 일이 안 될 때, 일이 막힐 때, 일이 꼬일 때, 왜 안 될까? 점검해 보라 하시니 감사. ● 어떻게 하면 될까? 생각해 보라 하시니 감사. ● 답이 나온다 하시니 감사. ● 기도가 부족하면 기도하면 되니 감사. ● 말

쏨이 부족하면 말씀을 찾고 읽고 들으면 되니 감사. ●지혜가 부족하면 지혜를 구하면 되니 감사. ●이 지혜를 예배드릴 때 주시니 감사. ●감사가 부족하면 감사하면 되니 감사. ●다른 무엇보다도 하나님 앞에 나를 점검하고, 문제를 점검하고, 나의 도움이 되시고 인도하시는 하나님께 구하는 축복을 주심을 감사.

●탕자의 비유에서 '탕자는 왜 안 될까?'는 아버지 집을 떠났기 때문이니 감사. ●'어떻게 하면 될까?'는 아버지 집으로 빨리 돌아가면 되니 감사. ●있을 자리에 있어야 하니 감사. ●그 있을 자리는 "네가 내 안에 내 말이 너희 안에 있으면 무엇이든 구하라 그러면 주시리라" 하시니 감사. ●말씀과 기도로 거룩해지게 하심을 감사. ●예수님이 일러준 말로는 이미 깨끗해졌으니 감사. ●예수 그리스도의 피로 깨끗해졌으니 감사. ●예수님은 참 포도나무이시니 감사. ●난 그의 가지이니 감사. ●예수님에게 붙어 있어 열매를 맺지 아니하면 아버지께서 그 가지를 제해 버리시고, 열매를 맺는 가지는 더 열매를 맺게 하시려고 깨끗하게 하신다고 하니 감사.

●열매 없음을 용서해 주시니 감사. ●더 많은 열매를 맺게 하시려고 나에게 그리스도의 보혈과 성령의 불과 빛으로 날마다 덮어 주셔서 깨끗게 해주시니 감사. ●날마다 말씀과 기도로 깨어 있게 하심을 감사. ●열매 맺지 못하게 유혹하고 방해하는 내적, 외적 요소를 제거해 주시니 감사. ●게으름도 제거해 주시니 감사. ●TV드라마 보는 유혹도 제거해 주시니 감사. ●잠자는 유혹도 제거해 주시니 감사. ●연약함도

제거해 주시니 감사. ●말씀과 기도로 깨어 있게 하시고, 늘 말씀에 은혜 받게 하심을 감사. ●하나님을 떠나서는 아무것도 할 수 없으니 감사. ●말씀을 떠나서는 아무것도 할 수 없으니 감사. ●은혜를 떠나서는 아무것도 할 수 없으니 감사. ●기도를 떠나서는 아무것도 할 수 없으니 감사. ●감사를 떠나서는 아무것도 할 수 없으니 감사. ●예수님은 포도나무요 나는 가지니 감사.

●내가 예수님 안에, 예수님이 내 안에 거하면 나는 열매를 많이 맺으니 감사. ●예수님을 떠나서는 나는 아무것도 할 수 없다 하시니 감사. ●'옳습니다. 맞습니다.' 오직 백문일답 오직 예수이시니 감사. ●날마다 예수님이 일러 주시는 말씀으로 나를 깨끗하게 해주시니 감사. ●날마다 말씀을 통해 새롭게 하시고, 깨끗하게 해주심을 감사. ●예수님 안에 거하게 하심을 감사. ●예수님도 내 안에 거하리라 하시니 감사. ●가지가 포도나무에 붙어 있지 아니하면 스스로 열매를 맺을 수 없음같이, 나도 예수님 안에 거하지 아니하면 그러하리라 하심을 감사. ●내가 예수님 안에 거하지 아니하면 가지처럼 밖에 버려져 마른다 하시니 감사. ●사람들이 마른가지를 모아다가 불에 던져 사른다 하시니 감사.

●날마다 시간마다 분초마다 예수 안에 거하게 하심을 감사. ●나뿐 아니라 남편, 자녀, 내게 맡겨 준 모든 영혼들이 예수님 안에 거하게 하심을 감사. ●한 영혼도 예수님께로부터 떨어지는 자가 없게 하심을 감사. ●지옥 불에 던져지는 자 한 명도 없게 하심을 감사.

●내가 예수님 안에 거하고, 예수님의 말씀이 내 안에 거하게 하심을 감사. ●또 내가 무엇이든지 원하는 것을 구하면 모두 이루어 주신다 하셨으니 감사. ●내가 열매를 많이 맺으면 나의 아버지께서 영광을 받으시고, 또 예수님의 제자가 되게 하심을 감사. ●예수님이 내 아버지이신데 내가 예수님 안에 거하지 않으면 불효 중에 불효요, 은혜를 저버리는 아주 나쁜 자식이요, 아버지 마음을 갈기갈기 찢어놓는 아버지 맘에 못을 박는 일임을 깨닫게 하심을 감사.

●주변에 자식이 잘못될 때, 또는 부모를 크게 실망시킬 때, 어르신들이 "아비 가슴에 못을 박는다"는 말이 실감이 나니 감사. ●예수님 가슴에 다시는 못 박는 일을 하지 않게 하심을 감사. ●오직 예수님의 기쁨이요, 예수님이 십자가 고통으로 날 낳았음을 보람을 느끼게끔 해드리게 하심을 감사.

예수 피가 튀면서 호소하는 사랑의 절박한 음성

"살려내야 한다."
"사랑하는 자여 저 영혼 살려내야만 한다."
"하나님은 널 살리려고 자기 아들을 내어 놓았다."
"아들 예수님은 널 살리려고 십자가를 지고 죽고 말았다."

●예수님께서 지금 나에게 호소하고 계심을 깨닫게 하심을 감사.

●"내 피 좀 말해다오! 한 영혼, 한 영혼 살리려고 하는 나의 이 사랑을 좀 말해다오!" 하는 아버지의 간절함을 깨달으니 감사.

"사랑하는 딸아 널 위해 죽은 것을 말해다오!"
"너를 위해 상한 것을 말해다오!"
"너를 위해 찔린 것을 말해다오!"
"널 위해 저주를 담당한 것을 말해다오!"
주여! 주님의 심정을 주소서! 주님의 마음을 주소서!
예수님의 정신으로 저 사람을 살려내게 하소서.
죄 아래서 멸망하는 자를 살려내는 것이 예수님의 정신이요,
제자의 정신이요, 순교자의 정신이니, 이 정신을 나에게도 주소서.
책임지고 살려내고자 하는 아버지의 마음을 주소서.
전도는 전하고만 마는 것이 아니라 살려내야 전도라고 하셨으니,
나에게 그 흘리신 예수 피를 부으사 그 보혈의 능력으로 전도하게 하소서.
교회 안에서는 섬기는 것이 전도 정신임을 알게 하시니 감사합니다.
"밖으로 나가라" 명령하시니 감사합니다.
성령이시여! 임하소서, 생명과 구원의 예수 피 전달자로 써 주소서!

한순간 잘못 안내를 받을 때, 닥쳐온 화근!

아주 추운 겨울, 한 여인이 열차에서 약간 긴장한 듯 수시로 사람들에게 무엇인가를 묻고 하다가 기차가 잠깐 정차한 어느 역에서 내렸는데, 그 다음날 신문기사에 그 여인 사진이 크게 나오며 동사체로 발견되었다고 했다. 그 여인은 잠시 기차를 점검하기 위해 정차하는 간이역에서 그만 잘못 내린 것이 화근이 되었다고 했다.

●이 기사를 보면서 잘못 안내를 받을 때 이런 결과가 나타나는구나. 하는 생각이 들게 하심을 감사. ●우리도 인생 살아가면서 때마다 일마다 어떻게 해야 될지? 어디로 가야 할지? 무엇을 해야 할지? 막막하고 긴장할 때가 많은데, 한없는 연약함과 한계에 부딪힘을 보게 되니 감사. ●지금도 방문요양센터 평가실시 통보서를 보고 구체적으로 어떻게 해야 할지 막막함을 느끼고 긴장하고 있는 자신을 보게 되니 감사. ●모든 일은 길과 문제에 정확한 답을 얻지 못한다면, 잘못된 안내를 받는다면, 또 정확히 알고 있지 못한 자에게 안내를 받는다면 크게 방황하고, 더 꼬이고, 헤매며 어려움을 당함을 보게 되니 감사.
●이제 남은 생은 어떤 일을 만나든 성령께서 나를 정복하시고 다스리사 옳은 길로만 인도받는 자 되게 나의 생각, 말, 행동의 출입을 지켜 주시니 감사. ●성령님이 직접 말씀하사 인도하시니 감사. ●내게 정확한 안내자를 만나게 하심도 감사.

●주님 부르시는 그날까지 잘못된 결정을 하지 않게, 잘못된 길로 가지 않게, 잘못된 일하지 않게, 그때그때마다 정확하게 나를 인도할 수 있는 자를 만나게 하심을 감사. ●내 인생을 살아가면서 늘 새로운 환경을 접할 때, 선택의 기로에 설 때, 또 방황하며 망설일 때, 내 인생을 아시는 온 우주의 창조주이신 하나님께서 나를 인도하심을 감사. ●늘 이 하나님께 인도받을 수 있으니 너무너무 감사.

●하나님은 오늘도 "네 길을 지도하시리라"라고 말씀하시니 감사. ●이 전능하신 나의 하나님 아버지의 지도를 받기 위해, 마음을 다하여 하나님을 신뢰하게 하심을 감사. ●내 자신을 전적으로 하나님께 내어 맡기게 하는 말씀을 주심을 감사. ●하나님만이 내 인생의 주인이시며, 우주와 역사의 주인이시니 감사. ●나의 삶 전부까지도 살피시니 감사. 이 창조주 하나님께만 오직 나의 인생을 맡길 수 있으니 감사. ●하나님을 나의 인생을 책임지고 인도해 주실 분으로 믿는 큰 믿음을 주신 것에 감사.

●범사에 하나님을 인정하게 하심을 감사. ●내 모든 인생의 결정권을 주님께 내어 드릴 수 있도록 결정하는 믿음을 주심을 감사. ●날마다 자신의 지혜, 명철, 경험을 내려놓게 하심을 감사. ●살아오면서 종종 작은 일들에 하나님을 배제한 채 내 스스로 결정한 것을 용서해 주시니 감사. ●먼저 범사에 하나님을 인정하는 믿음의 은사를 주시니 감사. ●머리털까지 모두 세어 보시는 하나님 앞에는 예외가 없으니 감사. ●이제는 이 하나님 아버지께 겸손히 여쭙게 하시니 감사. ●하나님의 뜻을 물어보게 하심을 감사. ●하나님께서는 나의 갈 길을 항상

지도하심을 감사. ●"범사에 그를 인정하라 그리하면 네 길을 지도하시리라" 말씀하시니 감사. ●나의 모든 경우에 하나님의 주권을 인정해 드리게 하심을 감사. ●또 하나님께서 내 삶을 책임져 주심을 감사.

최고의 경영자 다윗의 영성을 배우게 하소서!

●최고 경영자 다윗에 대해 은혜받게 하심을 감사. ●다윗은 골리앗을 이겨 나라를 건졌고, 나라를 잘 경영했고, 가장 부강한 나라를 건설한 자였고, 또 국방을 튼튼히 했고, 이스라엘을 괴롭히던 블레셋의 항복을 받아냈고, 모압 족속을 무릎 꿇게 했고, 많은 나라로부터 조공을 받고, 나라의 경제도 번영했고, 정의와 공의로 백성을 다스렸고, 법질서가 준수되었고, 적절하게 인재를 등용했음을 보게 되니 감사. ●다윗이 이렇게 할 수 있는 것은 첫째는, 하나님의 도우심이었으니 감사. ●"다윗이 어디를 가든 하나님이 이기게 하시니라"(삼하 6:14). 승리의 모든 원인은 하나님께 있으니 감사. ●인생의 승패는 결코 우연이 아니니 감사.
●인생의 승패가 특별한 재능과 의지에 달린 것이 아니니 감사. ●인간의 생사화복을 주관하시는 하나님께서 승패를 좌우하시니 감사. ●최고 경영자 다윗의 뛰어난 통치는 오직 하나님의 도우심이니 감사. ●지금 이 나라 정치, 경제, 교육도 모든 지도자들이 다윗과 같은 최고의 경영자가 되게 하심을 감사.

●예수님 때문에 나에게도 하나님 나라(내 심령에, 가정에, 교회에, 센터에, 수양관…)를 잘 경영하게 하심을 감사. ●가장 부강한 하나님 나라를 건설하게 하심을 감사. ●또 국방도 튼튼하게 하심을 감사. ●강력한 기도로 많은 기도의 동역자 아마시아, 브리스길라와 아굴라, 뵈뵈, 삭개오, 아론과 훌과 같은 십자가의 군사로 국방을 튼튼하게 하심을 감사. ●그리하여 하나님 나라를 괴롭히는 마귀에게 항복을 받아내게 하심을 감사. ●또 무릎 꿇게 하심을 감사. ●크고 작은 기업으로부터 후원을 받게 하심도 감사. ●하나님 나라 경제도 번영하게 하심을 감사. ●정의로 공의로 하나님 백성을 다스리게 하심도 감사. ●하나님의 법질서가 준수되게 하심도 감사. ●좋은 인재를 등용하게 됨을 감사.
●하나님께서 나에게도 어디를 가든 이기게 하심을 감사. ●다윗이 승리할 때 하나님을 더 의지한 것처럼, 예수님 때문에 나도 승리할수록 하나님을 더 의지하게 하심을 감사.

●다윗이 그의 병거의 말은 다 발에 힘줄을 끊은 것처럼(4절) 모든 전쟁을 군사나 말의 숫자에 의지하지 않고, 오로지 하나님만 의지하겠다는 다윗의 신앙고백이 나의 고백이 되게 하심을 감사. ●다윗이 말의 숫자나 재물, 그 어느 것보다 하나님만을 의지했던 것처럼 예수님 때문에 나도 말의 숫자나 재물, 그 어느 것보다 하나님만 의지하게 하심을 감사. ●다윗이 모든 승리의 영광을 하나님께 드렸던 것처럼 예수님 때문에 나도 모든 승리의 영광을 하나님께 드리는 자 되었으니 감사. ●다윗이 모든 전리품까지 하나님께 드린 것같이, 예수님 때문에 나도 승리함을 하나님께 감사하고, 모든 전리품까지 하나님께 드리고, 그 영광을

오직 하나님께만 돌려 드리는 자 되게 하심을 감사.

●무슨 일이든 하나님이 기뻐하시는 일에만 가담되고 쓰임 받게 하심을 감사. ●믿음은 절대적으로 들음에서 생김이니 감사. ●기생 라합이 여호와 하나님만이 상천하지 하나님 됨을 여러 손님을 통해 들었기 때문에 생명을 걸고 정탐꾼이요, 스파이를 숨겨주는 모험을 결단함은 그녀의 단 한 번의 모험적 결단이 자신과 가정과 이스라엘 전역에는 물론 인류 구원사역까지 영향이 미쳤음을 보게 되니 감사.
●아브라함도 하나님 말씀을 듣고 행함으로 믿음의 조상이 되었고, 다윗도 하나님의 말씀을 의지하고 행함으로 골리앗을 이겼음을 보게 되니 감사. ●기생 라합도 하나님의 소문을 듣고 행함으로 가족을 구원하였으니 하나님의 말씀 듣는 것이 믿음의 원천이요, 모든 것을 얻고 사는 길임을 깨닫게 하시니 감사.

●"하나니의 아들 선견자 예후가 나가서 여호사밧 왕을 맞아 이르되 왕이 악한 자를 돕고 여호와를 미워하는 자들을 사랑하는 것이 옳으니이까 그러므로 여호와께로부터 진노하심이 왕에게 임하리이다"(대하19:2). 악한 자를 돕고, 여호와를 미워하는 자를 도운 일이 없는지 살펴보게 하시니 감사. ●악한 자를 도운 것은 용서하시고, 하나님을 미워하는 자를 도운 것을 용서하시니 감사. ●하나님 앞에 선한 일만 하게 하시는 하나님께 감사. ●지금까지 선한 일이 나에게 있었다면 모든 것이 주님 은혜로 영광 받으시니 감사.

● 예수님 때문에 우상을 이 땅에서 없애고, 오로지 하나님만 찾는 자 되었으니 감사. ● 예수님 때문에 뭇 사람들을 하나님께로 돌아오게 하는 자 되었으니 감사. ● 예수님 때문에 여호와를 두려워하는 마음으로 삼가 행하는 자 되었으니 감사. ● 우리 하나님은 불의함도 없으시고, 편벽됨도 없으시고, 뇌물을 받으심도 없으시니 감사. ● 나와 우리 사역이 사람들을 세우게 하시니 감사. ● 예수 때문에 나는 여호와를 경외하고, 충의와 성심으로 일을 행하게 하심을 감사. 우리와 함께 일하는 자들로 하나님을 경외하고, 충의와 성심으로 행하게 하심을 감사.
● 예수 때문에 항상 누구를 만나든 여호와께 나나 상대방이나 죄를 얻지 않게 하심을 감사. ● 나나 상대방에게 하나님의 진노하심이 임하지 않게 하심을 감사. ● 말이나 행동이나 일에 대해 지켜 주시니 감사.

● 질서의 하나님께서 질서대로 힘써 행하라 하시니 감사. ● 하나님은 선한 자와 함께하시니 감사. ● 항상 질서를 잘 분별하고, 깨닫고, 알게 하심을 감사. ● 위의 권세에 도전하지 않고, 남의 일에 간섭하지 않고, 내게 주어진 일에 힘써 행하게 하심을 감사. ● 악한 자를 도우는 일이 없게 하시니 감사. ● 하나님을 미워하는 자와 사랑하는 일이 없게 하시니 감사. ● 선한 자를 돕게 하시고, 하나님이 사랑하는 자를 사랑하게 하심을 감사. ● 하나님을 미워하는 자를 나도 미워하게 하심을 감사. ● 나, 남편 자녀가 악한 자와 손잡지 않게 하시니 감사. ● 불같은 성령, 비둘기 같은 성령, 기름과 물같은 성령, 바람 같은 성령이 나에게 임하셔서 조정하시고 다스리사 승리케 하시니 감사. ● 나의 하나님 여호와께서 내가 기도할 때마다 나에게 가까이하심을 감사.

후회 없는 인생, 의미 있고 보람된 인생을 살려면?

① 예수님(말씀)을 따라 살아야 한다.

"내가 오늘 네게 명령하여 네 하나님 여호와를 사랑하고 그 모든 길로 행하며 그의 명령과 규례와 법도를 지키라 하는 것이라 그리하면 네가 생존하며 번성할 것이요 또 네 하나님 여호와께서 네가 가서 차지할 땅에서 네게 복을 주실 것임이니라"(신 30:16).

"길이요 진리요 생명이신 예수님을 따라 살면 생명이요, 평안이요, 승리요, 부족함이 없고, 영생을 얻게 되리라"(요 14:6).

② 사탄과의 전쟁에서 승리해야 한다.

"근신하라 깨어라, 너희 대적 마귀가 우는 사자같이 두루 다니며 삼킬 자를 찾나니"(벧전 5:8-9)

"너희는 믿음을 굳건히 하여 그를 대적하라" ⇒ 우는 사자같이 두루 다니며 삼킬 자를 찾고 있는 사탄과의 싸움에서 승리하려면 ⇒ 하나님의 전신갑주로 무장하고(엡 6:14-18) 깨어 기도해야 한다.

● 나의 인생은 나그네 길이다. 예수님 이름으로 생명과 복인 말씀을 선택하여 예수님을 따라 살며, 전신갑주로 무장하여 사탄과 싸워 승리함으로써 최후 승리자 되게 하시니 감사. ● 내 인생의 완벽한 가이드와 도우미 되신 성령이 계시기 때문에, 그리스도인인 나는 혼자가 아니니

감사. ●혼자 힘으로 빛과 소금의 삶을 살아보라고 덩그러니 내던져진 존재가 아니니 감사.

●부모세대 이혼문제, 알코올중독, 성적탐닉, 컴퓨터 게임, 인터넷, 전화, TV를 통해, 생명과 복을 얼마나 파괴시키는 전쟁 속에 있는지, 이 사탄과의 전쟁에서 이겨 컴퓨터, 인터넷, 전화, 휴대폰을 통해 복음이 전파될 수 있도록 날마다 기도로 무장하게 하시니 감사.

예수님의 고난과 승리

●이사야서 53장 1-12절에 보면 나와 같은 몸을 입고, 이 땅에 오신 메시아는 연한 순 같고 마른 땅에서 자란 줄기 같은 모습으로 자라나셨고, 그분에게는 흠모할 만한 육신적인 아름다움이 없었고, 계속된 멸시와 천대 그리고 질고밖에 모르는 분이셨다. 나의 구세주로 오신 예수님은 나와 같이 몸을 입고 이 땅에 오셨으니 감사. ●연한 순 같고 마른 땅에서 자란 줄기 같은 나를 구원하기 위해 예수님도 이렇게 자라났으니 감사. ●정말 흠모할 만한 육신적인 아름다움이 없는 나를 구원하기 위해 예수님도 나와 똑같은 모습으로 오셨으니 감사.
●삶 자체가 계속된 멸시와 천대, 그리고 질병밖에 없는 나를 구원하기 위해 그 모든 것을 다 겪으시고, 담당하시고, 어떤 멸시 가운데서도, 천대 가운데서도, 질병 가운데서도 나의 구주, 나의 생명, 나의 도움, 나

의 전부, 나의 모든 것, 나의 힘이 되신 주님께서 다 담당하셨으니 감사. ●이론이 아니다, 나의 이 모습 이대로의 모든 것을 친히 체휼하시고 아시고 구원주가 되시니 너무너무 감사.

●메시아 예수님은 나를 위해 영원한 구속을 성취하시기 위해 십자가에 못 박히셨으니 너무너무 감사. ●천하고 비열한 자들만이 당하는 십자가의 형틀에 못 박히신 것은, 내가 박혀야 하는 이 십자가를 나의 천함과 비열함을 대신 담당하시고 친히 십자가를 져주신 예수님이시기에 너무너무 감사. ●나의 허물로 인해 이 엄청난 고통의 질고를 짊어지시고, 슬픔을 친히 당하신 예수님이시기에 너무너무 감사.
●나의 죄악으로 인해 십자가에서 그렇게 상하시고, 자신을 조건 없이 묵묵히 희생하시어 하나님의 영원한 구속을 성취하시고, 나를 구속하시기 위해 십자가에 친히 못 박히신 예수님. 너무너무 감사.

●나를 치료하시고 평화를 누리도록 그 모진 고통을 감수하며 대신 징계를 받으시고, 살집이 떨어져도 피가 강수같이 흘러도 나를 위해 채찍으로 골백번이라도 맞으신 예수님이시기에 너무너무 감사. ●나를 사랑하시는 하나님의 크신 뜻에 메시아 예수님께서 친히 순종하시고, 나를 사랑하신 하나님의 기뻐하시는 크신 뜻을 성취하신 예수님이시기에 너무너무 감사. ●예수님은 나의 죄악과 허물로 인한 하나님의 진노로 말미암아 십자가 고난에 친히 복종하였고, 예수님 자신을 나의 죄의 삶으로 친히 내어 주셨으니 너무너무 감사. 찬양, 경배, 영광….
모든 사람이 구원을 받으며 이 예수님을 아는 데 자라기를 원하시는 주님의 소원을 중심 깊이 아는 자가 되어, 지금도 구속자이신 예수님을 알지 못하고, 이 험한 세상에서 연한 순 같고 마른 땅에서 나온 줄기 같은 인생, 흠모할 만한 아름다움이 없고, 삶 속에서 계속되는 멸시와 천대, 그리고 질고 속에 있는 자를 찾아가 예수님의 사랑을 전하고, 이 기쁜 소식을 전하며 나와 같이 자유함을 얻고, 주님을 찬양함으로 감사하며, 영광 돌리는 삶이 되게 내게 맡겨주신 어르신을 잘 섬겨야겠다.

●이를 위해 나에게도 영권, 인권, 물권을 주셔서 이 사명 감당케 하시는 주님을 감사. ●이를 위해 예쁘게 지은 초등학교 같은 요양원 시설도 주시니 감사. ●재가요양도 153명 환자의 영혼을 보내 주심을 감사. ●한마음 한뜻으로 영혼을 섬기며 일할 수 있는 일꾼들, 즉 요양보호사와 운전으로, 행정으로, 관리 등으로 보내 주시니 감사. ●이 일을 위해 에스더 수양관을 허락하신 하나님께 감사. ●24시간 365일, 비가 오나, 눈이 오나, 더우나, 추우나, 시간이 갈수록, 세월이 갈수록 기도의 불이 더 강하게 활활 타오르게 하시니 감사.

●나무에 끊임없이 공급받는 물관과 체관의 활동이 생명이요 기본이요 기둥이듯, 포도나무 되신 예수님께 붙어있는 가지 된 나는 물관과 체관의 역할인 말씀과 기도로 예수님으로 끊임없이 공급받는 것이 사명이니, 이 사명 철저히 감당하게 하심을 감사.
●날마다 말씀과 기도로 깨어 저녁마다 기도로써 그리스도의 신실하고 강한 군사를 길러내게 하시니 감사. ●기도의 선교사를 훈련, 양육, 파송하게 하심을 감사. ●자신을 위한 가정, 지역, 도성, 나라, 한국교

회, 세계선교를 위한 물관과 체관인(말씀과 기도)의 사명을 잘 감당케 은혜에 은혜, 지혜에 지혜, 사랑에 사랑으로 충만히 성령의 기름 부음으로 공급하시니 감사.

감사노트는 읽기만 해도 감사 기도가 저절로 된다.

감사 노트는 읽기만 해도 은혜가 되고 많이 평안해진다.
물질 문제로 마음이 곤고하고 불안함으로 온몸이 너무 피곤했다,
잠시 누워 있는데 내 속에서 음성이 들려왔다. '너무 지쳐 그냥 누워서 자자', 또 한 음성은 '가만 있으면 안 되지. 누워 있으면 몸이 좀 풀릴지는 모르지만 해결은 안 된다. 선포하자, 기도하자' 하는 음성이었다. 그리고 또 한 마음은 '그냥 방에 들어가 드라마나 보고 마음을 좀 식히고 쉬자'고 했다.
성령의 소욕을 좇아야지 하고 붉은 콩 한 되박을 그릇에 담아 의자에 앉았다.
예수님 때문에 내 이름을 부르며 사랑한다고, 콩알 1개에 한 번씩 선포했다. 마음에 평안이 왔다. 부흥회에 은혜를 받고, 성령의 감동으로 물질을 하나님 앞에 작정하고 왔는데 '어떡해야 할까? 뭐 해약할 것은 없을까?' 하며 또, 지금 하는 사업을 통해 빚을 졌는데 이걸 그냥 두면 안 되겠는데, 아파트를 팔면 어떨까? 생각을 했다.
지금 1억을 받는다고 하는데 융자 5000만 원 갚고 나면 다른 곳도 전세를

구할 수가 없다. 지금 27평인데 20평 정도로 간다 해도 집값이 많이 올라서 융자를 받는다 해도 1000-1500만 원밖에 활용할 수가 없다.

이런 생각을 하며 주님께 마음으로 '어떻게 할까요?' 구할 때 "감사노트를 책으로 내라"는 감동이 왔다. 짧은 글에다가 서툰 표현… 나 혼자 읽을 때는 늘 은혜를 받고, 감동을 받는다고 하지만 '하나님, 내 생각인가요? 성령께서 주시는 생각인가요?' 하고 물어봤다.

마음에 평안이 왔다. 그럼 전도용으로 작은 책자를 내자. 문제 때문에 자신의 연약함 때문에 해결되지 않는 일 때문에, 영적으로 침체된 자, 어둠에 눌림 받고 있는 자, 기도하기를 원하는데 잘 안 되는 자, 부부 사이의 문제, 자녀문제, 물질문제, 사명문제 등으로 답답하고 힘든 자들에게 감사로 말미암아 먼저 심령이 뻥 뚫리고, 영적으로 뚫리고, 기도가 뚫리고, 문제가 뚫릴 수 있도록…. 문제의 해답의 길로 가는 첫 단추는 감사다. 범사에 하나님을 인정하고 감사를 선포하고 기도할 때 성령이 인도하시기 때문이다.

감사로 나가고, 감사로 이기게 하는 도움이 되도록…. 실은 나의 이 감사노트가 많이 있다. 일기처럼 늘 틈만 나면 썼으니까. 이것을 자녀에게 유산으로 남기려고 책을 만들어 자손들에게 꼭 주고 싶었다.

어릴 때부터, 이 세상 사는 동안 감사의 힘으로 살아가고 감사로 모든 문제를 이겨 나갈 수 있도록 말이다, 감사로 제사를 드리는 자가 나를 영화롭게 한다고 말씀하셨다(시편 50편). 하나님을 영화롭게 하는 행복한 삶이 되기를 소원한다.

내가 바로 고멜이구나!

● 내가 바로 고멜이구나 깨닫게 하심을 감사. ● 남편을 두고 다른 목사님들과 비교함도, 다른 남편들과 비교함도, 내 남편을 귀하게 여기지 못했음도, 고맙게 여기지 못했음도… 지나온 나날을 깨닫게 하고, 생각하게 하심을 감사. ● 또 용서하시니 감사합니다. ● 지금 남편은 예수님의 모형임을 깨닫게 하심을 감사. ● 또 성경에 예수님은 남편, 나는 신부라고 하셨는데, 신부인 나는 예수님 앞에 날마다 바람을 피운 음란한 자임을 깨닫게 하심을 감사.

● 예수님보다 돈을 더 사랑하고 귀하게 여긴 죄악을
   용서해 주시니 감사.
● 예수님보다 돈을 택하고 따라간 수많은 죄악을
   용서해 주시니 감사.
● 예수님보다 TV 드라마를 더 사랑하고 좋아하고 따라간
   수많은 죄악을 용서해 주시니 감사.
● 예수님보다 세상을 더 사랑하고, 좋아하고 따라간
   수많은 죄악을 용서해 주시니 감사.
● 예수님보다 마귀를 더 사랑하고, 좋아하고 따라간
   수많은 죄악을 용서해 주시니 감사.
● 예수님보다 문제를 더 크게 보고 더 중하게 여기고

거기에 빠졌던 수많은 죄악을 용서해 주시니 감사.
● 예수님보다 문제를 더 두려워하고, 근심과 걱정에 잠겼던
수많은 죄악을 용서해 주시니 감사.
● 예수님보다 가족을, 친구를 더 사랑하고 따라간
수많은 죄악을 용서해 주시니 감사.
● 예수님을 매일 짝사랑하게 만들고, 외롭고 서운하게 한 이 죄악들을 용서해 주시니 감사. ● 이런 나를 포기하지 않고, 열 번, 스무 번, 백 번, 천 번 또 이렇게 바람 피워도 끝까지 값 주고 찾아와 주신 주님의 은혜 너무너무 감사.

● 죄 때문에 마귀에게 상하고 찢겨 마치 찌그러진 주전자 같은 나를 신부 삼기 위해 얼마나 큰 대가를 지불하셨던가! 지옥에 빠지는 것을 차마 보지 못해 자기의 전부를 던져 나를 사셨는데, 십자가에 처절하게 못 박히기까지 하며 값을 치르셨는데, 비뚤어지고, 가난하고, 저주받은 나를 위해 그토록 상하고, 찢기고, 채찍에 맞으며 피와 물을 다 쏟기까지 나를 포기하지 않으시고, 십자가를 지신 예수님이신데, 나는 양 같아서 내 고집대로 내 뜻대로 살면서 하나님의 말씀을 버리고, 항상 그릇 행했지만, 우리 하나님 아버지는 나의 죄악을 예수님에게 모두 담당시키셨으니 감사.
● 나는 신실함이 없지만 우리 하나님 아버지는 신실하시니 감사.
● 나는 사랑이 없지만 우리 하나님 아버지는 사랑이시니 감사.
● 나는 긍휼이 없지만 우리 하나님 아버지는 긍휼이 한이 없으시니 감사.

자기의 전부를 던져 나를 사신 예수님,

이제부터는 나에게도 예수님이 나의 전부가 되소서.

예수님의 십자가 피로 나를 사신 예수님,

나도 이제부터는 예수님이 주신 십자가를 지고 가게 하소서.

나를 그토록 사랑하는 예수님,

나도 이제부터는 사랑의 사도가 되게 하소서.

나에게 한없는 긍휼을 베푸신 예수님,

나도 이제부터는 긍휼을 베푸는 자가 되게 하소서.

나의 가난을 친히 담당하신 예수님,

나도 이제부터는 가난한 자에게 예수님을 심어 주는 자 되게 하소서.

나의 저주를 친히 담당하신 예수님,

나도 이제부터는 축복의 도구요, 축복의 통로가 되게 하소서.

나의 치료를 위해 그토록 채찍에 맞으신 예수님,

이제는 강건함으로 성령으로 많은 환자를 고치는 자가 되게 하소서.

나의 전부가 되신 예수님이시여, 성령님이시여,

성부 하나님이시여, 말씀이시여, 사랑이시여!

내가 여기 있사오니 마음껏 나를 통해 일하시옵소서! 뜻을 이루소서!

나는 철저히 껍데기가 되게 하시고,

주님만 철저한 나의 알맹이가 되소서.

나는 철저히 그릇이 되게 하시고,

주님만이 나를 사용하소서.

나는 철저히 주님의 편지 봉투가 되게 하시고,

예수님만이 내용이 되게 하소서.

나는 철저히 없고, 주님만 100% 있게 하소서.

성령이시여 철저히 기름 부어 임재하소서.

나는 철저히 낮아지고 주님만 철저히 높아지게 하소서.

갈라디아서 말씀으로 감사 기도

- 그리스도께서 나를 자유롭게 하려고 자유를 주셨으니 감사.
- 그러므로 "굳건하게 서서 다시는
  종의 멍에를 메지 말라" 하시니 감사.
- 예수님 때문에 믿음에 굳건히 서서
  종의 멍에를 메는 자 아니니 감사.
- 예수님 때문에 성령의 믿음을 따라
  의의 소망을 기다리는 자 되었으니 감사.
- 예수님 때문에 그리스도 예수 안에서
  사랑으로 역사하는 믿음뿐이니 감사.
- 예수님 때문에 그리스도 예수 안에서
  사랑으로 역사하는 믿음이 충만하니 감사.
- 나를(우리를) 어지럽게 하는 자들을
  스스로 베어 버리게 하심을 감사.
- 내가 자유를 위하여 부르심을 입었으나,
  그 자유를 육체의 기회를 삼지 말게 하시니 감사.

●오직 사랑으로 서로 종노릇하게 하심을 감사.

●온 율법은 네 이웃 사랑하기를 네 자신같이 하라 하신 말씀에서 이루어졌으니 감사. ●만일 서로 물고 먹으면 피차간에 멸망할까 조심하라 하시니 감사. ●성령을 따라 행하라 하시니 감사. ●그리하면 육체의 욕심을 이루지 아니하리라 하시니 감사. ●예수님 때문에 성령을 따라 행하는 자 되었으니 감사. ●그리하여 육체의 욕심을 이루는 자가 되지 않으니 감사. ●육체의 소욕은 성령을 거스르고 성령은 육체를 거스르나니 이들이 대적함으로 내가 원하는 것을 하지 못하게 하려 함을 알게 하시니 감사. ●예수님 때문에 육체의 소욕을 따르는 자가 아니니 감사. ●육체의 소욕을 따라 이때까지 성령을 거스른 것을 용서해 주시니 감사.

●예수님 때문에 나는 성령을 따르는 자, 육체의 소욕을 철저히 거스르는 자 되었으니 너무너무 감사. ●내가 만일 성령의 인도하시는 바가 되면 율법 아래에 있지 아니함이니 감사. ●예수님 때문에 오직 성령의 인도함을 받는 자 되었으니 감사. ●예수님 때문에 육체의 일, 곧 음행과 더러운 것과 호색과 우상 숭배와 주술과 원수 맺는 것과 분쟁과 시기와 분냄과 당 짓는 것과 분열함과 이단과 투기와 술 취함과 방탕함은 나와 전혀 상관이 없으니 감사. 이런 일하는 자가 전혀 아니니 감사. ●예수님 때문에 나는 오직 성령의 열매, 즉 사랑과 희락과 화평과 오래 참음과 자비와 양선과 충성과 온유와 절제를 맺는 자 되었으니 감사. ●날마다 시간마다 분초마다 맺는 자 되었으니 감사. ●더 깊게, 더 넓게, 더 길게, 더 풍성하게 맺는 자 되었으니 감사. ●또 이 같은 것은

금지할 법이 없다 하시니 감사.

●그리스도 예수의 사람 나는 육체와 함께 그 정과 탐심을 십자가에 못 박았으니 감사. ●날마다 시간마다 분초마다 십자가에 못 박았으니 감사. ●예수님 때문에 나는 정욕과 탐심은 전혀 상관이 없으니 감사. ●만일 내가 성령으로 살면 또한 성령으로 행하라 하시니 감사. ●예수님 때문에 나는 성령으로 사는 자 되었으니 감사. ●또한 성령으로 행하는 자 되었으니 감사. ●예수님 때문에 헛된 영광을 구하는 자가 전혀 아니니 감사. ●또 서로 노엽게 하거나 서로 투기하는 일이 전혀 없으니 감사.

●예수님 때문에 다른 사람들을 노엽게 하지 않고, 특별히 하나님을 노엽게 하는 자가 아니니 감사.
●예수님 때문에 투기하는 자가 전혀 아니니 감사.
●예수님 때문에 신령한 자가 되게 하심을 감사.
●예수님 때문에 사람의 범죄함이 드러날 때 온유한 심령으로 그러한 자를 바로잡게 하시니 감사. ●또 항상 자신을 살펴보게 하시니 감사.
●나도 시험을 받을까 두려워하는 자 되었으니 감사.
●예수님 때문에 날마다 일마다 때마다 하나님께 내 자신을 살펴봐 달라고 기도하고 점검하는 자 되었으니 감사.

말씀과 기도와 찬양을 통해 더 깊은 하나님을 알고 경험하자!

●성막은 구약시대 이스라엘 백성들에게 신앙생활의 중심이었으니, 출애굽 후 시내산에서 모세에게 십계명을 주심과 동시에 성막을 지을 것과 성막 중심으로 살 것을 지시하셨음을 보게 되니 감사. ●하나님을 안다는 것은 하나님을 경험하여 알게 하시니 감사. ●예수님을 경험하여 알게 하시니 감사. ●성령님을 경험하여 알게 하시니 감사. ●말씀을 경험하여 알게 하시니 감사.

●풍년 때 창고를 준비하게 하시니 감사. ●기도할 수 있을 때, 지금 새벽, 오후, 저녁에, 기도로 말씀으로 찬양으로, 날마다 창고를 준비케 하심을 감사. ●날마다 말씀으로 은혜의 절정에 달하게 하시니 감사. ●날마다 찬양으로 은혜의 절정에 달하게 하시니 감사. ●날마다 기도의 절정에 달하게 하시니 감사. ●새벽에도 기도의 일꾼을 보내 주심을 감사. ●오후 3시에도 기도의 일꾼 보내주심을 감사. ●저녁에도 기도의 동역자 보내 주심을 감사.

●기도의 은혜 주심을 감사. ●기도의 제목 주심을 감사. ●건강 주심을 감사. ●써 주심을 감사. ●풍년 때 창고를 준비하여 흉년 때 풀어 쓰게 하심을 감사. ●아브라함의 창고는 믿음의 창고이니 감사. ●이삭의 창고는 순종의 창고이니 감사. ●야곱의 창고는 번성의 창고이니 감사. ●요셉의 창고는 곡식, 부요의 창고이니 감사. ●이 모든 이들은 하

나님을 모두 깊이 만난 분들이니 감사.
● 바라보기만 하고 들어가지 못함은 간절한 믿음이 없음이니 간절한 기도, 깊은 기도, 오랜 기도, 많은 기도, 모세가 하나님을 대면하여 기도하듯 하게 하시니 감사.

● "여호와여 나의 기도를 들으시며 나의 부르짖음에 귀를 기울이소서 내가 눈물 흘릴 때에 잠잠하지 마옵소서 나는 주와 함께 있는 나그네이며 나의 모든 조상들처럼 떠도나이다 "(시 39:12). 부르짖으면 주께서 귀 기울이시며 들으시지만 구원은 하나님의 전적인 은총이니 감사. ● 구원받을 나를 어떻게 살아야 하나 가르쳐 주시니 감사. ● 하나님 뜻대로 살아야 하니 감사. ● 하나님이 나를 부르심은 은혜요, 구원은 선물 즉 은혜이니 감사. ● 그리스도와 함께 살려 주셨으니 감사. ● 그 큰 사랑으로 부름받은 자답게 부르심에 합당한 삶을 살아야 된다고 에베소서 4장에 말씀해 주시니 감사. ● 부르심에 합당한 삶은 '하나' 되게 하시니 감사. ● 하나님과 분리된 나를 불렀으니 다시는 분리되지 않기 위해 힘써라 하시니 감사. ● 또 하나님을 알지 못하게 하는 사탄의 힘이 내게 있음을 알게 하시니 감사. ● 이 사탄을 날마다 시간마다 분초마다 이기게 성령의 권능으로 덧입혀 주시니 감사.

● 성령과 하나 되어 살게 하시니 감사. ● 예수님의 기도에도 하나님, 즉 하나님과 하나 되게, 성도들이 한 몸 되어 섬기는 자 되게 기도하셨으니 감사(요 17장). ● 미혹에서 분리되어 성령 안에서 하나님과 하나 되고 성도끼리 하나 되게 하시니 감사. ● 합당한 삶은 모든 겸손으로

살아라 하시니 감사. ●모든 겸손은 내가 한 것이 아니라, 하나님이 되게 한 것을 범사에 고백하는 것이니 감사. ●모든 온유는 모든 것을 용납할 수 있는 것이니 감사. ●모세도 온유가 승한 자이었지만 반석에서 돌을 치므로 이 하나의 실수 때문에 가나안 땅에 못 들어감을 깨닫게 하시니 감사.

●완전하신 온유는 오직 예수 그리스도이시니 감사. ●예수님 때문에 나는 모든 겸손과 온유한 자가 되었으니 감사. ●또 오래 참음이 합당한 삶이니 감사. ●시험 가운데 깊이 참고, 하나님의 일하심을 오래 참고 기다림이니 감사. ●자주 내 모습에 실망해도 오래 참음을 통해 깨닫게 하고, 변화시켜 주시는 하나님께 감사. ●예수님 때문에 오래 참는 자가 되었으니 감사. ●사도 바울이 "주안에 갇힌 내가 너희를 권하노라"에서 이 갇힘은 나를 써주심의 감격이 있고, 갇힘에 대해 자부심이 있고, 또 사람의 생각과 전혀 다른 방법으로 일하심을 인정하고 믿는 것이니 감사. ●나도 주안에 갇히게 하시니 감사.

●주님이 지금 나를 기도의 도구로, 말씀의 도구로, 섬김의 도구로 써주심에 감격이 있게 하시니 감사. ●또 자부심이 있게 하시니 감사. ●또 사모가 되었음에 자부심이 있게 하시니 감사. ●사람의 생각과 전혀 다른 방법으로 일하시는 주님을 바라보게 하심을 감사.

●이것이 믿음이니 감사. ●평안을 매는 줄, 즉 평화를 매는 띠, 성령이 화평을 위해서 날마다 하나님과 하나 되게 하니 감사. ●하나님을 날마다 나타내는 힘의 원천이 성령이시니 감사. ●미혹하는 것들, 죄의 유

혹으로부터 지키기 위해 평안의 매는 줄로 붙들어 주심을 감사. ●다시는 멸망의 자리에 서지 않게 지켜 주시니 감사. ●날마다 말씀의 가르침을 받게 하시고, 생활로 지키게 하심을 감사. ●믿음의 증거가 나타나게 하시니 감사.

●하나님의 자녀로, 하나님의 백성으로, 하나님의 신부로 부르심을 받은 나를 날마다 부르심답게 합당한 길로 살아가게 하심을 감사. ●또 예수님을 닮아 살아가게 하심을 감사. ●날마다 예수님의 성품을 닮게 하심을 감사. ●하나님의 명령과 뜻을 이루기 위해 겸손과 온유와 순종의 사람으로 채워 주시니 감사. ●부르신 자의 뜻에 합당하게 살 수 있도록 때에 따라 필요한 은사로 주시니 감사. ●예수님 안에 있는 것을 날마다 확인시켜 평안이 넘치게 하시니 감사.

●믿음의 목표는 하나님 아버지 앞에 나아가는 것이니 감사. ●또 주님을 기쁘시게 하고, 주님을 닮아가는 것이니 감사. ●성도는 거룩한 모임이니 감사. ●그리스도와 한 몸이니 감사. ●나누어진 것 같지만 역할은 오직 하나이니 감사. ●머리가 되신 그리스도, 손발이 된 성도, 모두가 역할은 다르지만 머리대로 따름이니 감사. ●몸이 하나이듯이 주변 교회 하나하나가 주님의 지체이니 감사. ●진리와 하나님의 뜻만이 목적이니 감사. ●은사 받는 자는 낮아지고, 주신 자에게 감사하라고 하심을 감사. ●주신 자가 있고, 선물이요 은혜이니 감사. ●성령께서 나를 교회의 지체를 위해 쓰라고 불쌍히 여겨 주셨으니 감사.
●그저 받았으니 힘써 섬기라 하시니 감사. ●자기를 드러내지 말라 하시니 감사. ●신령한 것은 예수가 내 주님이라는 것이니 모든 것이 예

수께로 나오니 감사. ●모든 은사가 성령으로 온 것이니 감사. ●믿음은 신앙생활의 출발이고, 주님 부르시는 그날까지 믿음 지키도록 성령이 도와주시니 감사. ●믿음도 '하나'요 하심은 구원주는 오직 예수 그리스도 한 분이시니 감사. ●세례로 말미암아 예수님과 하나 되게 하심을 감사. ●정결함으로 새 사람이 되어 주님과 동행하는 삶을 살게 됨을 감사. ●세례는 죄에 대해 죽고, 의에 대해 영생을 얻었음을 감사.
●예수님 때문에 나는 날마다 세례받는 자이니 감사.
●죄에 대해 죽고, 의에 대해 사는 자가 되었으니 감사.
●만유는 모든 것의 근본이신 하나님이시니 감사.
●모든 존재의 근본이 만유이시니 감사.
●만유의 하나님을 찬양, 경배, 영광 돌리게 하시니 감사.
●내가 만드신 분의 목적대로 쓰임 받는 자 되었으니 감사.

●마이크도, 물건도, 주인의 뜻대로 쓰이기도 하고 버려지기도 하듯, 나의 존재 목적은 하나님의 뜻대로 쓰임 받는 것이니 감사. ●아버지가 불편하지 않도록 나를 드리는 것이 신앙생활이니 감사. ●만유 위에 만물을 통치하시고, 만유를 통일하심을 질서로 일하심이니 감사. ●만물을 통하여 일하시고, 피조물을 통해 일하시는 하나님을 찬양 감사. ●자연을 다스리기 위해 사람에게 맡겨 주셨음을 감사. ●사람을 다스리기 위해 성자 하나님에게 통치하도록 모든 권세를 위임하시니 감사. ●나에게 찾아오셔서 내재하시고 성령으로 다스리시니 감사.
●구원의 선물을 동일하게 주시지만 은사의 선물을 성령으로 필요에 따라 나눠 주시니 감사. ●구원의 선물을 잊어버리지 못하도록 성령으

로 은사를 주심을 감사. ●하나님의 은혜임을 날마다 고백하며 모든 영광을 하나님께 돌리게 하시니 감사. ●하나 되는 방법은 오직 사랑하는 마음으로 할 때이니 감사. ●내게 있어야 할 것은 모든 겸손과 온유와 오래 참음이니 감사. ●사랑 가운데 오래 참아 예수님의 성품을 닮아가게 하심을 감사. ●교제의 목적은 하나 되게 함이니 감사. ●목적이 하나 되게 하심이니 감사. ●부르심의 목적이 하나 되게 함이니 감사.

●만유 즉 존재 자체이신 그분이 나의 아버지시요, 나의 모든 근원이시니 감사. ●생명의 근원이시니 감사. 약속의 근원이시니 감사. ●능력의 근원이시니 감사. ●축복의 근원이시니 감사. ●각 사람이 감당할 수 있는 분량으로 선물을 주셨음을 감사. ●그 선물은 그리스도이시니 감사. ●만물의 충만이시고 안 계신 곳이 없으신 분이 내 아버지이시니 감사. ●각 사람에게 직분과 은사를 주셨으니 감사. ●사도로 보냄을 받았고. 특명대사, 특별한 보냄을 받았으니 감사. ●예수님이 직접 보낸 것이니 감사. ●이런 자를 귀히 여기고 섬기게 하심을 감사. ●특히 남편 목사님을 귀히 여기고, 목회를 섬기게 하심을 감사.

●선지자는 대언자, 선견자, 하나님의 뜻을 전하는 자로 시대에 꼭 맞도록 목사 선지자를 보내심을 감사. ●기도 시간에 말씀을 대언케 하심을 감사. ●선지자의 목적은 하나님의 뜻을 알지 못하는 이들에게 하나님의 뜻을 풀어 가르치기 위함이니 감사. ●복음으로 하는 자는 특정한 교회에 머물러 있지 않고 순회 전도자이니 감사. ●직분의 목적은 성도를 온전하게 하여 하나님 앞에 올바른 자로 만들어가는 것이니(골 1:28)

감사. ●하나님의 교회를 세우기 위해 각 사람을 권하여 믿음의 길을 가도록 하니 감사. ●내가 만난 예수님, 내가 경험한 예수님을 가르치는 것이니 감사. ●또 봉사의 일을 하게 함이니 감사. ●봉사는 장성한 자가 하는 것이니 감사. ●대가를 받지 않고 하는 것이니 감사. ●진정한 사역은 대가를 바라지 않는 것이니 감사.

●예수님이 12제자를 파송하면서 권능을 주시면서 그저 받았으니 그저 주라 하셨음을 감사. ●모든 것이 하나님께로 온 것이요, 하나님의 은혜요, 선물이기에 감사. ●하나님 뜻대로 섬김은, 모든 것이 은혜를 받고 하나님께로부터 왔기 때문에, 사랑에 빚진 자로 감사함으로 섬기는 자이니 감사. ●믿는 것은 하나님이 보낸 자를 믿는 것이니 감사.

●하나님의 일은 반드시 경험이 따라야 하는 것이니 감사. ●그 경험은 영으로 만나는 경험이니 감사. ●경험을 통해 온전케 되니 감사.

삶은 무엇인가?

●죽음을 이긴 것이니 감사. ●병원은 건강을 해치는 세균을 죽이고, 깨끗하고 생명력 있는 세포를 살리는 곳이니 감사. ●몸을 아프게 하고, 활동을 불편하게 만드는 균을 죽이고, 몸에 유익한 건강한 세포를 살릴 수 있도록 모든 여건을 만드는 곳이니 감사. ●경찰서와 법원은 불법, 무법, 무질서나 혼돈을 바로잡고, 세상을 질서 있고 평안하게 만드는 곳이니 감사. ●학교는 사람답게 살도록 가르치는 곳이니 감사.

●선생님은 올바르게 가르치고, 건전한 사회를 가꾸며 세우는 사람들이니 감사. ●학교가 돈 버는 기계, 고액 연봉자 만드는 것이 목적이라면 크게 삭막할 텐데, 돈 버는 기계 만드는 공장이 되는 것만이 목적이 될 수 없으니 감사. ●이것만이 최우선이 될 수 없으니 감사. ●교회는 영혼을 살리고, 정신을 살리고, 마음과 생명을 살리는 곳이니 감사. ●죄악을 죽이고, 생명을 살리는 곳, 비정상을 정상으로 돌려놓는 곳이니 감사. ●인간성을 회복시키고 새롭게 하는 곳이니 감사.

살기 위한 몸부림이고, 치열한 전쟁이 아닌가?
생존경쟁에서 살기 위한 싸움, 가난에서 살기 위한 싸움, 질병에서, 죄악에서, 사탄과의 치열한 싸움에서 그가 죽지 않으면 내가 죽는 것, 내가 이기지 않으면 그가 이기는 것.
생명과 사망은 내 앞에서, 천국과 지옥은 내 앞에서, 실패와 승리는 내 앞에서, 복과 저주는 내 앞에서… 치열한 전쟁 속의 선택은 나에게 있다.

**오호라 나는 곤고한 사람이로다.
이 사망의 몸에서 누가 나를 건져내랴**

롬 7:24

●예수 그리스도로 말미암아, 십자가로 말미암아, 부활의 은혜로 말미암아 죄와 사망의 법에서 나를 해방해 주신 하나님께 감사. ●생명의, 성령의 법으로 나를 다스려 주시니 감사. ●예수 그리스도 십자가로 말미암아 죄악에서, 질병에서, 저주에서, 가난에서, 실패에서 건져 주시고 이를 친히 담당해 주신 주님께 감사. ●이 모든 것들에서 넉넉히 이김과 승리를 주신 우리 주 예수 그리스도 부활의 은혜 너무너무 감사. ●오늘도 예수께서 성령으로 내 안에 내주하시고 함께하심을 감사. ●천지를 지으신 하나님이 내 아버지, 나는 그의 자녀, 십자가를 지시고 부활하신 예수님이 나의 구원주, 나는 주님의 것, 성령님은 나의 보호자 되어 지금도 나와 함께하시고 지키시고 동행하심을 감사. ●나는 행복자니 감사 감사 감사.

킬링 없이 힐링은 없다. 십자가 없이 부활은 없다.

제2부

걸음걸음 마다
수많은 감사들

제10장

감사 장수 아줌마, 감사 다 팔았어요?

"범사에 감사하라 이것이 그리스도 예수 안에서 너희를 향하신 하나님의 뜻이니라" (데살로니가전서 5:18)

어떤 목사님이 다 찌그러진 주전자, 발로 사정없이 밟아버린 주전자를 가져와서 감사를 해보라고 했다. 처음에는 고물로 쓰는 것 외에 감사할 것이 없었다. 그런데 저 주전자가 내 모습 같았다. 다시 감사를 써 보았다.

- 행복은 있는 것 알아주면 또 나오고, 또 알아주니, 또 나오고, 또 알아주니 이것이 행복이니 감사. ● 불행은 없는 것에 집착하면 없어지고 또 없어지고 계속 없어지는 것. 이것이 불행임을 깨닫게 하심을 감사.
- 감사를 생각과 머리로만 하지 말고, 보고, 듣고, 만져보고, 냄새 맡고, 있는 것 살펴보면서 감사하라 하시니 감사.
① 손잡이가 있으니 편리하게 들 수 있어 감사하지.
② 손잡이가 플라스틱으로 되어 뜨겁지 않아서 감사하지.
③ 뚜껑이 있으니 먼지 들어가지 않아 감사하지.

④ 뚜껑이 있으니 빨리 끓일 수 있어서 감사하지.

⑤ 뚜껑 손잡이가 플라스틱으로 되어 있어 뜨겁지 않아서 감사하지.

⑥ 쇠로 되어 있어 불에 타지 않아서 감사하지.

⑦ 쇠로 되어 있어 무거워 안정감이 있어 감사하지.

⑧ 밑 부분이 넓어서 넘어지지 않게 되어 감사하지.

⑨ 주전자 주둥이가 주전자 몸체보다 높아 물을 부을 때
  흘러나오지 않아 감사하지.

⑩ 주전자 손잡이가 타원형으로 되어 있어 손잡기가 안정성이 있고,
  편리하게 사용할 수 있어서 감사하지.

⑪ 스테인리스로 되어 수세미로 빡빡 씻어도 깨지지 않고,
  반질반질해지니 감사하지.

⑫ 손잡이 달린 부분이 쇠로 연결되어, 센 불로 사용해도
  타서 떨어질 염려 없어 감사하지.

⑬ 속 주둥이 부분이 작은 구멍들로 되어 있어 보리나
  옥수수나 건더기가 안 따라 나오니 감사하지.

⑭ 모양이 예술적으로 뚜껑이 비스듬히 있고,
  3색으로 조화를 이루니 감사하지.

⑮ 손잡이가 초록색으로 되어 있어 뜨겁지 않다고 안전하다는 신호를
  보내주니 감사하지.

⑯ 뚜껑 꼭지가 빨강색으로 되어 있어 조심하라고 위험을 표시해주니
  감사하지.

⑰ 물을 끓여 먹을 수 있어 감사하지.

⑱ 언제든지 차를 끓여 먹을 수 있어서 감사하지.

⑲ 쇠로 되어 색깔이 변질 안 되니 감사하지.
⑳ 찌그러지고 구멍 나도 재활용으로 쓸 수 있어 감사하지.

● 손잡이는 나사로 연결되어 깨지면 다시 바꿔 넣을 수 있어 감사.
● 뚜껑 꼭지가 세모 모양이라서 잡기 편하고 안정적이어서 감사.
● 유명한 메이커, 인정받은 메이커니 안심하고 쓸 수 있으니 감사.
● 아랫부분 때가 많이 묻어 있어 사랑으로 씻어 줄 수 있어 감사.
● 밑면이 평평하고 넓어서 넘어지고 쏟아질 염려 없어 감사.
● 있는 것 찾으면 장애인도 없다는 말에 큰 은혜를 받게 되니 감사.
● 있는 것 찾으면 과부도 없다 하시니 감사.
● 없는 것 찾으니 장애인이라 하시니 내가 장애인이구나 깨달으니 감사.
● 없는 것 찾으니 과부이다 하시니 내가 없는 것 찾으니 예수님도 안 보이고, 영적인 과부로 살았던 것 용서해 주시니 감사.
● 영적으로 오늘까지 장애인으로 살아온 죄 용서해 주시니 감사.

예수님은 누구신가?
이 찬송을 생각하며 나의 맘을 드리며 정리해 보았다
예수님은 누구신가?
두려워 하는 자의 강함과 불안해 하는 자의 평안이며,
연약한 자의 믿음과 무지한 자의 지혜 되고 우리 도움 되시네.
예수님은 누구신가?
낙심한 자의 소망과, 지친 자의 새 힘 되고, 막힌 자의 길이며,

어두운 길에 빛이 되고, 우리 힘이 되시네.

예수님은 누구신가?

포기할 때에 소생 되시고, 헤맬 때에 이끄심 되고,

지칠 때에 붙드심 되고, 모를 때에 지혜 되고, 우리 사랑 되시네.

예수님은 누구신가?

천지의 주재와 밀어주는 아버지 되고, 언제나 내 편,

승리의 깃발 안겨주는 우리 대장 되시네.

예수님은 누구신가?

모든 일에 주인과 모든 문제의 해답이며, 모든 일에 길이며,

모든 길에 빛이시니 우리 전부 되시네.

예수님은 누구신가?

모든 일에 인도자, 모든 일에 지혜 되고, 모든 일에 지도자,

모든 일에 결재되고 우리 승리 되시네.

예수님은 누구신가?

모든 일에 계획과 모든 일에 눈이 되고 모든 일에 손이 되고,

모든 일에 발이 되고 우리 모든 것 되시네.

예수님은 누구신가?

불가능의 기적이며, 모든 자를 통치하며, 천군천사 파송해.

앞서나가 싸우시는 우리 능력 되시네.

예수님은 누구신가?

기도의 응답자, 감사에 기쁨 충만, 찬양에 춤추며,

나를 통해 일하시며 우리 영광 되시네.

제11장

주님께서
나를 어떻게 보고 계실까?

"하나님께서 지으신 모든 것이 선하매 감사함으로 받으면 버릴 것이
없나니 하나님의 말씀과 기도로 거룩하여짐이라
네가 이것으로 형제를 깨우치면 그리스도 예수의 좋은 일꾼이 되어
믿음의 말씀과 네가 따르는 좋은 교훈으로 양육을 받으리라
망령되고 허탄한 신화를 버리고 경건에 이르도록 네 자신을 연단하라
육체의 연단은 약간의 유익이 있으나 경건은 범사에 유익하니
금생과 내생에 약속이 있느니라"(디모데전서 4:4-8)

사업 실패 후 물질의 엄청난 연단이 있었다.

남편 목사님은 양다리 고관절 괴사가 와서 활동을 제대로 못하고, 지하에서 두 어머니와 네 자녀와 여덟 가족인데, 매주 헌금은 만 원, 어떤 때는 몇 천 원… 새벽에 우유 배달을 했지만 현실을 감당하기가 힘들었다. 남편에 대한 원망이 나와서 나의 속마음을 감사로 표현하며 기도했을 때 원망과 불평을 이겼고, 심령에 기쁨과 감사가 넘쳤다.

● 지하교회부터 시작하니 감사. ● 가족으로부터 개척하게 되어 감사.
● 우리에겐 부흥만 있으니 감사. ● 축복만 있으니 감사. ● 발전만 있으

니 감사. ●의자와 방석이 있으니 감사. ●성도가 들어가고 나가고 하는 훈련 받으니 감사. ●예배드리는 훈련 받으니 감사. ●종탑이 있으니 감사. ●성전세를 주게 되니 감사. ●자녀 학원 보내니 감사. ●피아노 학원 보내니 감사. ●좋은 남편이니 감사. ●멋진 남편이니 감사. ●당신이니까 나를 데리고 살 수 있으니 감사. ●당신이 무섭게 하여 조심하게 되니 감사. ●당신이 어려우니 덤벙대지 않아 감사. ●돈을 잘 안주니 절제하며 살게 하니 감사. ●돈을 잘 안주니 낭비 안 해서 감사. ●돈을 안주니 택시 안타서 감사. ●돈을 안주니 사치 안 해서 감사. ●돈을 안주니 필요치 않는 것에 투자 안 하니 감사. ●돈을 안주니 참고 기다릴 수 있어 감사. ●돈을 안주니 쪼개서 쓰고 꼭 필요한 양만큼만 사니 감사. ●돈을 안주니 군것질 안 해서 감사. ●돈을 안주니 없는 자 맘이 되어 보니 감사. ●돈을 안주니 시간 낭비 안 해서 감사.

●돈 안주니 구제보다 기도로 섬기게 되니 감사. ●돈 안주니 재활용하게 하니 감사. ●돈 안주니 주워 온 것도 감사하게 신고 입을 수 있으니 감사. ●돈 안주니 가계부 쓸 것 없어 감사. ●돈 안주니 충동구매 안 해서 감사. ●돈 안주니 물질관을 바로 세워주니 감사. ●돈 안주니 하나님만 전적으로 의지하게 되니 감사. ●돈 안주니 만원 헌금도 정성을 다하게 되니 감사. ●돈 안주니 적은 돈도 귀하게 여기게 되니 감사. ●돈 없어도 하나님 때문에 부자여서 기죽지 않으니 감사. ●돈을 안주니 음식 안 버려서 감사. ●돈 안주니 반찬 탓 안 하니 감사. ●김치찌개 한 가지라도 맛있게 먹을 수 있으니 감사. ●돈 없으니 채식을 많이 할 수 있어 감사. ●돈 없으니 때에 따라 돕는 은혜를 체험하니 감사. ●돈

없으니 돈 있는 것 보고 즐거워 않고, 더 귀중한 하나님 은혜 감사하고, 가족을 보고, 사랑과 행복을 보고 즐거워하니 감사.
●물질 안 누리고 사는 삶을 배웠으니, 이제는 물질로 마음껏 누리면서 사는 법을 가르쳐 줄 하나님을 바라보니 감사. ●돈 없으니 돈 쓸 일에 미리 기도하니 일마다 하나님께서 더 큰 은혜와 더불어 주시니 감사. ●당신은 나를 훈련시키는 데 쓰임 받으니 감사. ●당신은 나의 스승이 되니 감사. ●동생 같은 남편 도와주고 싶으니 감사. ●오빠 같은 남편 듬직해서 감사. ●친구 같은 남편 부담 없어 감사. ●사장 같은 남편 일 일이 타쓸 수 있고, 보고할 수 있어 감사. ●무서운 남편이니 조심해서 감사. ●동역자 같은 남편 의논해서 감사하고, 불안한 남편 붙들어 주고 싶어 감사.

●시아버지 같은 남편, 잔소리에 늘 긴장하고 조심하니 감사하고,
●애인 같은 남편, 기다리고 사랑하니 감사하고,
●머슴 같은 남편, 시키는 대로 잘하니 감사하고,
●선생님 같은 남편, 늘 가르쳐 주니 감사하고,
●친정아버지 같은 남편, 잔소리 들어주니 감사하고,
●하나님 같은 남편, 나를 다 책임지고 있으니 감사하고,
●여자 같은 남편 마음이 부드러워 감사하고,
●친정엄마 같은 남편, 늘 관심 가져 주니 감사하고,
●아들 같은 남편, 하나 더 먹이고 싶어 감사하고,
●목자 같은 남편, 늘 붙들어 주고 은혜 받게 하니 감사.

제12장

감사의 기도로
모든 것이 해결된다

"여호와께서 권능으로 내게 임재하시고 그의 영으로 나를 데리고 가서 골짜기 가운데 두셨는데 거기 뼈가 가득하더라 나를 그 뼈 사방으로 지나가게 하시기로 본즉 그 골짜기 지면에 뼈가 심히 많고 아주 말랐더라 그가 내게 이르시되 인자야 이 뼈들이 능히 살 수 있겠느냐 하시기로 내가 대답하되 주 여호와여 주께서 아시나이다
또 내게 이르시되 너는 이 모든 뼈에게 대언하여 이르기를 너희 마른 뼈들아 여호와의 말씀을 들을지어다 주 여호와께서 이 뼈들에게 이같이 말씀하시기를 내가 생기를 너희에게 들어가게 하리니 너희가 살아나리라 너희 위에 힘줄을 두고 살을 입히고 가죽으로 덮고 너희 속에 생기를 넣으리니 너희가 살아나리라 또 내가 여호와인 줄 너희가 알리라 하셨다 하라"(에스겔 37:1-6)

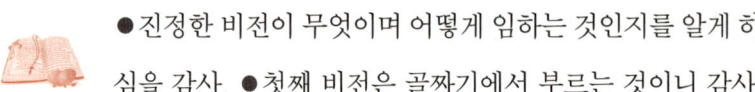

●진정한 비전이 무엇이며 어떻게 임하는 것인지를 알게 하심을 감사. ●첫째 비전은 골짜기에서 부르는 것이니 감사. ●하나님께서는 에스겔 마른 뼈가 있는 골짜기에서 부르셨으니 감사. ●그 뼈들에게 생기를 불어넣어 일으키는 비전을 주신 것 같이, 나에게도 우리에게도 마른 뼈만 있는 골짜기 같은 병들고 소외되고, 시체같이 누워 있는 어르신들, 영혼을 섬기게 하심을 감사. ●또 요양 시설을 준비하고자 할 때에도 환경과 형편이 완전히 마른 뼈 같으니 감사. ●모

두가 다 죽은 시체와도 같고 어디를 보아도 소망이 없는 상태, 즉 이 골짜기에서 비전이 주어지니 감사.

●영혼 구원을 위해 수없이 전도와, 전도세미나 등 여러 가지로 문을 두드려 봤고, 여전히 두드리고 길을 찾고 있지만 악한 세상은 문을 열지 않고 오히려 사탄의 공격만 있는 골짜기였지만, 이 골짜기에서 장기요양제도를 통해 병든 자들을 위해 하나님의 부르심을 받게 하셨음을 감사.

●부르심을 들은 나, 우리를 통해 일하시고, 또 우리 교회를 통하여 역사를 일으키시는 하나님께 감사. ●찬양, 영광, 경배 또 비전은 골짜기로부터 출발이 되니 감사. ●사도 바울이 자신의 계획과는 달리 마게도냐로 가라는 주님 음성을 들은 것처럼 지혜롭고, 학식이 풍부한 바울은 아시아 쪽으로 가서 복음 전하는 것이 훨씬 수월했지만, 하나님의 부르심은 정반대로 마게도냐를 향해 출발한 것처럼 비전은 어려운 출발, 생소한 출발, 골짜기로부터 출발이 되니 감사.
●비전은 내 생각, 내 뜻, 내 꿈을 내려놓고 철저하게 하나님만 의지하고 바라보는 골짜기의 출발이니 감사. ●교회와 시설 이전을 두고 우리 생각, 우리 뜻, 우리의 꿈을 철저히 내려놓게 하심을 감사. 하나님만 의지하고 바라보는 골짜기에서 출발하게 하시니 감사.

●서울에서도 은행 통장 1억 준비를 기대했지만 이것도 우리 힘으로 안 되니 감사. ●오직 하나님만 바라보고 의지하게 하심을 감사. ●목회는 결코 인정으로 하는 것이 아니니 감사. ●철저히 말씀으로 하

는 것이니 감사. ●하나님께서 능히 취하리라 말씀 주신 것 감사. ●능히 취하게 하심을 감사. ●물질이 동서 사방에서 오게 하심을 감사. ●또 비전은 날마다 새 일이 시작되는 것이니 감사. ●비전을 가진 자는 '끝'이라고 여겨지는 순간에도 다시 시작되니 감사. ●혹 실수하고 실패하더라도 비전과 함께 가는 자는 새 일을 시작하게 하시는 하나님께 감사.

●복음을 전하다 옥에 갇힌 바울과 실라는 감옥이 끝이 아니었음을 감사. ●찬송으로 옥문을 열고, 다시 시작한 것처럼 현실이 캄캄해 손에 잡히는 것도 없고 보이는 것도 없지만, 날마다 기도의 동역자를 붙여 주시사 교회와 시설을 위해 기도하게 하심을 감사. ●우리의 무기는 찬송이니 감사. 기도이니 감사. 약속의 말씀이니 감사. ●살아 계시고, 전능하신 하나님이 우리의 빽이요, 주인이요, 힘이요, 도움이니 감사.

●비전의 사람으로 살기 원한다면, 골짜기에 있을지라도 그곳에서 부르시는 하나님의 음성을 들으라 하시니 감사. ●자신을 내려놓고 담대하게 골짜기에서 출발하라고 하시니, 날마다 새 일을 행하라 하시니 감사. ●이게 응답이니 감사. ●오직 나에게 주신 말씀이니 감사.
●박0순 집사님과 약속한 화요일까지 3일의 기간 동안 하나님께 기도하고 하나님의 음성을 들은 자 되었으니 감사. ●듣게 하셨으니 감사.
●들려 주셨음을 감사. ●이미 능히 취하리라 말씀하신 하나님께 감사.
●'2칸을 할까요? 1칸을 할까요?' 하나님의 음성을 들려주시니 감사.
●1칸부터 시작하게 하시니 감사. ●그 다음 주님이 예비하시니 감사.
●그 건물 지하는 "기도센터가 될지어다" 기도 센터가 되게 하셨으니

감사. ●이 일을 방해하는 모든 귀신은 다 떠나갔으니 감사. ●이 일에 잘못된 말 듣지 않게 하시니 감사. ●잘못된 말 듣는 일 전혀 없으니 감사. ●잘못된 결정을 하는 일 전혀 없으니 감사. ●이 일에 들어야 할 조언을 듣게 하심을 감사. ●섬기면 섬김을 받는다는 중요한 조언을 받게 하심을 감사. ●저들을 섬기고 좋은 말로 대답하면 저들이 영원히 우리의 종이 되리라 조언해 주시니 감사.

간교한 잠언은 나와 남편과 전혀 상관없다.

●인생의 경험자인 노인에게 가서 물어 보는 것이 삶의 지혜임을 가르쳐 주시니 감사. ●항상 하나님의 음성을 듣고, 그분의 뜻에 따라 백성을 섬기며 봉사할 기회를 얻게 하사 나의 생애가 달라지게 하심을 감사. ●하나님께 사랑 받고 있음을 믿음으로 세상을 모두 얻은 사람이 되니 감사. ●하나님께 사랑 받고 있음을 믿는 사람이라면 그는 세상을 다 얻은 사람이라고 하시니 감사. ●자기 자신과 어려움에 집중하다 보면 너무 급하기 때문에 하나님의 사랑을 깨닫지 못하게 됨을 깨닫게 되니 감사.

●예수님 때문에 내 자신과 어려움에만 집중하는 자가 아니니 감사. ●내 자신 때문에, 문제 때문에, 어려움 때문에 내가 보고 있는 그 자리에만 머물러 있는, 믿음 없는 자임을 깨닫게 하심을 감사. ●이제는 머리로만 생각으로만 말로만 믿는 믿음이 아니라 하나님께 보여 드릴 수 있는 믿음을 소유할 때이니 감사. ●그것을 위해 기도하게 하심을 감

사. ●또 그런 믿음만 소유하면 동서남북은 모두 하나님의 것이요, 곧 우리의 것, 내 것이 되니 감사. ●이것을 날마다 고백하게 하심을 감사. ●또 고백할 때 정말 주님 안에서 큰 자유와 기쁨과 행복을 누리게 되니 감사.

●아브라함이 조카 롯에게 자신의 것을 내어놓는 모범을 보여 주니 감사. ●아브라함이 얼마나 롯을 아끼고 귀히 여겼는지 그 행동이 입증해 주고 있으니 감사.
●소유 때문에 골육이 다툴 수 없다면서 롯에게 선택권을 양보하고 롯이 살고 있는 소돔 땅을 위해 중보 기도하는 아브라함의 모습은 그의 성품 때문이 아니라 오직 그의 '믿음'으로 말미암았으니 감사.
●아브라함은 믿음으로 본토 친척 아비 집을 떠나라는 말씀에 순종했고, 복의 근원은 하나님이심을 믿는, 믿음 때문에 자신의 것을 내어 놓을 수 있었으니 감사. ●이런 아브라함이 믿음의 조상이 되었다는 것은, 오직 한 가지 이 믿음을 하나님은 보기 원하시니 감사.

●히브리어 11장 1절 "믿음은 바라는 것들의 실상이요 보지 못하는 것들의 증거"니 믿음이 없이는 하나님을 기쁘시게 하지 못하고, 하나님께 나아가는 자는 반드시 그가 계신 것과, 또한 그가 자기를 찾는 자들에게 상 주시는 이심을 믿어라 하시니 감사.
●시편 147편 "우리 주는 위대하시며 능력이 많으시며 그의 지혜가 무궁하시니 겸손한 자를 붙드시고 악인들은 땅에 엎드려뜨리니" 감사. ●저가 구름으로 하늘을 덮으시고, 땅을 위하여 비를 예비하시며, 산에 풀이

자라게 하시고, 들짐승과 우는 까마귀에게 먹을 것을 주시니 감사. ●새 성전과 시설을 위하여 물질을 주시되 계약금을 주시니 감사. ●인테리어 비용을 주시니 감사. ●필요한 기구와 있어야 될 것을 다 주신 하나님께 감사. ●전세금도 주신 하나님께 감사. ●능히 취하라 하신 하나님께 감사. ●여호와 하나님은 말의 힘을 즐거워 아니하시며, 사람의 다리도 기뻐 아니하시니 감사. ●자기를 경외하는 자와 그 인자하심을 바라는 자를 기뻐하심을 감사. ●예수님 때문에 오직 하나님만을 경외하고, 사랑하고, 찬양하고, 감사하게 하심을 감사. ●옥O자야, 정O락아, 푸른 초장교회야, 여호와 하나님을 찬송할지어다. 하나님을 찬양 할 수 있음에 감사.

●하나님이 나의 문빗장을 견고히 하시니 감사. ●나의 자녀에게 복을 주셨으니 감사. ●나의 경내를 평안케 하심을 감사. ●아름다운 밀로 나를 배불리시니 감사. ●그 명을 땅에 보내시고 그 말씀이 속히 달리시니 감사. ●눈을 양털같이 내리신 하나님께 감사. ●서리를 재같이 흩으신 하나님께 찬양. ●우박을 떡 부스러기같이 뿌리신 하나님을 찬양. ●누가 능히 그 추위를 감당하리요. 그렇지만 그 말씀을 보내사 그것을 녹이신 하나님을 찬양. ●바람을 불게 하신즉 물이 흐르게 하신 하나님을 찬양. ●저가 그 말씀을 야곱에게 보이시며 그 율례와 규례를 이스라엘에게 보이신 하나님을 찬양. ●하나님이 그 말씀을 야곱 같은 나에게 보이시며, 이스라엘인 나에게 보이신 하나님께 감사.

제13장

남편과 자녀를 보면서

"나는 사론의 수선화요 골짜기의 백합화로다"(아가 2:1)
"인내를 온전히 이루라 이는 너희로 온전하고 구비하여
조금도 부족함이 없게 하려 함이라"(야고보서 1:4)

감사는 최고의 성형수술이었고, 감사가 닿는 곳마다 주님의 형상이 만들어졌고, 감사는 최고의 화장술이다. 감사가 묻는 곳마다 그 아름다움이 말할 수 없다. 감사는 승리의 무기였고, 감사할 때마다 마귀는 한 길로 왔다가 일곱 길로 도망쳤고. 감사는 행복의 재료였다. 감사할 때마다 천국이 이루어졌다.

- 생각마다 감사 감사~ 말마다 감사 감사.
- 보는 것마다 감사 감사~ 듣는 것마다 감사 감사.
- 손길마다 감사 감사~ 걸음마다 감사 감사.
- 일마다 감사 감사~ 때마다 감사 감사.

감사 꽃이 만발했다.
아~ 감사꽃 향이 주님 냄새다.

천국 꽃동산은 감사 꽃이구나.

범사에 감사하게 하소서!

전천후 감사하게 하소서!

감사 향, 내음~~ 찐하다.

음~음~ 나는 예수님의 향기~~~

기다림

- 인생은 기다림이니 감사.
- 기다림으로 서로 만나니 감사.
- 기다림으로 생명이 태어나니 감사.
- 기다림으로 자라나고, 기다림으로 성숙하고,
  기다림으로 인생의 열매를 맺고, 기다림으로 드디어
  사람이 되니 감사.
- 기다림으로 인생의 꽃이 피고,
  기다림으로 인생의 열매 맺고, 기다림으로 인생의 길이 열리고,
  기다림으로 새로운 세계로 나아가게 되니 감사.
- 기다림이 없다면 살아있으나 죽은 것과 같으니,
  인생은 기다리며 사는 것이니 감사.
- 기독교는 기다림의 신앙, 우리는 하나님을 기다리며,
- 주님의 약속을 믿고 기다림이니 감사.

●하나님의 사람들은 한결같이 기다림의 대가들임을 보게 되니 감사.

아브라함은 25년을 기다려 100세에 아들을 얻었고,
요셉은 어둠의 감옥 속에서 13년을 기다려 애굽의 총리가 되었고,
모세는 왕궁에서 40년, 광야에서 40년을 기다려 출애굽의 지도자로 부름 받았고. 욥, 다윗, 다니엘, 이사야, 느헤미아, 하박국, 사도 요한, 바울 등 수 많은 사람들이 기다릴 수 없는 중에 기다려 쓰임 받았다.

●조급함이 망치는 것임을 깨달으니 감사.
●아브라함의 조급함이 불신의 아들 이스마엘을 낳았고,
　인류 역사의 큰 불행이 되어서 거울이 되니 감사.
●조급함이 언제나 교회를 망치고 또 나를 망치고, 일을 망치고,
　하나님의 축복을 망치게 됨을 보니 감사.
●인간에게 큰 죄는 조급함과 게으름이니 다른 모든 죄도
　여기서 다 나오는 것을 깨닫게 하심을 감사.
●기다림은 도리어 성숙하게 만드니 감사.
●인내를 온전히 이루라 하시니 감사.
●이는 구비하여 조금도 부족함이 없게 하려 함이니 감사(약 1:4).
●물론 기다린다고 모든 것이 온전히 되는 것은 아니지만,
　어떤 태도로 기다리느냐가 중요하니 감사.
●무엇보다도 기다림은 믿음, 소망, 사랑 때문이니 감사.
●하나님을 믿고, 사랑하고, 소망하기 때문에 기다리는 것이니 감사.
●믿으면 기다릴 수 있고, 사랑하면 기다릴 수 있으니 감사.

- 소망을 가지면 기다릴 수 있으니 감사.
- 우리는 기다리면서 말씀이 뿌리를 내리게 되니 감사.
- 기다리면서 계속 기도하게 되니 감사.
- 기다리면서 준비하게 되니 감사.
- 기다리면서 실력을 쌓게 되니 감사.
- 기다리면서 믿음이 굳세어지고, 사랑으로 충만해지니 감사.
- 기다리면서 인품이 성숙해지니 감사.
- 기다리면서 좋은 날이 더욱 가까움을 느끼게 되니 감사.
- 기다림이 헛되지 않아 정확한 시간과 포인트에 하나님을 만나게 해주시고, 나로 새 일을 행하게 하심을 감사.
- 시므온은 기다림의 사람, 즉 이스라엘의 위로를 기다리는 자였으니 감사.
- 나라를 빼앗기고 주권을 잃어버린 이스라엘의 위로를 기다리는 자, 곧 그리스도가 오심을 믿고, 기다렸으니 구원을 보게 됨을 감사.
- 그는 의롭고 경건한 사람으로 그리스도를 만나기 위해 하루하루 그에 합당한 삶으로 살았으니 감사.

무엇을 기다리고 있는가?
무엇이 이루어지길 소원하는가?
예수 그리스도가 나에게 오심 이외에,
예수 그리스도가 나와 함께하심 이외에,
무엇이 더 필요한가?

- 예수 그리스도만을 기다려야 하니 감사.
- 예수 그리스도만이 구원이시요, 전부요, 목적이요, 존재 이유이시니 감사.
- 혹시 응답이 더뎌서 답답하고 어려워도 그 사건에도 하나님은 일하고 계시니 감사.
- 시므온같이 그분만 기다리고 기다리며 바랄 때 마침내 구원을 보게 됨을 깨달으니 감사.

제14장

감사를 잃으면 사탄의 밥이다

"그런즉 선 줄로 생각하는 자는 넘어질까 조심하라"(고린도전서 10:12)

 감사를 잃으면 나는 뱀의 밥이 된다.
뱀이 흙을 먹고 살듯이 주님 없는 나는 흙이다.
사탄이 날 먹고 살 수밖에 없다.
나의 체질을 아시는 주님, 이런 나를 위해 십자가 지신 예수, 나에게는 예수 피만 필요하다. 예수 생명만 필요하다. 예수 없는 나는 마귀의 밥이다.
나를 보라. 믿음으로 살기를 수없이 고백하고 다짐하지만 주님 바라보지 않는 순간마다 죄짓고 마귀의 밥인 것을 보라. 원망, 실망, 시기, 질투, 부정, 온갖 죄악이 쓰나미처럼 밀려와 나를 덮친다.

오 주여! 나를 붙드소서.
나를 살리소서. 나를 지키소서.
주님 없이는 살 수 없습니다.
오 주여! 나를 도우소서.
나의 방패가 되시옵소서.
나의 구원이 되시옵소서.

나의 도움이 되시옵소서.

주님 뜻대로 살고 싶습니다.

주님 뜻대로 살기 원합니다.

주님 뜻대로 쓰임 받고 싶습니다.

주님의 기쁨이 되고 싶습니다.

주님께만 쓰임 받고 싶습니다.

마귀에게 쓰임 받기 싫습니다.

주여! 주님이 없으면 나는 흙입니다.

예수로 살고파 탄식합니다. 오 주여! 도우소서.

예수로 살고파 절규합니다. 다른 길은 없습니다.

다시는 마귀로 살기 싫어요.

다시는 멸망 받을 짓 하기 싫어요.

- "선 줄로 생각하는 자는 넘어질까 조심하라"는 말씀이 실감나게 다가오니 감사.
- 나의 부족함과 문제를 볼 때는 긴장하며 기도로 주님을 바라보았는데, 주님과 끊임없는 교통이 이루어졌는데, 지난 월요일 세미나에 갔다 온 후, 은혜를 받았으리라 하고, 방심하고, 긴장이 풀어지며 나태한 나의 모습을 보게 되니 감사.

수·목요일 이틀 동안 말씀도 보지 않고, 쓰지 않고, 기도도 하지 않고, 주님과의 교제와 대화의 시간을 미루고 놓치게 되었다. 그런 나의 성격을 노리고, 이틀 동안 생닭 10마리과 농수산물에서 부식 등을 장만하고 뒷정리하는 데 쉴 틈도 없이 시간이 지나갔다. 바쁜 시간들이었고 피곤했다. 하지만 마음속에선 말씀을 읽어야지, 써야지, 기도해야지 하는 간절함이 있었다.

밤중이 되도록 일은 끝이 안 나고, 또 말씀 쓰고, 기도하고자 하면 너무 피곤해서 할 수가 없었다. 온통 육의 일로 쫓겨 다니며 보냈다. 아닌 게 아니라 나는 신경을 곤두세우고, 이해할 것도 고함을 치고, 순간순간 혈기를 부렸다. 또 불평을 하며 나도, 온 가족도, 자녀도 힘들게 했다. '기도의 줄을 놓치고 있으니 어둠의 지배로 저러는구나' 깨달으며 부인하는 기도와 시인하는 기도를 해야겠다 하면서도 내 자신이 너무 속상했다.

그렇게 혈기가 다스려지지 않을까. 분쟁, 불평, 죄… 세미나를 그렇게 다녀도 변화되지 않는 부분들을 볼 때 실망과 낙심과 속상함으로 부정적인 생각에 한참동안 사로잡혔던 나를 보게 되니 감사했다.

수도꼭지가 물이 잠겨지지 않으면서 계속 돌아가는 모습을 보며, '고쳐야겠구나. 이것 때문에 힘들었겠구나' 하는 섬기고자 하는 마음보다 보는 순간 탓하고 불평만 했다.

상대방을 좀 편하게 해주려고 하지 않고, 무엇이 고장이 나든 문제가 생기면 상대방을 원망하고 탓하고 야단만 쳤다.

배즙 달이는 것도, 일찍 깨워주어도 자기가 못했으면 자기 실수로 부족을 느끼고 맛이 별로 좋지 않아도 "그래도 먹자" 해야 할 텐데, 자기를 깨워주든지 물어보고 가서 안 하고, 색깔도 찐하고, 태웠고, 맛이 없다고 성질을 부리며 탓을 했다.

그 인격과 성품이 자신도 불행하고, 다른 사람을 얼마나 힘들게 하고 불행하게 하는지를 모르고 있다. 하나님 앞에 순종하며 부인과 시인하는 노력을 하는 것을 보여주면 좋겠는데, 영적인 욕심도 없고, 이래서는 안 되겠다고 하고 하나님께 매달리는 것도 없고, 신앙생활도 마지못해 하는 것 같고, 끌려 다니는 것같이 하는 것을 볼 때 너무 안타깝고 속상했다.
영적으로 회복되어야 하나님의 통치가 나타날 것인데 언제까지 기다려야 하는지⋯ 온 가족을 언제까지 이렇게 힘들게 할 것인지⋯.

"너희 안에서 행하시는 이는 하나님이시니 자기의 기쁘신 뜻을 위하여 너희에게 소원을 두고 행하게 하시나니"(빌 2:13).
"모든 일을 원망과 시비가 없이 하라"(빌 2:14).

죄가 있으면 아간을 죽일 수 없다. 아간이 있으면 아이 성(사탄)을 이길 수 없다.
죄는 불의(하나님은 의로운데 의롭게 살지 않는 것), 불선(선을 알고도 행치 않는 것), 불법(하나님의 법대로 살지 않는 것), 불신(믿음으로 행치 않는것. 믿음으로 살지 않는 것)이다.

- 아이 성이 내 안에 있음을 보게 되니 감사.
- 이 아이 성이 예배를, 축복을, 응답을, 기적을 가로막고 있고, 또 남편의 축복과 응답과 앞길과 얼굴에 먹칠하고 있음을 깨달으니 감사.
- 내 안에 있는 아이 성 때문에 가정, 교회의 축복, 응답, 앞길을 가로막고 있음을 보게 되니 감사.

- 이 아이 성은 전면전이 아닌 매복전으로, 지혜로 싸우는 것이니 감사.
- "조용히 들리는 지혜자들의 말들이 우매한 자들을 다스리는 자의 호령보다 나으니라 지혜가 무기보다 나으니라"(전 9:17-18) 하시니 감사.
- 매복전은 싸우지 않고 이기는 기도. 십자가 밑에서 죽는 기도. 나는 죽고, 예수님으로 싸우게 하시는 기도. 성령 안에서 24시간 깨어 기도하라 하시니 감사.
- 기도 이만 하면 됐다 하고 자만하면 안 된다고 경고하시니 감사.
- 아이 성 같은 작은 것도 절대 방심하면 안 된다고 경고하시니 감사.
- 내 안에 끝없이 올라오는 옛사람인 마귀는 말씀으로 생포해서 예수 앞에 끌고 와야 한다고 명령하시니 감사.
- 예수 이름으로 생포해서 다시는 발작 못하도록 사랑의 줄로 꽁꽁 묶어라 하시니 감사.

- 사랑, 감사, 용서, 은혜, 평안으로 육의 소욕과 옛사람을 잡는 것이니 감사. ●성령의 소욕을 좇는 자는 육체의 욕심을 이루지 아니하니 감사. ●영은 살리고, 마귀는 묶게 하시니 감사. ●감사 충만과 성령 충만으로 하나님을 영화롭게 하는 최고 재산이니 감사. ●감사는 천국 가는 연습이요, 불평은 지옥 가는 연습이니 감사. ●감사는 하늘 문을 여는 열쇠요, 천국 문을 여는 열쇠요, 행복 문을 여는 열쇠요, 축복을 지키는 열쇠이니 감사.
- 은혜를 감사치 않으면 찢어버린다고 경고하셨으니 감사(시 50:22).
- 감사치 않으면 가정을 사명을 심령을 축복을 찢어버리신다고 하셨

으니, 오늘까지 모든 것이 하나님의 은혜인데 감사치 않은 것은 용서하시니 감사. ●감사 돌맹이 맞으면 마귀가 모두 도망을 가되 줄행랑을 치니 감사.
- ●감사는 신앙선포이니 감사.
- ●감사는 하나님을 아는 참 지혜이니 감사.
- ●감사는 마귀 독의 해독제이니 감사.
- ●모든 일에 감사하면 형통케 되니 감사.
- ●감사를 잃어버리면 교만하게 되고 패망하게 되지만, 감사하면 죽음 직전에서도 건져 주시니 감사.
- ●겸손한 자만 감사할 수 있고, 감사가 없을 때 인생에 형벌이 찾아옴을 깨달으니 감사. ●하나님의 뜻은 항상 감사. 범사에 감사. ●쉬지 않고 감사하는 것이니 감사. ●감사하면 기쁨은 자동 따라오니 감사. ●승리도 자동 따라오니 감사.

예수님이 있음으로 나도 있고

너 괴로워하는 모습,
너 힘들어 하는 모습,
너 못 맡기고 무거워하는 모습,
너 낙심하는 모습,
너 불안해하는 모습,

너 미워하는 모습.

너 찬양을 잃어버린 모습,

너 기도를 잃어버린 모습.

너 감사를 잃어버린 모습 보니

주께서 나를 보며 내가 억울하다! 내가 괴롭다! 내가 안타깝다!… 얼른 돌아오라고 간절히 부르시는 주님의 음성, 방황치 말고 오라 아 아…(찬 528)

- 예수는 나의 구주, 나의생명, 나의 산성, 나의 요새, 나의 소망, 나의 목적, 나의 힘, 나의 방패, 나의 존재 이유, 나의 모든 것이 되시니 너무너무 감사.
- 나의 모든 것을 받아 주시니 감사.
- 어느 누구도 나의 짐을 받아 줄 수 없음을 감사.
- 어느 누구도 너의 짐을 내게 가지고 오라고 하는 자 아무도 없으니 감사.
- 어느 누구도 나를 해결해 줄 자 없으니 감사.
- 어느 누구도 너의 그 모든 것 내가 대신 싸워주겠다 하는 자 없으니 감사.
- 어느 누구도 나의 마음 알아주는 자 없으니 감사.
- 어느 누구도 찢어진 나의 마음을 감싸 주는 자 없으니 감사.
- 어느 누구도 나를 위로할 자 없으니 감사.
- 어느 누구도 내 대신 살아줄 자 없으니 감사.
- 어느 누구도 나의 힘이 되지 못함을 감사.
- 어느 누구도 나의 방패가 되지 못함을 감사.

- 어느 누구도 의지할 대상이 못됨을 감사.
- 어느 누구도 나의 친구가 되지 못함을 감사.
- 어느 누구에게도 도움을 구해볼 수 없으니 감사.
- 어느 누구도 나의 도움이 안 되니 감사.

예수님은 하나님이시고 왕이신데 이 땅에서 태어나 자랄 때도 나의 모든 것을 담당하시기 위해 연한 순 같고, 마른 땅에서 나온 줄기 같아 고운 모양도 없고, 풍채도 없고, 보기에 흠모할 만한 아름다운 것이 없었다.
나의 약함을 담당하기 위해 궁궐에 살지 않았다. 잘 먹고, 잘 입고, 잘 배우고 하지 않았다.
예수님은 나의 멸시를 담당하시기 위해 멸시를 받아서 사람에게 싫어 버린바 되었으며, 나의 간고를 담당하시기 위해 간고를 많이 겪었으며, 질고를 지고 나의 슬픔을 당하였거늘….

예수님이 찔림은 나의 허물을 일함이요,
예수님이 상함은 나의 죄악을 인함이다.
예수님이 징계를 받음으로 내가 평화를 누리고,
예수님이 채찍에 맞음으로 내가 나음을 입었다.
나는 양 같아서 그릇 행하여 내 멋대로 갔거늘, 여호와 하나님께서는 나의 죄악을 예수님에게 담당시키셨다.

- 이 하나님의 깊은 사랑을 깨닫지 못하니 예수님의 십자가 사건은 별 관심도 없고, 예수님의 고난과 십자가 형벌이 나에게 상관없는 것같이,

이론은 알지만 자신이 예수 그리스도의 십자가 원수로 행하고 있음을 나에게 닥친 고난을 통해서 깨달으니 감사.
- 나의 모든 것을 예수님의 십자가에서 모두 이루었는데,
- 나는 지금 매우 힘들어하고 있음을 보게 되니 감사.
- 맡기지 못하고, 불안해하고, 답답해하고, 불평하는 나의 마음을 보게 되니 감사.
- 남편에 대해 기다리지 못하고, 조급한 마음으로 불안하고, 답답하고, 불평하는 또 낙심하는 부정적으로 생각하며 곤고한 나의 모습을 보게 되니 감사.
- 율법의 눈으로 보고 있으니 정죄하고, 판단하고, 지적하고, 낙심하고, 미워하는 나의 모습이 드러나고 보게 되니 감사.
- 하나님께 맡기지 못하고 혹시 시험들까 봐 은혜 못 받을까 봐 불안해하며 두려워하는 모습을 보게 되니 감사.
- 평소 때 "부정적인 말, 은혜를 막는 말, 앞길을 막는 말, 죄짓는 말, 앞으로 나아가는 길을 하나님 앞에서 막는 말 할까 봐 미워하고 싫어하고, 불안해하고, 두려워하고, 이런 사람을 안 만났으면 또 안 찾아왔으면 하는 마음이 간절함을 보게 됨을 감사.
- 또 안 왔으면 하는 은근한 마음이 간절함을 보게 되니 감사.
- 혈기 부리고, 고함치고, 난리칠까 봐 안 오면 다행이다 잘됐다 하고 안심하는 나를 보게 되니 감사.

어떤 권사님이 떨어지고 못 입는 옷, 그릇, 신발을 가득 가지고 왔다. 다시 모두 골라 정리하니 쓸 만한 것이 없었다. 모두 버려야 하는 것이었다. 찜

질 장판을 빌려주는데 꼭 빌려와야만 하는지, 어떤 집사님은 매일 부식을 타와서 가지고 가라 하니 매일 올라가서 가져와야 하는지….
사람 보기에 너무 못살고, 가난하고, 형편없어 보여 동정받는 나사로처럼 쓰다버린, 또 쓰다 남은 부스러기를 계속 받아야만 하는지, 답답하고, 곤고해하는 나의 모습을 보게 되었는데, 그 일도 감사했다.

● 아침 드라마 안 봐야지 하면서도 매일 보는 나의 모습을 보게 되니 감사. ● 조금이라도 방심하고 기도하기를 쉬는 죄를 범하면 당장 나타나는 반응. 언제까지 마음 졸이면서 살아야 하는지. 이런 나를 예수 그리스도의 십자가 앞에 모두 내어 놓으니 감사.
● 어제도 오늘도 지금 이순간도 "너의 짐 모두 내게 다오" 손짓하는 예수님 모습 바라보니 감사.

주님 함께하지 아니하면 나는 숨도 쉴 수 없다.
내 안에 주님만 계신다. 임마누엘의 주님을 찬양한다.
나는 벌레요, 구더기 같은 자이다.
내 안에 주님이 안 계시면 나는 구더기보다 더러운 자이다.
주님 안 계시면 순식간에 부패하고, 썩어버리고, 냄새나고, 벌레 같고, 구더기 같은 존재이다. 연약하여 쉴 새 없이 마음속에서 올라오는 옛사람, 나의 의, 율법의 소욕, 교만, 죄, 육의 사람, 악한 정욕, 욕심, 온갖 죄악 등 이런 나를 살리시기 위해 내 안에 와 계신 주님을 찬양한다.
빛으로 오신 주님을 찬양한다.
나는 막대기 같은 자. 티끌과 같은 자이다.

이런 나를 사랑하셔서 찾아오신 주님을 찬양한다.

이런 나에게 찾아오셔서 특별히 사랑하시고,

돌보시는 하나님의 은총을 찬양한다.

주님 함께하지 않으면 죽은 개와 같고, 구더기요, 벌레 같은 나. 막대기요.

티끌 같은 나이지만. 내 안에 주님 좌정하시니 나는 껍데기요. 주님만이 나의 알맹이요 내용이 되시니 감사하다.

내 중심에 좌정하사 나를 통치하여 주님 나라 이루소서.

나를 통해 오직 주님만이 영광 받으소서.

●내 삶을 통해 주님 뜻 이루어지니 감사. ●내 삶을 통해 주님 목적 이루어지니 감사. ●내 삶을 통해 주님만 존귀케 되니 감사. ●내 삶을 통해 주님의 향기만 나타나게 하시니 감사. ●내 삶 통해 주님 흔적만 남기게 하시니 감사. ●내 삶 통해 주님의 편지 되게 하시니 감사. ●내 삶을 주님의 일꾼으로 써 주시니 감사. ●내 삶을 주님 기쁨 되게 하시니 감사. ●내 삶 통해 주님 나라 내 안에 건설되게 하시니 감사.

●주님은 나의 존재 이유가 되시고, 주님은 나의 목적이 되시고, 영광이 되시고, 전부가 되시니 오직 나를 통해 주님 영광만 나타내시니 감사.

나는 껍데기이다. 나의 알맹이가 되시고 내용이 되신 예수님은 사랑이시다. 주님은 나의 빛이시다. 생명이시다. 이 존귀한 내용을 담은 그릇이 되었으니 나는 주님 때문에 빛이 난다. 존귀한 자가 되었다. 행복하다. 수많은 창조물 중에 사람으로 창조되었음을 너무나 감사드린다. 주님께 영광!

"예수님은 나의 보호자" 나를 위해 죽으시고, 내 안에 계셔 나와 함께 사신다.

예수님이 있음으로 나도 있습니다.
예수님이 있음으로 나는 예수님께 꼭 필요한 자가 되었습니다.
예수님이 있음으로 나는 귀중한 자가 되었습니다.
예수님이 있음으로 나는 존귀한 자가 되었습니다.
예수님이 있음으로 나는 사랑받는 자가 되었습니다.
예수님이 있음으로 나는 행복한 자가 되었습니다.
예수님이 있음으로 나는 사명이 있습니다.
예수님이 있음으로 나는 일하는 자가 되었습니다
예수님이 있음으로 나는 혼자가 아닙니다.
예수님이 있음으로 나는 약한 자가 아닙니다.
예수님이 있음으로 나는 가정이 있습니다.
예수님이 있음으로 나는 가족이 있습니다.
예수님이 있음으로 나는 남편이 있습니다.
예수님이 있음으로 나는 교회가 있습니다.
예수님이 있음으로 나는 자녀가 있습니다.
예수님이 있음으로 나는 오늘이 있습니다.
예수님이 있음으로 나는 내일이 있습니다.
예수님이 있음으로 낮이 있습니다.
예수님이 있음으로 밤이 있습니다.
예수님이 있음으로 하늘이 있습니다.

예수님이 있음으로 공기가 있습니다.
예수님이 있음으로 바다가 있습니다.
예수님이 있음으로 물이 있습니다.
예수님이 있음으로 사계절이 있습니다.
예수님이 있음으로 일터가 있습니다.
예수님이 있음으로 축복이 있습니다.
예수님이 있음으로 우주가 있습니다.
예수님이 있음으로 지구가 있습니다.
예수님이 있음으로 구원이 있습니다.
예수님이 있음으로 사랑이 있습니다.
예수님이 있음으로 은혜가 있습니다.
예수님이 있음으로 은총이 있습니다.
예수님이 있음으로 부모가 있습니다.
예수님이 있음으로 형제가 있습니다.
예수님이 있음으로 기도가 있습니다.
예수님이 있음으로 응답이 있습니다.

나는 주님 때문에 존재한다. 나는 주님 것이다.
주님 영광을 위해 주님의 목적을 위해 나를 마음껏 사용하소서!
내 모든 것 주의 것이오니 주님 받으시고 사용하소서!

예수님이 없는 오늘은 아무것도 아닙니다.
예수님이 없는 나 아무것도 아닙니다.

예수님이 없는 사명은 아무것도 아닙니다.

예수님이 없는 아내 아무것도 아닙니다.

예수님이 없는 목회 아무것도 아닙니다.

예수님이 없는 엄마 아무것도 아닙니다.

예수님이 없는 사모 아무것도 아닙니다.

"예수님이 있으므로 나도 있고, 예수님이 없으면 나도 없다."

예수님이 있으므로 차도 있고, 예수님이 있으므로 돈도 있고.

오직 나의 모든 것은 예수님의 것이다.

예수님 때문에 존재한다. 주님께 영광!

주님 나와 함께하지 아니하면 나는 지렁이와 같다.

나는 죽은 개와 같다.

아무것도 할 수 없다.

아무것도 아니다.

아무것도 없다.

주님이 함께하지 않으면 존재 이유가 없고, 존재 목적도 없고, 사랑도 없고, 능력도 없다.

나는 사람 구실도 못한다.

예수님은 나의 전부, 오직 예수로 살래요

●믿고 구한 것은 받은 줄 믿으라 하시니 감사. ●예수님 때문에 나는 육의 말하는 자가 아니니 감사. ●땅의 것 말하는 자가 아니니 감사. ●복음 아닌 다른 것으로 대답하고 말하는 자가 아니니 감사. ●오직 영의 생각, 영의 말, 생명의 말 하는 자가 되었으니 너무너무 감사. ●복음을 위해 땅의 지식, 상식, 경험, 체험을 모두 배설물로 여기라 하셨는데 배설물로 여겼음을 감사.

나는 그 어느 것도 이길 힘이 없다. 순종할 힘도 없다. 결단할 힘도 없다. 끊을 힘도 없다.
우리의 죄악, 허물, 질병, 저주, 가난, 율법, 나의 의, 고집, 옛사람, 육의 사람, 교만, 불순종, 악한 영, 사탄의 통치도 이길 힘이 없다.
우리의 모든 것을 담당하시고 이루신 주님의 십자가를 바라본다. 주님을 의지한다. 이 모든 무거운 짐을 십자가 앞에 내려놓는다. 받아 주시니 감사하다. 해결해 주시니 감사하다.

●예수님 때문에 나는 죄의 종이 아니니 감사. ●의의 종이 되었으니 감사. ●사탄의 통치를 받는 자가 아니니 감사. ●예수님의 통치를 받는 자 되었으니 너무너무 감사. ●예수 때문에 육의 사람이 아니니 감사. ●의의 사람이 되었으니 감사. ●옛사람이 아니니 감사. ●새사람

이 되었으니 감사. ●어둠이 아니니 감사. ●빛이 되었으니 감사. ●회개치 않은 자가 아니니 감사. ●깊은 통회가 있으니 감사. ●눈물의 생수가 콸콸콸 터지니 감사. ●생명의 생수, 사랑의 생수, 말씀의 생수, 긍휼의 생수, 찬양의 생수, 감사의 생수, 믿음의 생수, 기도의 생수, 축복의 생수가 콸콸콸 터지니 감사. ●단번에 이루신 주님께 영광, 찬송. ●예수님 때문에 육의 일을 배설물로 여겼으니 감사. ●날마다 시간마다 분초마다 말씀의 생명수가 콸콸콸 차고 넘치니 감사. ●예수님 때문에 인본주의 지혜를 배설물로 여겼으니 감사. ●예수님 때문에 TV, 컴퓨터, 휴대폰을 배설물로 여겼으니 감사. ●예수님 때문에 온갖 세상적인 것을 배설물로 여겼으니 감사. ●육의 욕구인 쾌락을 배설물로 여겼으니 감사. ●영의 사람으로 충만하니 감사. ●생명의 사람으로 채워지니 너무너무 감사.

"예수님은 나의 존재 이유가 되십니다."

예수님이 있음으로 내가 있습니다.
예수님이 있음으로 호흡이 있습니다.
예수님이 있음으로 건강도 있습니다.
예수님이 있음으로 내 눈이 있습니다.
예수님이 있음으로 내 코가 있습니다.
예수님이 있음으로 내 팔이 있습니다.
예수님이 있음으로 내 마음이 있습니다.
예수님이 있음으로 내 손이 있습니다.

예수님이 있음으로 내 귀가 있습니다.
예수님이 있음으로 내 입이 있습니다.
예수님이 있음으로 내 발과 다리가 있습니다.

은혜의 말, 축복의 말, 은혜와 덕과 유익을 끼치는 말, 세우는 말,
위로의 말, 생명의 말, 살리는 말하는 자들을 만날지어다!
이런 자들과 교제할지어다!
예수님 때문에 은혜를 사모하는 강하고 담대한 자가 될지어다!
주일 밤에 컴퓨터로, TV로, 잠 못 자게 유혹하는 사탄의 모든 세력은
묶임 받고 떠나갈지어다!
밤에 잠 못 이루고 예배시간에 피곤과 졸음을 주는 사탄 마귀는
모두 묶임 받고 떠나갈지어다!
그 세력의 모든 계략과 계획도 모두 파하노라!
전혀 상관이 없음을 선포하노라!
졸음이 올까 염려를 주고 불안함을 주는 사탄 마귀도 묶임을 받고,
떠나갈지어다!
전혀 상관없음을 선포하노라!
목사님에 대해 섭섭함을 주는 악한 영도, 반항하는 영도, 또 설교를 통해
맞을까 불안함을 주는 영도, 맞았을 때 자존심도,
부정적으로 바라보게 하는 영도, 목사님을 통해 은혜 못 받게 하는
악한 영은 모두 묶임 받고 떠나갈지어다!.

● 그 모든 계략과 계획도 모두 파하노라. 이것이 나와는 전혀 상관없으

니 감사. ●물질이 없어서 은혜의 자리 못 가게 하는 영도, 몸을 아프게 해서 못 가게 하는 영도 모두 묶임 받고 떠나갈지어다. 나와는 전혀 상관이 없음을 감사.
●환경을 통해 방해하는 그 어떤 세력도 모두 묶임 받고 떠나갈지어다. 이것이 나와는 전혀 상관이 없음을 감사.
●예수님 때문에 뜨거운 마음을 주신 것 감사. ●주님의 치료의 손길을 기다리는 간절한 마음을 주신 것 감사. ●꼭 집회 가겠다는 뜨거운 마음을 주신 것 감사. ●항상 생명으로 채워져 있겠다는 간절한 마음을 주신 것 감사.

그 마음과 생각과 행동을 온전히 주님이 통치하셔서 예배를 통해
주님 만나게 인도하심을 감사하며, 천군천사는 나에게 동원되고,
불말과 불병거로 호의하고 승리케 하신 주님을 찬양한다.
예수님 때문에 넉넉히 이김을 주신 주님을 찬양한다.
형통케 인도하신 주님을 찬양한다.
예비하신 은혜와 복으로 충만케 인도하신 주님께 감사드린다.
이 고비를 뛰어넘게 하신 주님께 찬양, 감사, 영광 돌린다.
시간 시간 말씀을 통한 강력한 기름 부음을 주신 주님께
감사, 찬양, 영광 돌린다.
깊은 회개의 영으로 눈물의 생수가 콸콸콸 터지게 하심을
감사, 찬양, 경배, 영광 돌린다.
하나님께 맡기는 자 되었으니 너무너무 감사하고 은혜를
더 간절히 사모하는 자 되었으니 너무너무 감사하다.

은혜받는 일보다 다른 일에 치우치게 하는 악한 영도
모두 묶임 받고 떠나갈지어다!
육의 일 생각하고, 육의 일 말하게 하고, 땅의 것 말하게 하는 악한 영은
모두 묶임 받고 떠나갈지어다!

- 예수님 때문에 나는 알곡신앙이 되었으니 너무너무 감사.
- 성령 세례 받은 영혼이 되었으니 너무너무 감사.
- 죽음을 각오한 영혼이 되었으니 너무너무 감사.
- 천국을 침노하는 영혼이 되었으니 너무너무 감사.
- 복음을 받아들인 영혼이 되었으니 너무너무 감사.
- 성령 충만한 영혼이 되었으니 너무너무 감사.
- 좋은 땅과 같은 영혼이 되었으니 너무너무 감사.
- 좋은 고기와 같은 영혼이 되었으니 너무너무 감사.
- 좋은 보화를 소유한 영혼이 되었으니 너무너무 감사.
- 죄를 탕감받았던 영혼이 되었으니 너무너무 감사.
- 어린아이와 같은 영혼이 되었으니 너무너무 감사.
- 사랑을 실천하는 영혼이 되었으니 너무너무 감사.
- 자비로운 영혼이 되었으니 너무너무 감사.
- 기름을 준비하는 영혼이 되었으니 너무너무 감사.
- 직분에 충성하는 영혼이 되었으니 너무너무 감사.
- 오른편에 속한 영혼이 되었으니 너무너무 감사.
- 회개한 영혼이 되었으니 너무너무 감사.
- 십자가를 지는 영혼이 되었으니 너무너무 감사.

- 생명책에 녹명된 영혼이 되었으니 너무너무 감사.
- 새 계명을 준행한 영혼이 되었으니 너무너무 감사.
- 세리와 같은 영혼이 되었으니 너무너무 감사.
- 세리장과 같은 영혼이 되었으니 너무너무 감사.
- 생수가 솟아난 영혼이 되었으니 너무너무 감사.
- 빛 안에 거한 영혼이 되었으니 너무너무 감사.
- 양문을 통과한 영혼이 되었으니 너무너무 감사.
- 부활을 믿는 영혼이 되었으니 너무너무 감사.
- 향유를 부었던 영혼이 되었으니 너무너무 감사.
- 예수님 때문에 나에게 사탄의 통치는 없으니 감사.
- 예수님 통치만 있으니 너무너무 감사.

- 예수님 때문에 나에게 예수 생명만 있으니 너무너무 감사.
- 예수님 때문에 나에게 자존심, 시기심, 이기심, 질투심은 없으니 감사하고, 예수 생명, 예수 사랑만 있으니 너무너무 감사.
- 예수님 때문에 나는 사탄의 유혹 받는 자 아니니 감사.
- 어둠은 상관없으니 감사.
- 예수님 때문에 나는 시험 드는 자가 아니니 감사.
- 예수님 아닌 다른 것을 의지하는 자가 아니니 감사.
- 예수님만 의지하는 자가 되었으니 감사.
- 주님을 갈망하는 자 되었으니 감사.
- 주님을 간절히 찾는 자 되었으니 감사.
- 주님을 간절히 사모하는 자 되었으니 감사.

● 예수 생명, 예수 사랑을 갈망하고, 사모하는 자 되었으니 감사.
● 다가오는 세미나에 가게 되니 감사.

마음과 생각 속에 가지 못하게 방해하는 세력은 묶임 받고
모두 떠나갈지어다.
못 갈까 염려를 주고, 불안함을 주는 악한 영은
모두 묶임 받고 떠나갈 지어다.
말씀 시간에 졸음을 주는 악한 영도 모두 묶임 받고 떠나갈지어다.
물질로, 환경을 통해 방해하는 세력도 모두 묶임 받고 떠나갈지어다.
시험에 들게 하고, 시험 드는 소리, 부정적인 소리 하고, 육의 소리 하고,
불평하고, 비판하고, 수군수군하는 자는 나에게 얼씬도 못하고,
묶임 받고 모두 떠나갈지어다.
나와 전혀 상관이 없음을 선포하노라.
그런 어둠의 세력의 계략을 모두 파하노라.
훼파하노라. 분산되어 가루가 될지어다!

● 예수님 때문에 육을 위해 생활하는 자가 아니니 감사. ● 영을 위해 생활하는 자 되었으니 감사. ● 육신의 생각대로 사는 자가 아니니 감사. ● 영의 생각대로 사는 자 되었으니 감사. ● 죄 속에서 생활하는 자가 아니니 감사. ● 은혜 가운데 생활하는 자 되었으니 감사. ● 죄의 고통에서 생활하는 자가 아니니 감사. ● 죄 사함 받고 승리하는 삶이 되었으니 감사. ● 육체로 썩어질 것을 심는 자가 아니니 감사. ● 성령으로 심어 영생을 거둔 자 되었으니 감사. ● 육신의 평안 속에 사는 자가

아니니 감사. ●영적 평안 속에 사는 자 되었으니 감사. ●썩은 양식을 구하는 자가 아니니 감사. ●영적 양식을 구하는 자 되었으니 감사. ●땅의 것을 구하는 자가 아니니 감사. ●하늘의 것을 구하는 자 되었으니 감사. ●대접을 받으려 하는 자가 아니니 감사. ●남을 위해 희생하고 섬기는 자 되었으니 감사. ●세상 부자 되려 하는 자가 아니니 감사. ●믿음의 부자가 되려고 하는 자 되었으니 감사. ●세상의 영광을 구하는 자가 아니니 감사. ●하늘의 상급과 영광을 구하는 자 되었으니 감사. ●육의 더러운 생활하는 자가 아니니 감사. ●영을 깨끗하게 하는 생활이 되었으니 감사. ●육신의 일을 드러나기 원하는 자가 아니니 감사. ●숨은 봉사하기 원하는 자 되었으니 감사. ●근심, 걱정, 염려 속에 생활하는 자가 아니니 감사. ●영적 평화, 기쁨, 즐거움 속에 생활하는 자 되었으니 감사. ●죄와 마귀, 귀신의 인도 받는 자가 아니니 감사. ●성령님과 천사들의 인도를 받는 자 되었으니 감사. ●육신의 마음, 강퍅한 성품이 아니니 감사. ●온유하고 겸손한 성품이 되었으니 감사. ●육신의 향락과 즐거움을 찾는 자가 아니니 감사. ●영적 만족과 즐거움을 찾는 자 되었으니 감사.

●죄에 순종하고 육욕에 순종하는 자가 아니니 감사. ●의의 말씀에 순종하는 자 되었으니 감사. ●죄의 강포가 충만한 생활이 전혀 아니니 감사. ●성령 충만, 생명 충만한 자 되었으니 감사. ●세상과 하나님을 같이 섬기는 자가 아니니 감사. ●하나님만 섬기는 자가 되었으니 감사. ●돈과 하나님을 겸하여 섬기는 자가 아니니 감사. ●하나님만 섬기는 자, 온전히 십일조하는 자 되었으니 감사. ●예수 때문에 나는 천

국을 소유한 심령이 되었으니 감사. ●심령이 가난한 자, 애통한 심령, 온유한 심령, 의에 주린 심령, 긍휼히 여기는 심령, 마음이 청결한 심령, 화평한 심령, 핍박받는 자가 되었으니 너무너무 감사. ●예수 때문에 소금 같은 심령이 되었으니 너무너무 감사. ●등불 준비한 영혼이 되었으니 감사. ●좁은 길을 택한 영혼이 되었으니 감사. ●자비를 베푸는 심령, 숨은 봉사하는 심령, 말씀에 순종하는 영혼, 은밀한 기도 응답받는 영혼, 하나님께 합당한 금식 기도 드리는 영혼, 보물을 하늘에 쌓아두는 영혼, 일편단심 그 나라와 그의 의를 구하는 심령, 내 눈 속에 자기 들보를 발견하는 겸손한 영혼, 율법을 이루신 예수님의 의와 맹세를 지킨 심령이 되었으니 너무너무 감사.

●증거의 말씀을 준행하는 자가 되어 풍성한 은혜 가운데 사는 자가 되었으니 감사. ●말씀 듣는 시간에 하나님의 음성으로 들려지도록 은혜 부어 주시니 너무너무 감사. ●말씀 아래 거하는 자 되었으니 감사. 열린 귀가 되었으니 너무너무 감사. ●하나님의 말씀을 듣고 좇는 반석 위에 지은 집이 되었으니 감사. ●뿌리가 없으면 하나님의 음성을 듣지 못함을 깨달으니 감사. ●하나님의 말씀이 내 심령에 풍성히 거하게 되었음을 감사. ●예수님 때문에 증거의 말씀을 좇는 자로 은혜를 맛보며 사는 자가 되었으니 너무너무 감사. ●뿌리도 없이 방향도 없이 헤매는 자가 아니니 감사. ●수고하고 주린 자가 아니니 감사. ●기쁨이 없는 자가 아니니 감사. ●흔들리지 않고 감사와 찬송하는 자 되었으니 감사. ●실망해서 넘어지는 자가 아니니 감사. ●예수님 때문에 생명의 은혜가 이루어진 자로 곤고하지 않게 하셨으니 감사. ●세상 풍조에 흔

들리지 않고 감사와 찬송하는 자가 되었으니 감사. ●예수님 때문에 준비된 자가 되었으니 감사. ●받아 누리는 자가 되었으니 감사. ●예수님 때문에 인간의 실패가 이루어졌으니 감사. ●예수님 때문에 하나님의 성공이 나에게 이루어졌으니 감사.

●말씀의 증거가 내 삶에 날마다 시간마다 분초마다 영원토록 나타나는 자 되었으니 감사. ●날마다 평강과 축복의 사람이 되었으니 감사. ●성령으로 반응하면 생명의 씨앗이 심어지니 감사. ●마귀 것으로 반응하면 사망의 씨앗이 심겨지니, 이때까지 마귀 것으로 반응해서 사망의 씨를 뿌린 죄를 용서하시니 감사. ●구원받지 못하게 하는 장애물은 나와 상관없으니 감사. ●예수님 때문에 쾌락 사랑하는 자가 아니니 감사. ●안목이 어두워지는 자가 아니니 감사. ●지성이 무지한 자가 아니니 감사. ●결단을 지연하는 자가 아니니 감사. ●하나님만을 사랑하는 자, 영의 눈이 열린 자, 생명의 말씀을 깨달은 대로 즉시 순종하는 자, 깨달아 아는 자가 되었으니 감사.
●말씀을 받아 결실치 못하는 자가 아니니 감사. ●세상 염려와 유혹에 빠진 자가 아니니 감사. ●방탕과 향락에 빠진 자가 아니니 감사. ●육적인 욕구에 따라 행하는 자가 아니니 감사. ●어둠의 일에 참예하는 자가 아니니 감사. ●힘써 노력하지 않는 자가 아니니 감사. ●예수님 때문에 육에 속한 자가 아니니 감사. ●영이 어린 자가 아니니 감사. ●예수님 때문에 영에 속한 사람, 영이 날마다 시간마다 분초마다 쑥쑥 성장하는 자가 되었으니 감사.

●사모하는 자에게 만족하게 하시는 주님이 기도의 영으로, 간구의 영으로, 통회하는 영으로 충만하게 부으시고 통치하시니 너무너무 너무너무 감사. ●평강이 샘솟듯 솟아나게 됨을 감사. 참임마누엘의 증거가 있음을 너무 감사. ●예수님 때문에 환경 바라보는 자가 아니니 너무너무 감사. ●문제 바라보는 자가 아니니 감사. ●육의 방법 바라보는 자가 아니니 너무너무 감사. ●세상 바라보는 자가 아니니 너무너무 감사. ●임마누엘을 사모하는 자, 하나님의 약속을 바라보는 자가 되었으니 너무너무 감사. ●세상 힘을 의지하는 자가 전혀 아니니 너무너무 감사. ●그래서 거치는 돌이 되지 아니하였음을 너무너무 감사. ●넘어지는 자가 아니니 너무너무 감사. ●세상을 의지하는 자가 아니니 너무너무 감사. ●올무가 되고 함정이 되는 일이 전혀 없으니 너무너무 감사.

●하나님의 약속을 믿는 자 되었으니 너무너무 감사. ●아브라함처럼 바랄 수 없는 중에 바라고, 믿음이 약해지지 않고, 의심하는 믿음의 사람이 아니니 너무너무 감사. ●아브라함같이 약속을 믿는 자, 아브라함의 후손이 되었으니 너무너무 감사. ●하나님의 약속은 믿을 때 이루어지니 예수님 때문에 약속을 믿는 자가 되었으니 너무너무 감사. ●명령은 순종할 때 이루어지니 하나님의 명령에 순종하는 자 되었으니 너무너무 감사. ●증거의 말씀을 좇는 자 되었으니 너무너무 감사. ●증거의 말씀은 하나님이 어떤 분이신지 말하여 주시니 감사.
●전능하신 하나님이 나의 하나님이시니 감사. ●능력이 많으신 분이 나의 하나님이시니 감사. ●사랑이신 하나님이 나의 하나님이시니 감

사. ●신실하신 하나님이 나의 하나님이시니 감사. ●죄를 미워하는 하나님, 예배를 받으시기 원하는 하나님이 나의 하나님이시니 감사. ●나에게 복을 주시기 원하는 하나님이 나의 하나님이시니 감사.

●또 말씀은 율법의 증거가 있으니 감사. ●율법은 사랑의 울타리이니 감사. ●사랑하라 할 때 사랑하면 미움이 없어지니 감사. ●사랑하라 할 때 불순종하면 증거가 안 나타남을 깨닫게 하심을 감사. ●말씀은 내 삶의 뿌리가 되니 감사. ●말씀은 내 삶에 근원이 됨을 감사. ●뿌리가 건강치 못하면 부실한 나무로 병들고, 열매도 부실하고 떨어짐을 깨닫게 하심을 감사. ●뿌리가 건강하면 올해도, 내년에도 풍성한 열매가 맺히듯, 예수님 때문에 말씀의 뿌리가 병든 자가 아니니 감사. ●말씀의 뿌리가 건강한 튼튼한 자가 되었으니 감사. ●예수님 때문에 나는 날마다 임마누엘 주님을 맛보며 살아가는 자가 되었으니 감사.

●예수의 생명으로 시간마다 분초마다 채우시니 감사. ●축복을 간구하니 축복하신 주님의 은혜에 감사. ●자녀들을 통해서도 그때그때 필요한 것을 채우시고 인도하신 하나님의 은혜에 감사.
●앞으로도 매 순간 주님 부르시는 그날까지 때에 따라 돕는 은혜로, 지키시는 은혜로, 동행하시는 은혜로, 통치하시는 은혜로, 부어 주신 은혜로 인도하시니 감사. ●내일도 허락하시고 인도하시는 주님의 은혜에 감사. ●모든 것을 채워 주시되 풍성이 채워 주시니 감사. ●나의 마음과 생각, 행동을 온전히 인도하시니 감사. ●전쟁은 여호와께 속한 것이니 감사. ●크고 작은 밀려오는 전쟁은 나의 것이 아니니 감사. ●

날마다 은혜 받으며 예수 생명으로 사랑으로 회복시키고 인도하심을 감사. ●영적인 회복과 목회의 회복과 심령의 회복, 가정의 회복 교회의 회복을 막는 악한 세력, 사탄의 통치는 나와 전혀 상관없으니 감사. ●물질이 들어왔음을 감사. ●풍성하게 넉넉하게 들어왔음을 주님께 영광 돌리며 감사!

●주님께서 빛으로 통치하심을 감사. ●약속대로 통치하심을 감사. ●생명과 사랑으로 통치하심을 감사. ●축복으로 통치하심을 감사. ●예수님 때문에 질병과 전혀 상관이 없으니 감사. ●영적인 질병도 전혀 상관이 없으니 감사. ●예수님 때문에 교만한 자가 아니니 감사. ●불순종한 자가 아니니 감사. ●육의 사람이 아니니 감사. ●율법의 사람이 아니니 감사. ●인간의 의로 사는 자가 아니니 감사.

●눈이 아픈 자가 아니니 감사. ●눈뿐 아니라, 사지백체, 오장육부, 뇌, 세포, 피, 머리카락까지 모두 강건하게 되었음을 감사. ●기쁨과 감사로 사모하는 간절한 마음으로 예수님께 나오게 하시니 너무너무 감사. ●온전히 인도하시고 통치하시니 너무너무 감사. ●축복하시니 너무너무 감사.

●내일도 예비하신 말씀을 하나도 사람의 말로 듣지 않고, 하나님의 음성으로 듣게 은혜 부어 주시는 주님께 너무너무 감사. ●찬양을 통해 생명의 주님, 사랑의 주님, 긍휼의 주님, 전능하신 주님을 만나게 하심을 감사. ●성령으로 충만케 기름 부어 주시니 감사. ●말씀 충만으로

인도하신 주님의 은혜에 감사. ●사랑 충만으로 인도하신 주님의 은혜에 감사.
●성령 충만케 인도하신 주님 은혜 감사. ●탄식하며 간구하는 기도의 영을 부어 주신 주님 은혜 감사. ●깊은 통회의 역사가 일어남을 감사. ●눈물의 생수가 콸콸콸 터지게 됨을 감사. ●긍휼의 생수가 콸콸콸 터지게 됨을 감사. ●사랑의 생수가 콸콸콸 터지게 됨을 감사. ●말씀의 생수가 콸콸콸 터지게 됨을 감사. ●생명의 생수가 콸콸콸 터지게 됨을 감사. ●사탄의 세력은 예수님 때문에 나와 전혀 상관이 없음을 감사. ●시험도 전혀 상관이 없으니 감사. ●원망도 분함도 시기 질투도 전혀 상관이 없으니 감사.

●목사님을 통한 그 어떤 말씀도 하나님의 음성으로 듣게 되니 감사. ●은혜 못 받게 하는 악의 세력도 악한 영도 전혀 상관없으니 감사. ●졸음을 주는 악한 영도 전혀 상관없음을 감사. ●생각을, 눈을, 입을 일거일동을 주님 통치하시니 감사. ●예수님 때문에 나의 언행심사가 사탄의 통치 받는 자가 아니니 감사. ●나와 전혀 상관이 없음을 감사. ●예수님을 배반하는 자가 아니니 감사. ●앗수르를 의지하는 자가 아니니 감사. ●애굽을 의지하는 자가 아니니 너무너무 감사. ●세상 권력을 의지하는 자가 아니니 감사.

●명예를 의지하는 자가 아니니 너무너무 감사. ●자기 부를 의지하는 자가 아니니 너무너무 감사. ●세상 방법을 의지하는 자가 아니니 너무너무 감사. ●육의 것을 의지하는 자가 아니니 너무너무 감사. ●육의

방법을 의지하는 자가 아니니 너무너무 감사. ●돈을 의지하는 자가 아니니 너무너무 감사. ●약을 의지하는 자가 아니니 너무너무 감사.
●하나님을 의지하게 되었으니 너무너무 감사. ●믿고 하나님 앞에 나아가면 날개를 펴서 덮어 주시니 너무너무 감사. ●믿고 하나님 앞에 나아가는 자 되었으니 너무너무 감사. ●역경 중에서도 보장해 주시니 너무너무 감사. ●함께하시니 너무너무 감사. ●환경을 뛰어넘는 영적인 힘을 주신 것 너무너무 감사. ●이것이 바로 하나님의 은혜임을 너무너무 감사.

●나는 예수님 때문에 지는 자가 아니니 감사. ●나는 예수님 때문에 이기는 자가 되었으니 감사. ●나는 예수님 때문에 고통 가운데 있는 자가 아니니 감사. ●형통한 자가 되었으니 감사. ●하나님의 약속의 실체가 되는 것은 순종이니 감사. ●시험당할 때 기도하라 하신 주님. 남편 다리 아픈 것을 통해 기도하게 되었음을 감사. ●기도하는 자, 기도의 사람 되었으니 감사. ●하나님의 뜻을 깨닫게 되니 감사. ●순종하는 자 되었으니 너무너무 감사. ●천지창조 이래 이렇게 제일 좋은 남편 주신 것 너무너무 감사. ●오늘까지 생명 주시고, 호흡 주시고, 건강 주신 것 감사. ●이렇게 살아있고 여기까지 인도하신 주님께 너무너무 감사.
●시험들 때 기도하라 하시니 감사. ●다른 방법 구하는 것은 멸망의 지름길임을 깨닫게 하심을 감사. ●어려움을 겪는 것은 하나님이 떠나신 것이 아니라 돌이키게 하는 하나님의 사랑이시니 감사. ●경고는 눈에 보이는 것을 의지하고 살았기 때문에 오는 것이라니 감사. ●이것을

가르쳐 주시니 감사. ●깨닫게 하시니 감사. ●하나님을 의지하지 않는 자는 속히 멸망한다고 말씀하시니 감사.
●이사야서 8장 1-5절 말씀으로 임마누엘을 사모하라 하시니 감사.
●남편 다리 아픈 것은 기도하라는 하나님의 명령이요, 약속이요, 음성이니 감사. ●예수님 때문에 깨닫게 하심을 감사. ●깨달은 말씀에 순종하는 자 되었으니 감사. ●깨달은 말씀 순종할 때 어두웠던 영이 열리게 되었음을 너무너무 감사. ●눈에 보이는 것을 의지하고 살아가기 때문에 경고하심을 감사.

●예수님 때문에 하나님보다 약을 의지하는 자 아니니 감사. ●하나님보다 병원만 의지하는 자가 아니니 감사. ●기도 외에 다른 방법을 구하는 자가 아니니 감사. ●하나님을 의지하는 자가 되었으니 감사.
●예수님 때문에 임마누엘을 사모하는 자 되었으니 감사.
●주안에 사는 삶을 사모하는 자 되었으니 감사.
●주안에 사는 삶이 되었으니 감사.
●예수님 때문에 능력이 크신 주님 안에 사는 자 되었으니 감사.
●능력이 크신 주님 안에 있으니 감사.
●예수님 때문에 잔잔히 흐르는 하나님의 은혜의 물을 버리는 자가 아니고, 잔잔히 흐르는 하나님의 은혜의 강물을 사모하고 누리는 자 되었으니 감사.

●우리에게 족한 은혜 주신 것 감사. ●물이 필요할 때 물을 주신 하나님의 은혜에 감사. ●양식이 필요할 때 양식을 주신 하나님의 은혜에

감사. ●믿음이 필요할 때 믿음을 주신 하나님의 은혜에 감사. ●불안하여 기도할 때 붙들어 주신 하나님의 은혜에 감사. ●지켜주신 하나님의 은혜에 감사. ●도우신 하나님의 은혜에 감사. ●간섭하신 은혜에 감사. ●고치신 하나님의 은혜에 감사. ●치료하신 하나님의 은혜에 감사. ●길을 인도하신 하나님의 은혜에 감사. ●사랑이 필요할 때 사랑을 주신 은혜에 감사. ●은혜가 필요할 때 은혜를 주신 하나님의 은혜에 감사. ●긍휼이 필요할 때 긍휼을 주신 하나님의 은혜에 감사. ●생명이 필요할 때 생명 주신 은혜에 감사.

" 다 이루었다 "

● 예수님 때문에
  나에게는 악성, 독성, 죄성, 육성이 없으니 감사.
  우상 섬기는 것, 돈 사랑함이 없으니 감사.
● 예수님 때문에
  나는 말로 저주하는 자가 아니니 감사.
  나에게는 쓴 물이 없으니 감사.
● 예수님 때문에
  나는 미련하게 행하는 자가 아니니 감사.
  행동으로 하나님과 사람들의 영혼을 기쁘게 하니 감사.
● 예수님 때문에

나는 말과 행동으로 남편, 자녀, 부모, 형제, 교회를 죽이고 망하게 하는 자가 아니니 감사.

● 예수님 때문에

나에게는 악한 마음, 독한 마음, 나쁜 마음이 없으니 감사.

나에게는 질투심, 이기심, 자존심, 탐심이 없으니 감사.

예수님 때문에 나에게는 세상적인 것이 없으니 감사.

나에게는 정욕적인 것, 마귀적인 것이 없으니 감사.

● 예수님 때문에

나는 허망한 생각을 하는 자가 아니니 감사.

세상 생각, 육의 생각, 부정적인 생각, 사망을 생각하고 나쁜 생각하는 자가 아니니 감사.

● 예수님 때문에

나는 아침 드라마 보는 자가 아니니 감사.

게으른 자가 아니고 새벽에 잠자는 자가 아니니 감사.

● 예수 충만, 생명 충만, 사랑 충만, 성령 충만, 예수 자랑, 예수님만 의지하고 섬기는 자가 되었으니 감사. ● 수입의 십의 이조하는 자 되었으니 감사. ● 축복, 찬송, 단물만 나오는 자 되었으니 감사. ● 지혜와 총명, 온유함으로 행하는 자 되었으니 감사. ● 하나님과 다른 사람을 힘들게 하는 자가 아니니 감사. ● 말로 살인을 막는 자, 살리는 자가 되었으니 감사. ● 마음이 겸손하여 영애를 얻은 자 되었으니 감사.

● 착한 마음, 온유한 마음, 겸손한 마음, 사랑의 마음, 선한 마음, 성령

이 다스리는 마음, 하나님으로 충만한 마음, 감사의 마음, 믿음이 충만한 마음, 생명으로 충만한 마음이 되었으니 감사.
● 예수 생명, 예수 사랑, 예수 빛으로 충만한 자 되었으니 감사.
● 예수님 때문에 분초마다, 숨 쉬는 순간마다 주님만 생각하는 자 되었으니 감사. ● 영적인 생각, 말씀 생각, 위의 것만 생각, 긍정적인 생각, 소망의 생각, 믿음의 생각하는 자가 되었으니 감사.
● 새벽 기도 마치고 산책길에서 도보하며 주님과 대화하는 자, 기도하는 자, 운동하는 자 되었으니 감사.
● 말씀, 기도, 생명, 찬양의 사람이 되었으니 너무너무 감사.
● 예수님 때문에 야곱처럼 예수님을 연애함으로 칠년을 수일같이 여기게 됨을 감사.
● 예수님을 사랑함으로 섬김이 칠년을 수일같이 여기게 됨을 감사.

● 남편 속의 예수님을 사랑함으로 섬김이 칠년을 수일같이 여기게 됨을 감사. ● 자녀들 속에 예수님을 사랑함으로 섬김이 칠년을 수일같이 여기게 됨을 감사. ● 성도 속에 계신 예수님을 사랑함으로 섬김이 칠년을 수일같이 여기게 됨을 감사. ● 교회 속에 계신 예수님을 사랑함으로 섬김이 칠년을 수일같이 여기게 됨을 감사.
● 예수 생명으로 좋은 포도주가 충만하여 잠자는 영혼, 죽은 영혼을 깨우는 입이 되니 감사. ● 예수님 때문에 영혼을 죽이는, 나쁜 포도주는 나와 상관없으니 감사. ● 예수님 때문에 영혼을 살리며, 생명 길로 인도하는 좋은 포도주가 되었으니 감사.
● 예수님 때문에 입이 미련한 자가 아니니 감사. ● 혀로 호리는 자가

아니니 감사. ●혀로 꼬시고, 꾀는 자가 아니니 감사. ●입이 궤사한 자가 아니니 감사. ●육의 말을 많이 하는 자가 아니니 감사.
●예수님 때문에 말로 사망의 그물에 걸리게 하는 자가 아니니 감사. ●얽히는 말하는 자가 아니니 감사. ●말 때문에 얽히는 것은 나와 상관이 없으니 감사. ●육신의 말하는 자가 아니니 감사. ●무조건 죄악의 말이 바뀐 자 되었으니 감사. ●언어에 조급한 자가 아니니 감사. ●말이 불의의 병기가 아니니 감사.

●예수님 때문에 나의 언행심사가 사탄의 통치 받는 자가 아니니 감사. ●나의 언행심사가 겉사람에게 통치받는 자가 아니니 감사. ●죄와 사망의 법에 통치받는 자 아니니 감사 ●예수님 때문에 잘난 체하고 똑똑한 체하는 자가 아니니 감사. ●말을 많이 하는 자가 아니니 감사. ●말에 실수하는 자가 아니니 감사. ●부정적인 말, 나쁜 말하는 자가 아니니 감사. ●부정적인 생각, 허망한 생각을 하는 자가 아니니 감사. ●거짓말, 변명, 다투는 자가 아니니 감사.
●예수님 때문에 입이 지혜로운 자가 되었으니 감사. ●생명의 말, 사랑의 말, 살리는 말, 은혜와 덕과 유익을 끼치는 말, 세우는 말, 축복하는 말을 하게 되었으니 감사. ●말을 적게 하는 자, 말로 사망에서 끌어내는 자, 살리는 자, 믿음의 말, 축복의 말, 화평의 말, 치료의 말, 얽매임에서 놓임을 받는 생명의 말, 자유와 해방을 주는 생명의 말, 예수님의 말만 하는 자 되었으니 감사.

●나의 말이 의의 병기가 되었으니 감사. ●나의 언행심사를 예수님

이 통치, 속사람이 통치, 생명의 성령의 법이 통치, 의의 법에 통치받는 자가 되었으니 너무너무 감사. ●예수님 때문에 겸손한 자, 온유한 자, 낮아진 자, 말을 적게 꼭 할 말만 하는 자, 낮아진 자, 말에 실수가 없는 자, 온전한 자, 좋은 말과 좋은 것만 말하는 자, 긍정적인 말, 좋은 생각, 참말, 진실한 말, 화평의 말만 하는 자 되었으니 감사.

●예수님이 있음으로 내 생명이 있고, 예수님이 있음으로 사명이 있고, 예수님이 있음으로 내가 존재하고, 예수님이 있음으로 건강이 있고, 예수님이 있음으로 가정이 있고, 예수님이 있음으로 교회가 있고, 예수님이 있음으로 눈이 있고, 예수님이 있음으로 코가 있고, 예수님이 있음으로 생각이 있고, 예수님이 있음으로 발이 있고, 예수님이 있음으로 마음이 있고, 예수님이 있음으로 손이 있고, 예수님이 있음으로 물질이 있고, 예수님이 있음으로 사람이 있고, 예수님이 있음으로 영혼이 있고, 예수님이 있음으로 고향이 있고, 예수님이 있음으로 나라가 있고, 예수님이 있음으로 우리 가정이 있고, 예수님이 있음으로 남편이 있음을 감사. 예수님이 있음으로 자녀들이 있고, 예수님이 있음으로 부모가 있고, 예수님이 있음으로 형제가 존재하고 있으니 감사.

●예수님이 있음으로 공기가 있고, 우주가 있고, 지구가 있고, 태양이 있고, 달이 있고, 별이 있고, 물이 있고, 예수님이 있으니 불이 있고, 쌀이 있고, 과일이 있으니 감사. ●이 모든 것이 예수님의 손길이요, 사랑이요, 인도요, 다스림이요, 긍휼이요, 자비요, 인자하심이요, 어느 것 하나 예수님의 손길이 아닌 것이 없으니 감사. ●예수님이 있음으로 나

의 모든 것이 존재하니 감사.

●예수님이 안 계시면 나는 한줌의 흙이요 아무것도 아님을 깨닫게 되니 감사. ●예수님의 손길을 보게 되니 감사. ●예수님의 손길을 느끼게 되고, 누리게 되고, 만나게 되니 감사. ●우주 만물을 예수님이 붙들고 계시니 감사. ●인생의 모든 길도 예수님의 손에 있음을 보게 되니 감사. ●인생의 모든 걸음도, 나의 걸음 걸음도 예수님의 손길에 있음을 감사. ●예수님이 있으니 과거도 볼 수 있고, 현재도 볼 수 있고, 미래도 존재하며 볼 수 있으니 감사. ●예수님이 있음으로 심령에 천국도 볼 수 있고, 누릴 수 있고, 가정의 천국도 볼 수 있고, 누릴 수 있고, 교회의 천국도 볼 수 있고, 누릴 수 있고, 영원한 천국도 볼 수 있고, 누릴 수 있음을 감사. 주님께 영광!

예수님은 나의 전부가 되십니다.
예수님은 나의 가정의 전부가 되십니다.
예수님은 나의 목적이 되십니다.
예수님은 나의 존재 이유가 되십니다.
예수님은 나의 모든 것이 되십니다.
예수님은 나의 주인이 되십니다.
예수님은 나의 구주, 나의 구원이 되십니다.

예수님은 나의 왕, 나의 하나님, 나의 아버지가 되십니다.
예수님은 나의 복이 되십니다.

예수님은 나의 영생이 되십니다.
예수님은 나의 토기장이가 되십니다.
예수님은 나의 창조자가 되십니다.
예수님은 나의 하나님이 되십니다.
예수님은 나의 포도나무가 되십니다.
예수님은 나의 신랑이시고 나의 친구가 되십니다.
예수님은 나의 사랑이시고 나의 능력이 되십니다.
예수님은 나의 지혜가 되시고 나의 온전한 보장이 되십니다.
예수님은 나의 온전한 보증이시고 나의 전능자가 되십니다.
예수님은 나의 여호와이시고 나의 말씀이 되십니다.
예수님은 나의 약속이시고 나의 응답이 되십니다.
예수님은 나의 축복이시고 나의 온전한 기업이 되십니다.
예수님은 나의 온전한 전 재산이시고 나의 온전한 만능키가 되십니다.
예수님은 나에게 말씀하실 자이시고 나의 의사가 되십니다.
예수님은 나의 천국이시고 나의 기쁨이 되십니다.
예수님은 나의 소망이시고 나와 교제하는 분이 되십니다.

예수님은 나와 사귀시는 분이고, 나의 모든 꿈과 뜻 자체가 되십니다.
예수님은 나의 은혜 자체가 되시고, 나의 사명 자체가 되십니다.
예수님은 나의 영광 받으실 분이고 나의 경배 받으실 분 되십니다.
예수님은 내가 경외할 분이시고, 내가 감사할 분이 되십니다.
예수님은 나의 섬김을 받을 분이시고, 내가 의지할 분이 되십니다.
예수님은 나를 통치할 자 되시고,

나의 모든 것을 맡길 분이 되십니다.
예수님은 나의 모든 것을 담당할 자이시고,
나로 사시는 분이 되십니다.
예수님은 나와 동행하시는 분이고,
나와 동거하시는 분이 되십니다.
예수님은 나를 지키시는 분이고 나를 인도하시는 분이 되십니다.
예수님은 나를 붙드시는 분이고, 나를 손바닥에 새기고 계신 분,
나를 책임지시는 분이 되시고, 나와 교제하는 분이 되십니다.
예수님은 나와 사랑을 나누는 분이시고, 나의 행복자가 되십니다.
예수님은 나의 모든 문제를 해결하시는 분이고,
나의 승리가 되십니다.
예수님은 나의 성공이시고, 나를 만드신 분이 되십니다.
예수님은 나를 고치시는 분이고, 나로 일하실 분이 되십니다.
예수님은 나로 기도하게 하신 분이고,
나를 위해 대신 싸우시는 분이 되십니다.

예수님은 나에게 기도 제목을 주신 분이고 ,
소원대로, 기도 제목대로 모두 이루시는 분이고,
나의 연약함을 대신 담당하신 분이 되십니다.
예수님은 나의 부족함을 대신 담당하신 분이고,
나에게 변함이 없으신 분이 되십니다.
예수님은 나에게 실수가 없으신 분이고
약속을 꼭 이루시는 분이고, 응답을 꼭 주시는 분이며,

화평이 되시고, 가로막힌 담을 허물어 주신 분이 되십니다.
예수님은 나의 모든 것을 담당하시고, 십자가를 지신 분이 되십니다.
예수님은 나에게 성령을 주신 분이시고, 내 마음과 내 중심에 와서 계신 분이고, 나에게 새로운 피조물이 되게 하신 분이 되십니다.
나는 예수님의 것이고, 예수님은 나의 전부가 되십니다.
예수님은 나의 알맹이가 되시고, 나의 존재 이유가 되십니다.
예수님은 나의 목적이 되시고, 나는 껍데기입니다.

- 눈물의 생수가 콸콸콸 터지니 너무너무 감사.
- 기쁨의 생수가 콸콸콸 터지니 너무너무 감사.
- 사랑의 생수가 콸콸콸 터지니 너무너무 감사.
- 긍휼의 생수가 콸콸콸 터지니 너무너무 감사.
- 생명의 생수가 콸콸콸 터지니 너무너무 감사.
- 큰 복 주시고 만지시니 너무너무 감사.
- 치료하시고 채우시니 너무너무 감사.
- 생각을 생명으로, 빛으로 통치하심을 너무너무 감사.
- 눈을 생명으로, 빛으로 통치하심을 너무너무 감사.
- 생명을 보는 눈, 주님을 보는 눈, 영혼을 보는 눈이 열렸으니 감사.
- 생각과 눈에 주의 보혈로 덮노라! 바르노라! 영의 눈을 흐리게 하고, 뜨지 못하여 묶고 있는 어둠은 묶임 받고 모두 떠나갈지어다 할 때 떠나갔음을 감사.

- 주님 빛으로, 생명으로 통치하시니 감사. ● 생각을 붙들고 있는 모든

어두운 세력, 허망한 생각, 육의 생각, 세상 생각, 죄의 생각은 모두 묶임 받고 떠나갈지어다 할 때 떠나갔음을 감사. ●생각을 주님의 빛으로 생명으로 통치하시니 감사. ●졸음을 주고 피곤함을 주는 그 어떤 어둠도 모두 묶임 받고 떠나갈지어다 할 때 떠나갔음을 감사. ●빛으로 생명을 통치하심을 너무너무 감사. ●입과 귀, 마음, 손발, 온몸과 영혼을 주님이 빛으로, 생명으로, 통치하심을 너무너무 감사.

●주님때문에 육을 생각하는 자가 전혀 아니니 너무너무 감사.
●약만 의존하는 자가 전혀 아니니 너무너무 감사.
●섭섭해 하는 자가 전혀 아니니 너무너무 감사.
●대가를 바라는 자가 전혀 아니니 너무너무 감사.
●대가 없이 사랑으로 섬긴 자가 되었으니 너무너무 감사.
●기쁨이 충만한 자 되었으니 너무너무 감사.
●오직 주님만 바라보게 하심을 너무너무 감사.
●입술에 재갈을 물려 주시니 너무너무 감사.
●주의 보혈로 적셔 주시니 너무너무 감사.
●예수님 때문에 육의 말, 땅의 말, 세상적인 말하는 자가
  전혀 아니니 너무너무 감사.
●생명의 말, 감사의 말, 축복의 말하는 자 되었으니 너무너무 감사.
●시험과 전혀 상관없으니 너무너무 감사.
●은혜만 받는 자 되었으니 너무너무 감사.

예수님은

나의 구주가 되십니다. 나의 왕이 되십니다.

나의 아버지가 되십니다. 나의 부모가 되십니다.

나의 주인이 되십니다. 나의 목자가 되십니다.

나의 신랑이 되십니다. 나의 보호자가 되십니다.

나의 구원이 되십니다. 나의 생명이 되십니다.

나의 알맹이가 되십니다. 나의 내용이 되십니다.

나의 사랑이 되십니다. 나의 빛이 되십니다.

나의 길이 되십니다. 나의 등이 되십니다.

나의 진리가 되십니다. 나의 의지가 되십니다.

나의 찬송받으실 분이 되십니다. 나의 거룩한 목적이 되십니다.

나의 존재 이유가 되십니다. 나의 힘이 되십니다.

나의 방패가 되십니다. 나의 산성이 되십니다.

나의 요새가 되십니다. 나의 피할 바위가 되십니다.

나의 구원의 뿔이 되십니다. 나의 소망이 되십니다.

나의 모든 것이 되십니다. 나의 공급할 바 되십니다.

오늘도 내 연약함을 보고 나보다 더 아파하며.

오늘도 탄식하며 간구하며.

오늘도 나의 괴로움을 보고 나보다 더 아파하며.

오늘도 나의 속상해함을 보고 나보다 더 마음 아파하며.

오늘도 나의 게으름을 보고 나보다 더 안타까워 아파하며.

오늘도 나의 고통을 보고 나보다 더 마음 아파하며.

오늘도 내가 불안해함을 보고 나보다 더 마음 아파하며.
오늘도 내가 두려워함을 보고 나보다 더 마음 아파하며.
오늘도 이런 나를 나보다 더 사랑하는 예수님의 음성!

"너의 연약함을 나에게 주렴."
"너의 괴로움도 나에게 주렴. 너의 속상함도 나에게 주렴."
"너의 게으름도 나에게 주렴. 너의 고통도 나에게 주렴."
"너의 불안함, 두려워함, 염려, 근심, 걱정도 나에게 주렴."
"너의 가난, 너의 궁핍, 너의 갈등, 너의 아픔도 모두 나에게 주렴."
"내가 모두 가져갈게. 이미 값을 다 지불했다. 너는 연약하지도 말고 괴로워도 말고 강하고 담대하라. 평안해라. 행복해라. 풍성해라. 내 것이 모두 너의 것이니 모두 가져라. 이미 모두 너에게 주었다."

예수님 때문에

●나도 행복한 자가 되었으니 감사. ●승리자가 되었으니 감사. ●실패가 없으니 감사. ●넉넉하게 되었으니 감사. ●부족함이 없으니 감사. ●예수님은 나를 보장하시니 감사. ●나를 보증하시니 감사. ●나를 책임지시니 감사. ●예수님 때문에 나는 죄인이 아니니 감사. ●나는 의인이 되었으니 감사. ●나는 예수님 때문에 연약한 자가 아니니 감사. ●나는 예수님 때문에 강하고 담대한 자, 당당한 자가 되었으니 감사. ●나는 예수님 때문에 어둠이 아니니 감사.

●예수님 때문에 나는 사탄의 통치받는 자가 아니니 감사. ●예수님 때

문에 예수님 통치만 받는 자가 되었으니 감사. ●어둠이 아니니 감사.
●빛으로 통치하시니 감사. ●사랑으로 통치하시니 감사. ●의의 종으
로 통치하시니 감사. ●영의 사람으로 통치하시니 감사. ●새 사람으로
통치하시니 감사. ●은혜의 사람으로 통치하시니 감사. ●축복의 사람
으로 통치하시니 감사. ●영육이 강건한 자로 통치하시니 감사.
●영육의 치료로 통치하시니 감사. ●응답으로 통치하시니 감사. ●찬
양으로 통치하시니 감사. ●생명의 찬양으로 통치하시니 감사. ●영적
인 찬양으로 통치하시니 감사. ●간절한 찬양으로 통치하시니 감사. ●
주의 음성을 듣게 하심을 감사. ●찬양 속에 주님 만나게 하심을 감사.
●심령 깊은 곳에서 주님과의 만남과 만지심이 있으니 감사. ●나를 통
치하시니 감사. ●안아주시니 감사. ●위로해 주시니 감사. ●칭찬해
주시니 감사. ●지켜 주시니 감사. ●붙들어 주시니 감사.
●끌어당겨 주시니 감사. ●밀어 주시니 감사. ●세워 주시니 감사. ●
부축해 일으켜 주시니 감사. ●어루만져 주시니 감사. ●지적해 주시니
감사. ●가르쳐 주시니 감사. ●깨닫게 하시니 감사. ●나보다 더 아파
하며 눈물 닦아 주시니 감사.

●나보다 나를 위해 더 기도하시니 감사.
●나보다 나를 더 축복해 주시니 감사.
●나보다 나를 위해 더 간구하시니 감사.
●나보다 나를 위해 더 탄식하시니 감사.
●나보다 나를 위해 더 아파하시니 감사.
●나보다 나를 위해 더 눈물 흘리시며 기도하시니 감사.

- 나보다 나를 위해 더 귀하게 여기시니 감사.
- 나보다 나를 위해 더 소중하게 여기시니 감사.
- 나보다 나를 위해 더 소원하시니 감사.
- 나보다 나를 위해 더 기대하시니 감사.
- 나보다 나를 위해 더 기다리고 계시니 감사.
- 나보다 나를 위해 더 존중히 여기시니 감사.
- 나보다 나를 위해 더 소망하시니 감사.
- 나보다 나를 위해 더 부요케 되기를 원하시니 감사.
- 나보다 나를 위해 더 예수님 생명으로 채워지기를 원하시니 감사.
- 나보다 나를 위해 더 예수님 사랑으로 채워지기를 원하시니 감사.
- 나보다 나를 위해 더 복의 근원이 되기를 원하시니 감사.
- 나보다 나를 위해 더 승리하게 되기를 원하시니 감사.
- 나보다 나를 위해 더 행복하기를 원하시니 감사.
- 나보다 나의 기도 제목들이 더 응답받고 해결되기를 원하시니 감사.
- 나보다 나를 위해 더 영육이 강건하기를 원하시니 감사.

주님은 나의 주인이기 때문에 나보다 나를 더 사랑하신다.
주님은 나의 구주이기 때문에 나보다 나를 더 사랑하신다.
주님은 나의 창조주이기 때문에 나보다 나를 더 사랑하신다.

"나는 주님의 것이요, 주님의 소유요, 주님의 딸이요, 주님의 백성이요, 주님의 기업이요, 주님의 재산이요, 주님의 신부요, 주님의 나라요, 주님의 제자요, 주님의 종이요, 주님의 친구요, 주님의 가지요, 주님의 양이요, 주님을 담은 그릇이요, 주님의 영광이요, 주님의 손이요, 주님의 발이요, 주님의 눈이요, 주님의 귀요, 주님의 입이요, 주님의 생각이요, 주님의 마음이요, 주님과 나는 하나이니 나는 주님 것이요, 주님은 내 안에 계시니 나보다 나를 더 사랑하십니다. 나보다 나를 더 귀하게 여깁니다. 나보다 나를 더 아낍니다. 나보다 나를 더 존귀하게 여깁니다.

"감사하고, 또 감사하리라."

"범사에 감사, 전천후 감사하리라"

- 예수님 때문에 나에게는 원한이 없으니 감사.
- 예수님 때문에 용서하는 자가 되었으니 감사.
- 예수님 때문에 나에게는 분노가 없으니 감사.
- 예수님 때문에 웃는 자, 사랑하는 자가 되었으니 감사.
- 예수님 때문에 나에게는 남을 속이는 일이 없으니 감사.
- 예수님 때문에 정직하고 진실한 자가 되었으니 주님께 영광 감사.
- 예수님 때문에 나에게는 훼방이 없으니 감사.
- 예수님 때문에 세워주고 도와주는 자가 되었으니 감사.
- 예수님 때문에 나에게는 질투가 없으니 감사.
- 예수님 때문에 축복하는 자 되었으니 주님께 영광 감사.
- 예수님 때문에 나에게는 혈기가 없으니 감사.
- 예수님 때문에 온유한 자가 되었으니 주님께 영광 감사.
- 예수님 때문에 나에게는 미련함은 없으니 감사.
- 예수님 때문에 지혜로운 자가 되었으니 주님께 영광 감사.
- 예수님 때문에 나에게는 어리석음이 없으니 감사.

● 예수님 때문에 슬기로운 자가 되었으니 주님께 영광 감사 .
● 예수님 때문에 나에게는 사탄의 통치가 없으니 감사.
● 예수님 때문에 하나님의 통치만 받는 자가 되었으니 감사.
● 예수님 때문에 나는 땅의 사람이 아니니 감사.
● 예수님 때문에 천국 백성이 되었으니 주님께 영광 감사.
● 예수님 때문에 나는 떡으로 사는 자가 아니니 감사.
● 예수님 때문에 나는 하나님의 말씀으로 사는 자가 되었으니 감사.
● 예수님 때문에 나는 자기를 위하여 사는 자가 아니니 감사.
● 예수님 때문에 나는 예수님을 위해 사는 자가 되었으니 감사.
● 예수님 때문에 나는 자기를 신뢰하는 자가 아니니 감사.
● 예수님 때문에 나는 예수님만 신뢰하는자 되었으니 감사.
● 예수님 때문에 나는 자기를 섬기는 자가 아니니 감사.
● 예수님 때문에 나는 예수님만 섬기는 자가 되었으니 감사.
● 예수님 때문에 나는 육신의 일을 생각하는 자가 아니니 감사.

● 예수님 때문에 나는 영의 일을 생각하는 자가 되었으니 감사.
● 예수님 때문에 나는 육체의 욕심으로 사는 자가 아니니 감사.
● 예수님 때문에 나는 성령의 소욕으로 사는 자 되었으니 감사.
● 예수님때문에 나는 육체의 영광으로 사는 자가 아니니 감사.
● 예수님 때문에 오직 주님께만 영광 돌리는 자가 되었으니 감사.
● 예수님 때문에 나는 사람의 말을 따르는 자가 아니니 감사.
● 예수님 때문에 나는 하나님 말씀만 따르는 자가 되었으니 감사.
● 예수님 때문에 자기를 사랑하는 자가 아니니 감사.

- 예수님 때문에 나는 예수님만 사랑하는 자가 되었으니 감사.
- 주님은 나보다 나를 더 일어나기를 바라고, 나보다 나를 더 안타까워 하시며, 탄식하며 기도하시고 붙들어 주시며 밀어주시고 손잡아 주시니 감사.

- 예수님 때문에 나는 미련한 다섯 처녀가 아니고 슬기로운 다섯 처녀가 되었으니 감사.
- 모래 위에 지은 집이 아니고 반석 위에 지은 집이 되었으니 감사.
- 보물을 땅에 쌓지 않고 하늘에 쌓아두는 자가 되었으니 감사.
- 더러운 그릇이 아니고 깨끗한 그릇이 되었으니 감사.
- 낮은 포도주가 아니고 좋은 포도주가 되었으니 감사.
- 사람이 만든 포도주가 아니고 하나님이 직접 만드셨으니 감사.
- 지식의 포도주가 아니니고 생명의 포도주와 빛이 되었으니 감사.
- 마귀의 자식이 아니고 하나님의 자녀가 되었으니 감사.
- 죄와 사망의 법 아래 있지 않고 생명의 성령의 법 아래 있으니 감사.
- 사탄의 통치 받는 자가 아니고 예수님의 통치만 받으니 감사.

- 예수님 때문에 나는 내 생명은 없고 예수 생명만 있으니 너무너무 감사.
- 자존심과 질투심은 없고 예수 생명, 예수 사랑만 있으니 감사.
- 시기심은 없고 너그러운 자가 되었으니 감사.
- 이기심이 없고 축복하는 자, 사랑하는 자가 되었으니 감사.
- 탐심, 욕심이 없고 감사하는 자, 나눠 주는 자 되었으니 감사.

- 추악은 없고 경건한 자가 되었으니 감사.
- 탐욕은 없고 남을 유익하게 하는 자가 되었으니 감사.
- 악의가 없고 예수님 사랑으로 선대하는 사람이 되었으니 감사.
- 남편을 미워하는 것이 없고 예수님 사랑으로 남편을 사랑하니 감사.
- 자식을 미워하는 것이 없고 예수님 사랑으로 자식을 사랑하니 감사.
- 무정한 것이 없고 예수님 사랑으로 인자한 자 되었으니 감사.
- 하나님을 원망하는 것이 없으니 감사.
- 예수님 사랑하는 자 되었으니 감사.
- 성령을 근심케 하는 것이 없고 하나님께 순종하는 자 되니 감사.
- 불순종하는 것이 없고 아멘, 순종, 충성만 있으니 감사.
- 감사치 않는 것이 없고 범사에 감사, 전천후 감사만 있으니 감사.
- 우상 섬기는 것이 없고 하나님만을 자랑, 사랑, 찬양, 경배하니 감사.
- 교만이 없고 겸손한 자가 되었으니 감사.
- "다 이루었다"는 예수님의 죽음이 내 죽음 되었으니 감사.
- 예수님 부활이 내 부활 되었으니 감사.

- 예수님 때문에 나는 마귀의 자식이 아니고 예수님의 자녀가 되었으니 영광 감사.
- 죄의 종이 아니고 의의 종이 되었으니 영광 감사.
- 육의 사람이 아니고 영의 사람이 되었으니 영광 감사.
- 옛 사람이 아니고 새 사람이 되었으니 영광 감사.
- 율법의 사람이 아니고 은혜의 사람이 되었으니 영광 감사.
- 낡은 부대가 아니고 새 부대가 되었으니 영광 감사.

- 하나님의 뜻대로 사는 자가 되었으니 영광 감사.
- 악한 종이 아니고 의의 종이 되었으니 영광 감사.

- 거짓 선지자가 아니고 참선지자가 되었으니 영광 감사.
- 돌감람나무가 아니고 참감람나무가 되었으니 영광 감사.
- 못된 나무가 아니고 좋은 나무가 되었으니 영광 감사.
- 나의 의가 아니고 하나님의 의로 사는 자 되었으니 영광 감사.
- 자기 영광을 구하지 않고 예수님께만 영광 돌리는 자 되었으니 영광 감사.
- 옛 곳간이 아니고 새 곳간이 되었으니 영광 감사.
- 넓은 문이 아니고 좁은 문이 되었으니 영광 감사.
- 청함 받은 자가 아니고 택함 받은 자가 되었으니 영광 감사.
- 염소가 아니고 양이 되었으니 너무너무 감사. 주님께 영광.
- 가라지가 아니고 좋은 씨가 되었으니 영광 감사.
- 쭉정이가 아니고 알곡이 되었으니 영광 감사.

제15장

돈에 미쳐 지낸 지난날을 돌아보며…

"그런즉 누구든지 그리스도 안에 있으면 새로운 피조물이라 이전 것은 지나갔으니 보라 새 것이 되었도다"(고린도후서 5:17)

"주는 기사를 옛적의 정하신 뜻대로 성실함과 진실함으로 행하셨음이라"(사 25:1).

*여호와: 언약의 하나님, 사랑의 하나님, 진실한 하나님.
*믿음: 하나님의 약속을 믿고, 내 삶을 맡기는 것.
"주는 빈궁한 자의 요새이시며 환난당한 가난한 자의 요새이시며 폭풍 중의 피난처시며 폭양을 피하는 그늘이 되셨사오니"(사 25:4).
*거룩하라. 동행하라. 경건하라. 하나님 앞에 '예'만 하라!

월요일, 세미나에 가려고 한빛교회까지 갔다가 모 목사님이 안 가신다 하여 차가 없어 집으로 돌아왔다. 너무나 안타깝고 섭섭하고, 괴롭고 속상했다. 3일 금식 후에 예비하신 은혜와 복이 큰데 기회를 놓친다는 게 너무 억울하고 안타까웠다.

언젠가는 영적 기갈 때가 온다. 영적 기근이 온다. 은혜의 문이 닫힐 때가 온다. 아무리 사모해도, 아무리 갈급해도, 아무리 애써도 모든 것이 막히고 끊어지는 때가 온다.

그때를 위해 지금은 영적으로 저축할 때이다. 말씀과 기도로 저축을 많이 해야 할 때라고 깨닫게 됨을 감사했다. 지금은 창고를 크게 지어 양식을 저축할 때이다. 요셉은 7년 동안 준비했다.

"여호와가 너를 항상 인도하여 메마른 곳에서도(가물 때에도) 네 영혼을 만족하게 하며 네 뼈를 견고하게 하리니 너는 물댄 동산 같겠고, 물이 끊어지지 아니하는 샘 같을 것이라"(사 58:11).

"만일 네가 너희 중에서 멍에와 손가락질과 허망한 말을 제하여 버리고 주린 자에게 네 심정을 동하며, 괴로워하는 자의 심정을 만족하게 하면 네 빛이 흑암 중에서 떠올라 네 어둠이 낮과 같이 될 것이며"(사 58:9-10).

●여호와 앞에 잠잠하고 참아 기다리라 하시니(시 37:3-8) 감사. ●사람 적다고 세미나 집회에 안 간다고 불평하지 말라 하시니 감사. ●못 간다고 해서 속상해 하지 말라 하시니 감사. ●분을 그치고 노를 버리라 하시니 감사. ●불평치 말라 하시니 감사. ●행악에 치우칠 뿐이라 말씀하심을 감사. ●여호와를 의뢰하여 선을 행하라 하시니 감사. ●땅에 거하여 주님의 성실로 식물을 삼으라 하시니 감사. ●또 여호와를 기뻐하라 하시니 감사. ●주님이 내 마음의 소원을 이루어 주시니 감사. ●나의 길을 여호와께 맡기라 하시니 감사. ●주님을 의지하면 주님이 이루시고 나의 의를 빛같이 나타내시니 감사. ●나의 공의를 정오의 빛같이 하시니 감사.

●예수님 때문에 주린 자에게 나의 식물을 나눠주며, 유리하는 빈민을 나의 집에 들이며, 벗은 자를 보면 입히고, 또 나의 골육을 피하여 스스로 숨지 아니하는 자 되었으니 너무너무 감사. ●예수님 때문에 나의 빛이 아침같이 비취게 되었음을 감사. ●나의 치료가 급속해졌음을 감사. ●강건해졌음을 감사. ●예수님의 의가 내 앞에 행하고, 여호와의 영광이 내 뒤에 호위하심을 감사. ●또 내가 부를 때 응답하심을 감사. ●내가 부르짖을 때에 "내가 여기 있다" 말씀하시니 감사. ●예수님 때문에 일어나 빛을 발하게 되었음을 감사. ●예수님의 빛이 이르렀고, 여호와의 영광이 나의 위에 임하셨음을 감사.

로마서 12장 1-8절을 보면서

구원받은 자는?
① 하나님이 기뻐하는 예배를 드리라(1-3절)
② 예배 회복의 증거는 봉사하는 삶이다.

●하나님이 기뻐하시는 거룩한 산제사를 드리는 자 되었으니 너무너무 감사. ●예수님 때문에 영적 예배를 드리는 자 되었으니 너무너무 감사. ●예수님 때문에 이 세대를 본받지 않는 자 되었으니 너무너무 감사. ●예수님 때문에 나는 오직 마음을 새롭게 함으로 변화를 받아 하나님의 선하시고 기뻐하시고 온전하신 뜻이 무엇인지 분별하는 자

되었으니 너무너무 감사. ●예수님 때문에 하나님의 모든 자비하심(사랑하심)으로 권하는 자 되었으니 너무너무 감사.

*하나님이 가장 기뻐하는 것은? 올바른 예배.

●내 안에 행하시는 이는 하나님이시니(빌 2:13) 감사. ●자기의 기쁘신 뜻을 위하여 나로 소원을 두고 행하게 하시니 감사. ●또 모든 일에 원망과 시비가 없이 하라 하시니 감사. ●내 안에 나를 향한 소원을 주시니 감사. ●생명으로 온전히 채워져서 오직 예수로 살고, 예수로 죽는 자 되니 감사. ●이 일을 위해 예수 생명 사랑 만나게 하신 것 감사. ●나를 위해 예수 생명 사랑 세미나가 존재함을 감사. ●간절한 소원과 갈망이 있으니 감사. ●또 끝없이 드러나는 나를 보게 되어 감사.

'이만하면 좀 되었겠지' 하면 순간순간 때마다 드러나는 나의 모습, 나의 죄, 율법, 육신, 옛사람, 어둠, 게으름, 연약함, 부족, 교만, 자만, 절제하지 못함, 불순종, 마음만 간절할 뿐 행동이 따라주지 않음, 불평, 미움, 못마땅하게 여김, 판단, 수군수군, 내 자랑, 내 영광, 사람에게 보이고자 하는 것, 나를 높이는 것, 사람 의식, 육의 생각, 옛날 생각, 보이고 싶어 하는 생각, 인정받고자 하는 생각, 낙심, 열등의식, 조급함, 비교의식….
이런 나의 모습이여!
어쩔 수 없는 나의 모습이여!
오호라 나는 곤고한 자로구나!
또 방황하고, 헤매는 나를 찾고 찾는 주님의 십자가!

이 사망의 몸에서 누가 나를 건져내랴!

내 속에 나타나는 죄와 허물과 실수 등의 쓰레기를 십자가 앞에서 그때그때 토설하며, 주님의 부활의 새생명으로 시인, 선포 기도로 청소하고 생명으로 채우면 될텐데, 생명으로 채워지지 못해 예수 부활 생명의 체질이 되지 못해 방황하며 어떻게 해야 할지, 무엇을 해야 할지, 어디로 가야 할지, 눈에 보이는 것 없고, 손에 잡히는 것 없고, 힘들어하는 나의 모습을 보며….

●나를 보아도, 남편을 보아도, 자녀를 보아도, 엄마를 보아도, 가정을 보아도, 교회를 보아도, 무엇을 어떻게 기도해야 하는지를 모르는 나의 모습을 보게 되니 감사. ●어디로 가고 있는지, 어떻게 될 것인지, 무엇을 해야 하는지, 어떻게 해야 하는지, 아무것도 모르는 나의 모습을 보니 감사. ●어떻게 살아야 하는지, 어떻게 나아가야 하는지, 무엇을 해야 하는지, 아무것도 모르는 나의 모습을 보게 되니 감사. ●나는 싸울 수도 없고, 아무것도 할 수 없음을 감사. ●새벽예배도, 새벽에 기도도 사모하지만 내 힘으로 할 수 없음을 감사. ●아내로서, 엄마로서, 딸로서, 사모로서 나는 아무것도 할 수 없음을 감사. ●교회를 위해서도 남편을 위해서도, 자녀를 위해서도, 엄마를 위해서도, 나를 위해서도, 나는 아무것도 할 수 없음을 감사.

●내 자신을 봐도 너무 안타깝고 답답하고 어떻게 할 수 없으니, 내 자신 주님의 십자가에 내어 드릴 때 나를 받아주시니 감사. ●나를 통치하시니 감사. ●남편을 위해서도 나는 아무것도 할 수 없으니, 남편은

주님 것이니 주님 십자가 앞에 드리니 감사. ●남편을 향한 내 마음에 소원을 주신 분이 하나님이심을 깨닫게 하시고 영적으로 회복시켜 주시니 감사. ●생명으로 회복시켜 주시니 감사. ●은혜를 회복시켜 주시니 감사. ●믿음을 회복시켜 주시니 감사. ●기회를 회복시켜 주시니 감사. ●영적인 사람으로, 새 사람으로 회복시켜 주시니 감사. ●예수 생명 사랑으로 인도하시니 감사. ●말씀과 기도로 깨어있는 자로 회복시켜 주시니 감사. ●주님의 생명으로 날마다 시간마다 분초마다 채워 주시니 감사. ●주님의 생명으로, 주님의 사랑으로, 주님으로 채워지기를 간절히 사모하고 갈망하는 자가 되게 하심을 감사.

●날마다 시간마다 분초마다 천국을 침노하는 자 되게 하심을 감사. ●아멘, 순종, 충성하는 자가 되었음을 감사. ●사랑이 충만한 자, 은혜가 충만한 자 되었으니 감사. ●통회하는 간절한 회개의 영을 부어 주시니 감사. ●보고 듣고 느끼는 모든 것에 하나님의 음성을 듣고, 자신을 돌아보고 깨닫는 자가 되었음을 감사. ●주님의 은혜와 사랑을 더 깊게, 더 넓게, 더 높게, 더 길게 깨달아 그의 눈에 눈물이 늘 폭포수처럼 터지게 되었음을 감사.
●날마다 더 깊은 주님의 생명으로 채워지게 됨을 감사. ●철저히 껍데기로 사는 자 되었으니 감사. ●주님만이 알맹이요, 내용이요, 주인이 되시니 너무너무 감사. ●남편의 그 눈은 주님의 눈이 되었음을 감사. ●그 귀는 주님의 귀가 되었으니 감사. ●그 생각은 주님의 생각이 되었으니 감사. ●코는 주님의 코요, 호흡은 주님의 호흡이시니 감사. ●입은 주님의 입이 되었으니 감사. ●마음은 주님의 마음이 되었으니 감

사. ●심장은 주님의 심장이 되었으니 감사. ●손발은 주님의 손발이 되었으니 감사. ●지금부터 주님 부르시는 그날까지 오직 주님으로 사는 자 되었으니 감사. ●주님의 생각으로 사는 자 되었으니 감사. ●주님의 눈으로, 주님의 코와 호흡으로, 주님의 귀로, 주님의 입으로, 주님의 마음으로, 주님의 심장으로, 주님의 손으로, 주님의 발로 사는 자 되었으니 감사. ●오직 믿음의 사람이 되어서 믿음으로 보고, 듣고, 생각하고, 말하고, 결단하고, 선택하고, 오직 믿음으로 사는 자 되었으니 너무너무 감사.

●예수님 때문에 육의 사람이 아니니 너무너무 감사. ●옛 사람이 아니니 너무너무 감사. ●죄의 종이 아니니 너무너무 감사. ●자기 의로 사는 자 아니니 너무너무 감사. ●영적으로 게으른 자가 아니니 너무너무 감사. ●불순종하는 자가 아니니 너무너무 감사. ●교만한 자가 아니니 너무너무 감사. ●언행심사가 사탄의 통치를 받는 자가 아니니 너무너무 감사. ●돈을 사랑하는 자가 아니니 너무너무 감사. ●두 주인을 섬기는 자가 아니니 너무너무 감사.

●이제 육을 위해 일하는 자가 아니니 너무너무 감사. ●육의 일을 생각하는 자가 아니니 너무너무 감사. ●육의 사람이 아니니 너무너무 감사. ●영의 사람이 되었으니 너무너무 감사. ●어둠에 통치 받는 자가 아니니 감사. ●사탄의 통치가 남편과 전혀 상관이 없으니 감사. ●예수 생명 사랑으로 인도하시니 감사. ●심령이 가난한 자가 되었으니 감사. ●의에 주리고 목마른 자가 되었으니 감사.

● 주님을 갈망하면서, 주님의 생명과 사랑으로 채워지기를 간절히 사모하며, 천국을 침노하는 자가 되었으니 너무너무 감사. ● 염려, 근심, 걱정하는 자가 아니니 너무너무 감사. ● 하나님을 온전히 의뢰하는 믿음의 사람이 되었으니 너무너무 감사. ● 가난한 자가 아니니 너무너무 감사. ● 부유한 자가 되었으니 너무너무 감사. ● 돈을 사랑치 않는 자가 되었으니 너무너무 감사. ● 물질 때문에 염려하는 자가 아니니 너무너무 감사. ● 물질의 풍성함을 채우신 하나님 은혜에 너무너무 감사. ● 물질로 하나님 나라를 위해 성령이 감동줄 때마다 아멘 순종하는 자가 되었으니 너무너무 감사. ● 물질의 모든 것을 아내에게 맡기는 자가 되었으니 너무너무 감사. ● 주님 한 분만으로 만족하는 자가 되었으니 너무너무 감사.

● 감당치 못할 시험당함을 허락하지 않음을 감사. ● 크고 작은 문제와 시험들을 감당할 수 있게 하심을 감사. ● 피할 길을 주신 것 감사. ● 성령의 감동을 순간순간 받는 자 되었으니 감사. ● 성령의 감동에 순종하도록 육의 소욕을 죽이는 자 되었으니 감사. ● 하나님은 나의 아버지, 사랑의 아버지, 인자한 아버지가 되심을 감사. ● 이 아버지를 날마다 더 깊게, 더 높게, 더 길게, 더 넓게 깨닫고 아는 자 되었으니 감사. ● 예수님 때문에 나는 세상 따라 사는 자가 전혀 아니니 감사. 사탄의 공격을 받는 자가 전혀 아니니 너무너무 감사. ● 죄로부터 해방된 자가 되었으니 너무너무 감사.

● 예수님 때문에 두 마음 품은 자가 아니니 너무너무 감사. ● 주안에 사는 삶이 되었으니 너무너무 감사. ● 죄와 세상 유혹을 과감히 끊어버

린 자 되었으니 너무너무 감사. ●하나님의 은혜를 입은 자 되었으니 너무너무 감사. ●생명을 얻은 자 되었으니 너무너무 감사. ●사랑에 빚진 자가 되었으니 너무너무 감사.

●예수님 때문에 믿음 없는 소리를 하는 자 아니니 너무너무 감사. ●저주의 말을 하는 자 아니니 너무너무 감사. ●육의 말을 하는 자 아니니 너무너무 감사. ●사탄의 말을 하는 자 아니니 너무너무 감사. ●무익한 말을 하는 자 아니니 너무너무 감사. ●혈기 부리는 자 아니니 너무너무 감사. ●과격한 말을 하는 자 아니니 너무너무 감사. ●내 의로 말하는 자 아니니 너무너무 감사. ●육의 말을 하는 자 아니니 너무너무 감사. ●걱정, 근심, 염려하는 말을 하는 자 아니니 너무너무 감사.

●축복의 말, 믿음의 말, 소망의 말, 살리는 말, 은혜와 덕과 유익을 끼치는 말, 하나님께 영광 돌리는 말, 사랑의 말, 세우는 말, 위로의 말, 생명의 말만 하는 자 되었으니 감사.
●날마다 겟세마네의 기름 짜는 기도를 통과하는 자 되었으니 감사.
●새벽기도가 회복되었음을 감사. ●겟세마네를 통과해야만 십자가를 질 수 있으니 감사. ●겟세마네 기도의 영으로 날마다 부어 주심을 감사.
●예수님과 함께 죽고 예수님과 함께 살아야 참 자유가 있으니 감사.
●날마다 나는 예수님과 함께 죽으니 감사. ●날마다 예수님과 함께 사는 자 되었으니 감사. ●죄가 날마다 제거되고 청소되니 감사. ●흠도 티도 점도 없는 자 되었으니 감사. ●죄가 처리되도록 날마다 죽고 생명으로 채워진 자 되었으니 감사. ●내가 우상 되지 않게 연단하시니

감사.

●예수님 때문에 내가 우상이 아니니 감사. ●물질도 우상이 아니니 감사. ●남편도, 자녀도 우상이 아니니 감사. ●교회도 우상이 아니니 감사. ●교회 부흥이 우상이 아니니 감사. ●정결키 위해 순간순간 시험이 있어 감사. ●시험을 통과한 자 되었으니 감사. ●시험을 통과해야만 쓰임을 받으니 감사. ●고난이 유익이니 감사. ●하나님의 관심은 내 믿음이 자라는 것이 관심이니 감사. ●예수님 닮는 것이 관심이니 감사. ●이를 위해 새벽마다, 낮 기도회에 주일 성수로 인도하시니 감사. ●이를 통해 내 영이, 믿음이, 생명이 쑥쑥 자라게 하심을 감사. ●또 하나님 형상 닮게 하심을 감사. ●이를 위해 주님 부르시는 그날까지 온전히 인도하심을 감사. ●내 믿음이, 영이 자라고 하나님 닮는 것이 하나님 뜻이기 때문에, 하나님 뜻대로 구한 자는 받은 줄 믿으라 하시니 감사. ●매주 월요일마다 세미나에 인도하시니 감사. ●가진 것 아무것도 없지만 그때그때마다 넉넉히 인도하시니 감사.

●남편과 나는 하나이기 때문에 감사. ●남편의 신앙생활도 주님이 그만할 때까지 온전히 인도하시니 감사. ●남편이 예수 생명 사랑으로 간절히 사모하는 자 되었으니 감사. ●아들을 주신 이가 아들과 같이 모든 것을 은사로 주지 않겠느냐 하심을 감사. ●남편에게 사모하는 간절한 마음을 7배나 뜨겁게 부어 주심을 감사. ●세미나에 갈 수 있게 되어 감사. ●그 심령과 환경과 물질을 형통하게 인도하심을 감사.
●예수님 때문에 남편이 사람을 의식하는 자 아니니 감사. ●주님만을

사모하는 자 되었으니 감사. ●주님만을 간절히 찾는 자 되었으니 감사. ●다른 목사님을 의식하는 자도 아니니 감사. ●하나님을 간절히 사모하는 자 되었으니 너무너무 감사.

●주님을 찾고, 갈망하고, 간절히 사모하고 찾는 자 되었으니 감사.

●"나를 간절히 찾는 자, 나를 만나리라" 하신 주님을 만나게 하심을 감사. ●연단의 시작이 있으면 끝도 있으니 감사. ●하나님의 간섭이 시작이 있으면 거둘 때가 있으니 감사. ●환난과 시련을 시작하신 이가 거둘 때가 있으니 감사. ●이제 회복시키시니 감사. ●축복하시니 감사.

예수님 때문에

●나는 염려, 근심, 걱정도 상관없으니 감사.

●불안해 하는 자, 두려워하는 자가 아니니 감사.

●사람 눈치 보는 자가 아니니 감사.

●사람 의식하는 자가 아니니 감사.

●사람에게 드러내고자 하는 자가 아니니 감사.

●죄의 종이 아니고 옛 사람이 아니니 감사.

●율법의 사람이 아니니 감사.

●인간의 의는 나와 상관이 없으니 감사.

●교만은 나와 상관이 없으니 감사.

●불신, 하나님께 맡기지 못하는 것은 나와 상관이 없으니 감사.

●절망과 낙심, 낙담은 나와 상관없으니 감사.

●슬픔, 고통, 죽음, 저주, 가난, 궁핍은 나와 상관없으니 감사.

- 사람의 소리를 칼로 자르는 자 되었으니 감사.
- 마귀의 소리를 물리치는 자 되었으니 감사.
- 하나님의 음성을 아멘 하며 순종하는 자 되었으니 감사.
- 고집 부리는 자가 아니고 불순종하는 자가 아니니 감사.
- 어떤 문제 앞에서도 깨닫는 자가 되었으니 감사.
- 즉시 회개하는 자 되었으니 감사.
- 문제 해결의 상책, 최선책은 회개이니 감사.
- 회개하는 자 되었으니 감사.
- 예수님 때문에 전도, 선교하는 자가 되게 하심을 감사.
- 교회도 환난이 없으니 감사.
- 시험이 없으니 감사.
- 깨닫고, 순종하는 자 되었으니 감사.
- 날마다 죽는 자 되었으니 감사.
- 날마다 예수님으로 사는 자 되었으니 감사.
- 환난이 넘친 것같이, 예수님의 위로가 넘치니 감사.

- 예수님 때문에 약한 것을 감사. ● 예수님 때문에 강한 자 되었으니 감사. ● 율법적으로 순종하는 자 아니니 감사. ● 복음적으로 순종하는 자 되었으니 감사. ● 하나님의 사랑을 부어 주사 저절로 사랑의 종이 됨을 감사. ● 저절로 순종의 종이 됨을 감사. ● 예수님 십자가, 나의 십자가 되니 감사. ● 주와 함께 죽고, 주와 함께 산 자 되었으니 감사. ● 이 말씀이 실제가 되니 감사. ● 실제가 되는 삶을 가르쳐 주신 것 감사. ● 날마다 나를 깨닫고, 나를 부인하여 죽고, 주로 시인하여 산 자 되었

으니 감사. ●평안, 믿음, 감사의 사람이 되었으니 감사.
●의의 종, 새 사람, 은혜의 사람, 사랑의 사람, 하나님의 의, 믿음의 사람, 하나님께 온전히 맡기고 신뢰하는 사람, 희망, 기쁨, 즐거워하는 자, 생명과 축복과 부요함으로 풍부한 자 되었으니 감사. ●예수님의 씨가 성령으로 내 속에 들어와 있음을 감사. ●이 생명 씨가 날마다 시간마다 분초마다 쑥쑥 자라니 감사. ●하나님은 나의 아버지. 인자한 나의 아버지이시니 감사.

●예수님 때문에 나는 질서를 무시하는 자가 아니니 감사. ●질서를 존중하는 자가 되었으니 감사. ●남편을 무시하는 자가 아니니 감사. ●남편을 존중하고 존경하고 높이는 자가 되었으니 감사. ●자녀들 앞에 아빠를 무시하는 자가 아니니 감사. ●아빠를 존중, 존경, 높이는 자, 섬기는 자 되었으니 감사. ●친정 엄마를 무시하는 자 아니니 감사. ●친정 엄마를 존중, 존경, 높이고 섬기는 자 되었으니 감사.

●영적 전쟁에서 늘 승리한 자 되었으니 감사. 어떤 전쟁에도 실패가 없으니 감사. ●후퇴가 없으니 감사. ●승리만 있으니 감사. ●사랑의 포로가 되었으니 감사. ●은혜에 빚진 자로 사는 자 되었으니 감사. ●하나님의 자녀로, 상속자로 사는 자 되었으니 감사. ●상속자답게 거룩을 덧입고 귀한 것을 기꺼이 고난을 받는 자 되었으니 감사. ●장차 올 영광이 너무 크기 때문에 기꺼이 고난을 받게 됨을 감사. ●하나님의 은혜와 사랑에 빚진 자로서 갚으려는 마음으로 사는 자 되었으니 감사. ●늘 충성 봉사 말씀대로 사는 자 되었으니 감사. ●영광을 받기 위

해 고난을 받게 됨을 감사. ●나에게도, 남편에게도, 가정, 교회에도 하나님께서 패역을 고쳐 주시니 감사. ●회복시켜 주시니 감사.

●나를, 남편을, 자녀를, 가정, 교회를 회복시켜 주시니 감사. ●이제 하나님의 편 손, 하나님의 능력이 내 심령으로부터 남편, 자녀, 가정, 교회에 나타나니 감사. ●문제 앞에서는 회개가 상책이고 최선의 길이니 감사. ●회개의 영을 부어 주시니 감사. ●회개케 하신 것 감사. ●내 속에서부터 분쟁이 그치고, 화평의 사람이 되었으니 감사. ●혈기가 그치고 사랑의 사람이 되었으니 감사. ●예수님 때문에 불순종이 그치고 순종의 사람이 되었으니 감사. ●미움이 그치고 사랑의 사람이 되었으니 감사. ●불안이 그치고 평안의 사람이 되었으니 감사. ●예수님 때문에 염려, 근심, 걱정이 그치고 평안의 사람, 믿음의 사람, 온전히 맡기는 사람이 되었으니 감사. ●비판하는 생각과 마음과 말이 그치고 축복하는 자, 칭찬하는 자 되었으니 감사. ●다툼이 그치고 화평의 사람이 되었으니 감사. ●불평이 그치고 감사하는 자가 되었으니 감사. ●기도하고 맡길 때 형통해지니 감사. ●삶이 힘들지 않으니 감사.

●나도 하나님 것, 자녀도 하나님 것, 남편도 하나님 것, 가정도 하나님 것, 친정 엄마도 하나님의 것, 교회도 하나님 것, 나라와 민족도 하나님 것, 하나님이 경영하시도록 맡기는 자 되었으니 감사. ●내가 경영하는 자가 아니니 감사. ●하나님이 경영하시니 감사. ●하나님께서 경영하시사 나쁜 것은 버리시고, 고칠 것은 고치시고, 채울 것은 채우시니 감사. ●하나님 뜻에 순종하는 자에게 하나님의 전능하심을 보여주시니

감사. ●하나님은 하나님의 방법대로, 하나님의 생각대로, 내가 범죄할 때 먼저 치시고, 회개할 때 주변 환경을 정리하시니 감사. ●나를, 가정을, 교회를, 나라와 민족을 옥죄이는 원수를 간섭하심을 감사. ●요나가 회개할 때 니느웨가 듣고 회개한 것처럼, 오늘 내가 회개할 때 가정이, 남편이, 자녀가, 친정엄마가, 교회가 회개하니 감사. ●예수님 때문에 나는 말씀에 굴복하는 자가 되었으니 감사. ●하나님의 말씀이 내 삶에 나타나니 감사. ●예수님 때문에 나는 사람을 의식하는 자가 아니니 감사. ●목사님, 사모님들을 의식하는 자가 아니니 감사. ●주님만 바라보는 자가 되었으니 감사. ●남편의 부족함을 보고, 예수 사랑 생명의 자리에 적극적으로 참여치 못함을 볼 때, 내 스스로가 열등의식과 눈치 보이는 것이, 또는 혹시나 하고 눈치가 보였지만 이런 내가 발견되니 감사.

예수님 때문에 나는 열등의식과 상관없다.
예수님 때문에 나는 남들을 의식하는 자가 아니다.
예수님 때문에 사람을 의식하고, 눈치 보는 자가 아니다.
예수님 때문에 나는 하나님만 바라보는 자가 되었고
하나님만 의지하는 자가 되었다.
예수님 때문에 하나님의 약속만 붙들고 나가는 자가 되었다.
예수님 때문에 나는 외로운 자가 아니다.
예수님 때문에 나는 고독한 자가 아니다.
예수님 때문에 나는 혼자가 아니다.
예수님 때문에 나는 소외당하는 자가 아니다.

예수님 때문에 나는 당당한 자가 되었다.

●이것을 통해 나를 돌아보게 되니 감사. ●나의 옛 사람들이 드러나니 감사. ●어둠이 드러남을 보게 되니 감사. ●순간순간, 매일매일, 사람을 통해, 환경을 통해, 물질을 통해, 나의 옛 사람과 내 육신의 모습이 나타나니 감사. ●이것을 볼 수 있어 감사. ●내 눈이 예수님의 눈이 되어 예수님의 청진기로 현미경같이 나를 속속들이 보게 되니 감사. ●예수님 때문에 해결받은 자 되었으니 감사. ●예수님 때문에 승리만 있으니 감사.

또 여기서 처질까 하는 불안해 하는 마음. 여기서 주저앉을까 하는 불안해하는 나의 모습. 여기서 포기할까 하는 두려움….

●나는 아무것도 할 수 없음을 감사. ●예수님이 이런 나를 아시기 때문에 나에게 은혜를 입혀 주셨다. 나는 정말 구더기보다 못한 존재, 벌레보다 못한 존재, 마른 막대기보다 못한 존재, 티끌 같은 존재, 어린아이보다 못한 존재, 지렁이 같은 존재, 껍데기에 불과한 존재요. 그릇에 불과한 존재임을 깨닫게 하시니 감사. ●나는 스스로 아무것도 할 수 없는 존재, 또 무엇이든 해서는 안 되는 존재임을 알게 되니 감사. ●나는 예수님의 것이니 감사. ●예수님이 나의 주인이니 감사. ●예수님이 나의 아버지시니 감사. ●예수님이 모든 것이 되시니 감사. ●예수님이 나의 전부가 되시니 감사. ●예수님이 나의 목적이시니 감사. ●예수님이 나의 소망이시니 감사. ●예수님이 나의 존재 이유가 되시니 감사.

● 남편을 통해서도, 자녀를 통해서도, 엄마, 가정, 교회를 통해서도, 나의 목적이시고, 나의 존재 이유가 되신 예수님의 섭리로 나와 일하실 것이 있으니 감사.

● 내 속에 아간이 있으면 예수님이 일하실 수 없기 때문에 남편 앞에서, 자녀, 엄마, 교회, 물질, 환경 앞에서 나의 아간이 발견되니 감사. ● 예수님 때문에 인간의 의인 아간이 처리되었으니 감사. ● 예수님 때문에 율법의 아간이 처리되었으니 감사. ● 예수님 때문에 나의 염려, 근심, 걱정의 아간이 완전히 처리되었으니 감사. ● 예수님 때문에 불안함, 두려움의 아간이 철저히 처리되었으니 감사. ● 내 아집의 아간이 철저히 처리되었으니 감사. ● 불순종의 아간이 처리되었으니 감사. ● 답답함의 아간이 처리되었으니 감사. ● 예수님의 십자가 앞에서 나의 게으름의 아간이 처리되었으니 감사. ● 하나님께 맡기지 못하는 아간이 처리되었으니 감사. ● 남편에 대해서도 불안해하고, 초조하고, 염려, 근심, 걱정, 두려워하는 아간이 처리되었음을 감사.

예수님 때문에 나는 염려하는 자가 아니다. 불안해하는 자가 아니다. 근심하는 자가 아니다. 걱정하는 자가 아니다. 답답해하는 자가 아니다. 하나님께 맡기지 못하는 자가 아니다. 방심하는 자가 아니다. 부정적으로 생각하는 자가 아니다. 믿음 없이 생각하는 자가 아니다. 믿음 없이 바라보는 자가 아니다. 사람을 의식하는 자가 아니다. 다른 목사님을 의식하는 자가 아니다. 다른 사모들을 의식하는 자가 아니다. 전도사님, 권사님과 집사님을 의식하는 자가 아니다.

예수님 때문에 나는 믿음이 약한 자가 아니다.
나를 약하게 만드는 악한 영들은 다 떠나갈지어다!
예수님 때문에 나는 믿음의 사람이 되었다. 믿음으로 바라보는 자가 되었다. 약속의 말씀을 부여잡은 자가 되었다. 하나님을 의지하는 자가 되었다.

● 욥기서를 통해서 깨닫게 하시니 감사. ● 욥에게 있는 찌꺼기를 제거하기 위해 고난과 시험과 환난을 허락했지만, 시련과 환난과 고난과 연단은 허락했으면 거둘 때도 있으니 감사. ● 지금이 우리의 시험, 환난, 고난, 연단을 하나님께서 거둘 때가 되심을 감사. ● 욥에게는 시험이 있었지만 그땐 하나님이 보고만 계셨다. 그러나 하나님께서 직접 개입했을 때 사탄이 다 떠나갔음을 감사. ● 그 시험과 환난과 연단과 고통을 다 거두시고 축복하신 하나님의 은혜에 감사.

예수님 때문에 나는 말씀을 설명하는 자가 아니다, 말씀을 선포하는 자가 되었다. 말씀의 생수는 더러운 물이 아니다. 깨끗한 물이 되었다.
예수님 때문에 질이 낮은 포도주가 아니다. 좋은 포도주가 되었다. 육을 생각하는 자가 아니다. 영으로 생각하는 자가 되었다.
예수님 때문에 나는 엄마를 섬기는 자, 고마워하는 자, 감사하는 자, 엄마의 어떤 행동도 감사하는 자, 엄마의 어떤 말도 감사하는 자, 엄마를 평안케, 편안케 하는 자, 엄마와 화목한 자, 화평의 사람이 되었다.
엄마의 범사를 인정하는 자, 용서하는 자, 이해하는 자, 포용하는 자, 긍휼히 여기는 자, 양보하는 자, 축복하는 자, 사랑하는 자, 위로하는 자, 말로도 감사와 고마움을 표현하는 자, 엄마에게 너그러운 자, 자녀보다 엄마를 먼저 섬기는 자가 되었다. 자녀보다 엄마를 위해 먼저 기도하는 자가 되었다.

●작은 언니가 엄마를 볼 때 솔직히 나에게 섭섭함이 있다고 말하니 감사. ●이 말 앞에 속상해 하는 나의 모습을 보게 되니 감사. ●인정하기보다 반항하는 나의 모습을 보게 되니 감사. ●이 소리 앞에 옛사람으로 걸리는 나의 모습이 발견되고 진단되니 감사. ●또 이것이 하나님 음성으로 받아들여지니 감사. ●아침밥 하기를 미루는 자가 아니니 감사. ●내가 먼저 식사로 가정을 섬기는 자가 되었으니 감사. ●엄마가 허리가 아프다고 해도 붙들고 기도하지 않은 것 용서하시니 감사. ●무관심한 것 용서하시니 감사. ●하나님을 의지하고 기도하자고 말 안 한 것 용서하시니 감사. ●외면하고, 방심하고, 섬기지 않은 것 용서하시니 감사.

●예수님 때문에 좋은 나무, 알곡, 좋은 물고기, 양, 좋은 씨, 하나님의 자녀, 새 부대, 슬기로운 다섯 처녀, 반석 위에 지은 집, 좋은 포도주, 좁은 문, 하나님의 참감람나무, 의의 종, 충성된 종, 새 곳간, 새 사람, 영의 사람, 깨끗한 그릇, 은혜의 사람, 합법의 사람, 가나안의 사람, 신약의 사람, 참선지자, 보물을 하늘에 쌓아두는 자, 생명의 성령의 법, 옥토 밭이 되었으니 감사.

예수님 때문에

●예수님 때문에 길가 밭, 돌작밭, 가시떨기 밭이 아니라 옥토 밭이 되

었으니 감사. ●예수님 때문에 아무것도 염려하지 말라 하시니 감사. ●예수님 때문에 오직 모든 일에 기도와 간구로 하나님께 아뢰라 하시니 감사. ●예수님 때문에 염려하는 자가 아니니 감사. ●예수님 때문에 걱정하는 자가 아니니 감사. ●예수님 때문에 근심하는 자가 아니니 감사. ●예수님 때문에 불안해하는 자가 아니니 감사. ●예수님 때문에 두려워하는 자가 아니니 감사. ●예수님 때문에 염려, 근심, 걱정, 불안, 두려움은 나와 전혀 상관없으니 감사. ●모든 것이 나에게 예수님 아닌 모든 찌꺼기를 제거키 위해 오는 하나님의 음성이니 감사. ●남편을 통해서도 나에게 드러나는 모습들을 보게 되니 감사. ●예수님의 사랑과 생명에서 멀어지는 것을 보고 불안해 하고, 두려워하고, 염려, 근심, 걱정, 초조해 하는 나의 모습을 볼 수 있어 감사.

●예수님 때문에 나는 충성되고, 지혜 있는 종이 되어 그 집 사람들을 맡아 때를 따라 양식을 나눠주는 자가 되었으니 감사. ●예수님 때문에 나는 악한 종이 아니니 감사. ●악하고 게으른 종이 아니니 감사. ●착하고 충성된 종이 되었으니 감사. ●많은 달란트를 남기는 자가 되었으니 감사. ●달란트를 땅에 묻어두는 자가 아니니 감사. ●무익한 종이 아니니 감사. 무릇 있는 자로 더 받아 풍족한 자가 되었으니 감사. ●악하고 게을러서 있는 것까지 뺏기는 자가 아니니 감사. ●염소가 아니요 양이 되었으니 감사. ●왼편이 아니라 오른편이 되었으니 감사. ●예수님 때문에 나는 지극히 작은 자에게 무시하는 자가 아니니 감사. ●그 속에 주님을 바라보고 영접하고 섬기는 자가 되었으니 감사. ●벗었을 때에 옷을 입히고, 병들었을 때와 옥에 갇혔을 때에 돌아보는 자가

되었으니 감사. ●시험에 들지 않게 늘 깨어 기도하는 자가 되었으니 감사.

예수님 때문에 나는 반역하는 자가 아니다. 배반하는 자가 아니다. 불순종하는 자가 아니다. 대적하는 자가 아니다. 원망하는 자가 아니다. 거짓말하는 자가 아니다. 변명하는 자가 아니다. 영적으로 잠자는 자가 아니다. 기도가 잠자는 자가 아니다. 하나님을 떠난 삶이 아니다. 하나님과 함께 한 삶, 하나님과 연합된 자의 삶이 되었다. 나의 육신과 나의 영광을 위해 사는 자가 아니다. 하나님의 영광을 위해 사는 자가 되었다.

예수님 때문에 나에게는 곤고함은 없다. 불안은 없다. 갈증도 없다. 하나님이 함께하는 자로 평강이 충만한 자가 되었다. 심령에 곤고가 닥치지 않게 말씀과 기도로 늘 깨어 있는 자가 되었다. 말씀을 올바로 받아 꿀 송이 같게 하시고, 순종할 힘이 없는 연약함을 담당하신 예수님 때문에 나는 연약한 자가 아니다.

예수님 때문에 나는 순종하는 믿음의 사람이 되었다. 영이 육을 지배하는 삶이 되었다. 하나님의 의가 내 의를 지배하는 자가 되었다. 예수님의 통치를 지배하는 자가 되었고 영의 삶이 체질화가 되었다. 성령의 소욕이 육의 소욕을 지배한 자가 되었다. 성령의 소욕이 육의 소욕을 이긴 자가 되었다.

●예수님께만 나오고 예수님이 내 손 잡아주시니 감사. ●그 예수님의 손이 기쁨을 주는 손이니 감사. ●평강을 주는 손이니 감사. ●승리를 주신 손이니 감사. ●감사할 수 있게 하시는 손, 문제를 맡아 주신 손,

괴로움을 가져가신 손, 불평과 고통을 가져가신 손, 행복을 주신 손, 은혜를 주신 손이니 감사.

그 손은 빛의 손, 그 손은 사랑의 손, 그 손은 행복한 손, 그 손은 나를 안아주는 손, 그 손은 날 붙잡고 걷는 손, 그 손은 날 일으키는 손, 그 손은 모든 문제를 해결해 주는 손, 나는 예수님 때문에 행복자이다.
온 맘 다해 예수님을 사랑한다. 예수님께 감사한다.
무엇으로 표현할까. 이 마음을… 이 기쁨, 이 감사, 그저 행복한 이 모습 이대로 받으소서. 주님께 영광!
그런데 왜! 왜! 왜! 나는 그 예수님의 손을 놓치고 순간순간 방황하고 헤매는지, 이런 나를 볼 때 너무 안타깝다.
주님! 이 손 꼭 잡고 가소서!
절대로 이 손을 놓치지 않을 것이다.
이 손 잡고 천국까지 가게 믿음 부어 주소서.
주님의 생명으로, 빛으로, 사랑으로, 능력으로 부어 주시니 감사하다.
주님께 영광! 이 행복 받으소서. 이 감격 주님 받으소서.
너무너무 감사드린다.

● **예수님 때문에 나는**
높이는 자가 아니다.
낮추는 자가 되었다.
나의 행위를 사람에게 보이고자 하는 자가 아니다.
말만 하고 행치 않는 자가 아니다.

아멘 하고 순종하며 행하는 자가 되었다.

무거운 짐을 묶어 사람의 어깨에 지우는 자가 아니다.

외식하는 자가 아니다.

탐욕의 사람이 아니다.

방탕한 자가 아니다.

속과 겉이 더러운 자가 아니다.

속과 겉이 깨끗한 자가 되었다.

내 안에 더러운 것은 없어졌다.

속과 겉이 깨끗한 자가 되었다.

● 예수님 때문에 나는

겉으로만 사람에게 옳게 보이는 자가 아니다.

외식과 불법은 나와 상관없다.

사람의 미혹을 받는 자가 아니다.

거짓 선지자가 아니다.

거짓 선지자는 나와 상관없다.

참선지자가 되었다.

불법의 사람이 아니다.

합법의 사람, 사랑의 사람이 되었다.

영적으로 잠자는 자가 아니다.

깨어 있는 자가 되었다.

말씀과 기도로 충성되고 지혜 있는 종이 되었다.

또 나사로에게 얻어먹는 개처럼, 생활도, 환경도, 그래서는 안 되겠다.

가족들에게 미안해서 이래서는 안 되겠다 하고 주님을 찾고 사모하고 힘쓰는 자가 되었으면 좋겠다. 중요한 일과 급한 일, 육의 일과 영의 일을 분별하고, 급한 일보다 중요한 일을 택하고, 육의 일보다 영의 일로 택했으면 좋겠다. 밤새도록 TV를 켜놓고 컴퓨터로, 야구, 장기, 고스톱을 하는 행위는 온 가족에게 덕이 안 됨을 알고 이를 부인하는 선포기도를 했다.

● **예수님 때문에 나는**

게으른 자가 아니다.
돈을 사랑하는 자가 아니다.
남편을 미워하는 자가 아니다.
원망과 섭섭해 하는 자가 아니다.
불만족하는 자가 아니다.
엄마를 미워하는 자가 아니다.
엄마께 불평하는 자가 아니다.
엄마를 싫어하는 자가 아니다.
엄마를 불만족스러워하는 자가 아니다,
엄마께 섬김 받고자 하는 자가 아니다.
엄마를 부정적으로 보는 자가 아니다.
엄마를 부리는 자가 아니다.
엄마가 다 해주기를 바라는 자가 아니다.
엄마를 판단하는 자가 아니다.
엄마를 정죄하는 자가 아니다.

엄마에게 미루는 자가 아니다.
엄마에게 상처 주는 말하는 자가 아니다.
엄마를 저주하는 자가 아니다.
엄마를 수군수군하는 자가 아니다.
엄마에 대해 감사하지 않는 자가 아니다.
엄마를 의심하는 자가 아니다.
엄마에게 고통을 주는 자가 아니다.
엄마를 힘들게 하는 자가 아니다.
엄마에게 부정적으로 말하는 자가 아니다.
엄마를 시험 들게 하는 자가 아니다.
엄마를 죄짓게 하는 자가 아니다.
엄마 때문에 사탄의 통치를 받는 자가 아니다.
엄마에게 무관심하는 자가 아니다.
엄마에게 낙심의 소리를 하는 자가 아니다.
엄마에게 남의 소리 수군수군 하는 자가 아니다.
엄마를 못마땅하게 여기는 자가 아니다.
엄마를 의지하는 자가 아니다.

●육의 엄마만 생각하고 대우하는 자가 아니니 감사. ●불쌍히 안 여기는 자가 아니니 감사. ●남편이 돈을 안 맡긴다고 불평하는 자가 아니니 감사. ●미워하는 자가 아니니 감사. ●속상해 하는 자가 아니니 감사. ●시험 드는 자가 아니니 감사. ●가난한 자가 아니니 감사. ●남편에게 일일이 타 쓰는 것 때문에 힘들어 하는 자가 아니니 감사. ●일일

이 보고해야 하는 것을 무거운 짐으로 여기는 자가 아니니 감사. ●물질 때문에 힘들어하는 자가 아니니 감사. ●눈치 보는 자가 아니니 감사. ●남편을 어려워하는 자가 아니니 감사.

●부담스러워하는 자가 아니니 감사. ●너무 조심스러워하는 자가 아니니 감사. ●늘 돈에 목말라하는 자가 아니니 감사. ●나는 물질을 꽉 쥐고 있는 자가 아니니 감사. ●남편에게 못 맡기는 자가 아니니 감사. ●나는 물질에 얽매인 자가 아니니 감사. ●물질을 붙들고 있는 자가 아니니 감사. ●물질의 종이 아니니 감사 ●물질 때문에 염려와 불평하는 자가 아니니 감사. ●근심과 걱정과 죄짓는 자가 아니니 감사. ●욕심 부리는 자가 아니니 감사. ●시험 드는 자가 아니니 감사. ●돈 때문에 사탄의 통치를 받는 자가 아니니 감사. ●부부가 물질로 하나 되지 못한 자가 아니니 감사. ●물질 때문에 담이 있는 자가 아니니 감사. ●물질의 우상과 인색함으로 상대방을 힘들게 하는 자가 아니니 감사. ●자녀에게 영적으로 무관심한 자가 아니니 감사. ●영적으로 방심한 자가 아니니 감사 ●물질의 바벨탑이 무너졌으니 감사.

●예수님 때문에 다 되었으니 감사. ●예수님께서 십자가에서 다 이루시고 부활생명을 주셨으니 감사. ●예수님 때문에 부지런한 자, 성실한 자, 진실한 자, 남편 사랑하는 자 되었으니 감사. ●예수님 때문에 기도하는 자, 고마워하는 자, 영적으로 보는 자. 만족하는 자, 감사하는 자, 엄마를 사랑하는 자, 엄마께 감사하는 자, 축복하는 자, 섬기는 자, 긍정적으로 생각하는 자, 긍정적으로 보고하는 자, 긍정적으로 일하는

자, 엄마께 감사하는 자, 엄마의 영혼을 사랑하는 자, 영혼을 불쌍히 여기는 자, 긍휼히 여기는 자, 포용하는 자, 감사의 말을 하는 자, 사랑의 말을 하는 자, 소망의 말을 하는 자, 주님께 영광 돌리는 말을 하는 자, 엄마에게 은혜와 덕과 유익을 끼치는 자, 엄마 영혼을 살리는 자, 예수님의 통치를 받게 하는 자, 동정하는 자, 소망의 소리를 하는 자, 생명의 말을 하는 자, 감사의 말을 하는 자, 이해하는 자가 되었으니 감사.

●나는 예수님을 의지하는 자, 먼저 섬기는 자, 엄마 속의 예수님을 보는 자, 남편 속의 예수님을 사랑하는 자, 남편의 영혼을 불쌍히 여기는 자, 기다리는 자, 인내하고 절제하는 자, 감사와 축복하는 자, 중보하는 자, 나를 돌아보는 자, 남편을 통해 하나님의 음성을 듣는 자, 지혜로운 말을 하는 자, 지혜로운 행동을 하는 자, 남편을 살리는 자, 남편을 세우는 자, 남편을 높이는 자, 남편을 존경하는 자, 남편에게 순종하는 자, 남편을 섬기는 자, 남편을 이해하는 자, 남편을 포용하는 자, 남편에게 감사하는 자, 남편을 위해 물질도 늘 심는 자, 남편을 위해 섬기는 자, 남편을 위해 베푸는 자, 남편을 위해 구제하는 자가 되었으니 감사. ●우리 부부의 물질의 우상이 깨어졌음을 감사. ●물질관이 하나가 됨을 감사. ●물질 앞에 서로 부담이 없으니 감사. ●물질로서 서로 섬기고 인정하는 자 되었으니 감사.

●서로 배려하고 서로 양보하고 서로 성령의 감동과 인도를 인정하는 자가 되었으니 감사. ●성령의 인도에 서로 순종하는 자 되었으니 감사. ●물질에 자유함을 얻었으니 감사. ●물질로 서로 감사가 넘친 자

되었으니 감사. ●물질의 바벨탑이 무너졌음을 감사. ●물질로 서로 주님께만 영광 돌리는 자 되었으니 감사. ●의에 목마른 자가 되었으니 감사. ●부부가 물질로 서로 일치의 영으로 하나가 됨을 감사. ●물질 때문에 염려, 근심, 걱정은 없는 자 되었으니 감사. ●먼저는 심령이 넉넉하고 풍성한 자 되었으니 감사. ●기쁨으로 지혜롭게 물질을 잘 관리하는 자 되었으니 감사. ●예수님께만 영광 돌리는 자가 되었으니 감사. ●보물을 하늘에 쌓아두는 자가 되었으니 감사. ●예수님 이름으로만 사는 삶이 되게 하심을 감사.

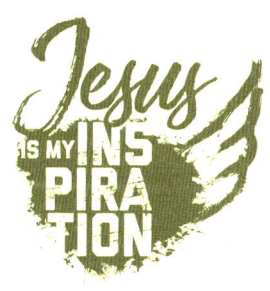

제16장

예수 피만 의지하며 살래요

"오직 흠 없고 점 없는 어린 양 같은
그리스도의 보배로운 피로 된 것이니라"(베드로전서 1:19)

 "친구는 사랑이 끊어지지 아니하고 형제는 위급한 때를 위하여 났느니라"(잠 17:17).

●친정으로 4형제가 있음을 감사. ●시댁으로 8형제가 있음을 감사. ●4자녀가 있음을 감사. ●지혜 없는 자로 남의 손을 잡고 그 이웃 앞에 보증이 되었던 것 용서하시니 감사. ●또 다른 사람이 우리를 위해 보증 서게 했던 것 용서하시니 감사. ●이제는 지혜 있는 자가 되어 남의 손을 잡고, 그 이웃 앞에 보증이 되지 않게 하시니 감사. ●내 마음 속에 다툼을 제거해 주시니 감사. ●마음이 사특하지 않게 하시니 감사. ●혀가 패역하지 않게 하시니 감사. ●나의 미련함을, 남편의 미련함을, 자녀의 미련함을 고쳐 주시니 감사. ●이젠 더 이상 미련한 자를 낳지 않게 하시니 감사. ●말씀과 기도로 깨어서 자녀들에게 미련함과 죄를 낳지 않게 기도하고, 가르치고, 훈계하게 하시니 감사.

"미련한 자를 낳는 자는 근심을 당하나니 미련한 자의 아비는 낙이 없느니라"(잠 17:21).

자녀 때문에 근심당하는 것 당연하다. 자녀 때문에 낙이 없는 것 당연하다. 불쌍히 여겨주시니 감사하다. 신앙생활에 본을 끼치지 못한 것 용서하시니 감사하고, 바른 신앙교육을 시키지 못한 것 용서하시니 감사하다.

"미련한 일들은 그 아비의 근심이 되고 그 어미의 고통이 되느니라"(잠 17:25).

자녀 때문에 근심이 되고 고통이 되는 것 당연하다. 불쌍히 여겨 주시니 감사하고, 이 자녀들의 미련을 고쳐 주시니 감사하다.

"말을 아끼는 자는 지식이 있고, 성품이 냉철한 자는 명철하니라"(잠 17:27).

●상대방에 비해 나를 의롭게 여기기 때문에 부끄러운 일을 당함을 깨닫게 하시니 감사. ●상대방에 비해 나를 의롭게 여기는 죄를 용서해 주시니 감사. ●이런 나를 고쳐 주시니 감사. ●교만을 제거해 주시니 감사. ●어떠한 환경 속에서도 하나님을 향한 마음이 흔들리지 않고, 변하지 않게 하시니 감사. ●나를 성도로 삼아 주신 것 감사. ●거룩히 구별된 자가 되게 하시니 감사. ●맘과 생각이 죄악으로부터 구별되게 하시니 감사. ●세상으로부터 구별되게 하시니 감사. ●육의 소욕으로부터 구별되게 하시니 감사. ●말이 죄악으로부터, 세상으로부터, 육의

소욕으로부터 구별되게 하시니 감사. ●행동과 삶이 죄악으로부터, 세상으로부터, 육의 소욕으로부터 구별되게 하시니 감사. ●성도로서 삶을 어떻게 살아야 하는지 시편 37편 말씀 통해 가르쳐 주시니 감사. ●여호와를 의뢰하는 삶을 살게 하시니 감사. ●여호와 하나님을 의뢰하는 자는 자동으로 선을 행하게 되니 감사. ●선은 하나님 자체임을 깨닫게 하시니 감사. ●말씀을 지키는 자체가 의로운 것이요 선을 행하는 것임을 가르쳐 주시니 감사. ●에스겔 36장 22-36절 말씀으로 나를 회복시키사 성령을 충만하게 부어 주시니 감사. ●말씀을 지키는 삶을 살게 해주시니 감사. ●의뢰한다는 것은 하나님에게 매어 달린다는 뜻임을 가르쳐 주시니 감사. ●하나님은 창조주요, 심판주요, 우리를 다스리는 자요, 구원자요, 생명의 주인 되시니 그분만을 의뢰하게 하심을 감사. ●선을 행하는 것은 하나님께 매어 달린 상태로 말씀을 지키는 것이라고 했는데, 이렇게 선을 행할 수 있게 성령 충만을 부어 주시니 감사. ●하나님께 매어 달려 하나님의 말씀을 지키지 않으니 넘어지고 실패하고 좌절하게 됨을 깨닫게 하시니 감사.

●하나님의 말씀을 진실로 의지하는 자에게는 모든 것에 부족함이 없이 채워주시니 감사. ●하나님의 말씀을 진실로 의지하는 믿음 주시니 감사. ●그리하여 모든 것에 부족함이 없이 채워주시니 감사. ●하나님께 매어 달린 것같이 말씀대로 사는 자는 하나님의 식물을 먹고 살아감을 감사. ●엘리야도 하나님을 의뢰하였더니 기근에 필요한 모든 것을 까마귀를 통해 공급하시고, 기근이 끝나고 새로운 사명을 주신 것을 깨닫게 하시니 감사. ●양은 목자만 있으면 어떤 경우도 부족함이 없

다 하시니 감사. ●어떤 환난이 닥쳐와도 세상 어떤 공격에도 하나님을 의뢰하고, 하나님의 약속을 듣고 나아가는 믿음과 능력을 주시니 감사. ●이렇게 사는 나에게 평안과 안식을 하나님께서 이미 작정해 주셨음을 감사. ●또 성도의 삶으로서 "여호와 하나님을 기뻐하라 그가 네 마음의 소원을 이루어 주신다"고 하니 감사. ●여호와를 기쁘시게 하는 것은 하나님 말씀 안에 순종하는 것, 계명을 지키는 것, 그리하여 열매 맺는 것. 이렇게 살 수 있게 성령 충만을 부어 주시니 감사. ●내 힘으로 하나님을 기쁘시게 할 수 없지만, 에스겔 36장 22-38절 말씀으로 회복시키시니 감사. ●주님의 율례를 행하게 하고, 규례를 지켜 행하게 성령께서 인도하시니 감사. ●공허함은 내 욕심만을 채우기 위함인데 욕심을 버리게 하시니 감사. ●나를 버리고, 비우고, 성령 충만으로 채워주시니 감사. ●"미움은 다툼을 일으켜도 사랑은 모든 허물을 가리느니라"(잠 10:12)고 하심 감사. ●여호와 하나님을 기뻐하는 것이 나의 힘이 되심을 감사. 여호와 하나님을 기뻐하는 데 초점을 맞추게 하시니 감사. ●그리하여 삶의 힘을 얻게 하시니 감사.

●하나님 말씀대로 사는 것이 하나님이 기뻐하신다 하니 감사. ●하나님이 기뻐하는 삶을 사는 자는 마귀에게 기쁨을 줄 수 없음을 감사. ●하나님 앞에 만남의 약속을 드릴 때 하나님이 기뻐하심을 감사. ●만남의 약속을 철저히 드릴 수 있게 성령 충만을 부어 주시니 감사. ●하나님 앞에 약속이 드려질 때 하나님이 기뻐하심을 감사. ●드림의 약속을 철저히 지킬 수 있게 성령 충만을 부어 주시니 감사. ●행함의 약속을 드릴 때 하나님이 기뻐하시니 감사. ●행함의 약속을 철저히 드릴

수 있게 성령 충만을 부어 주시니 감사. ●또 성도의 삶으로서 너의 길을 여호와께 맡기라 하시니 감사. ●그를 의지하면 그가 이루시고, 나의 의를 빛같이 나타내시며, 나의 공의를 정오의 빛같이 하신다고 하니 감사. ●나의 길을 철저히 하나님께 맡길 수 있는 믿음과 성령 충만을 부어 주시니 감사. ●하나님만을 의지하는 믿음을 주시니 감사. ●하나님만을 의지할 수 있도록 성령 충만을 부어 주시니 감사. ●나의 짐(삶의 계획, 문제, 방법)을 강하고 위대하시고 전능하신 하나님 어깨에 지워드리라 하시니 감사. ●나의 무거운 짐들, 내 자신에 대한 짐, 즉 남편, 자녀, 가정, 교회, 나라 등 이 무거운 짐들을 하나님 어깨에 지워드리게 하심을 감사. ●나의 짐을 하나님이 짊어지고 가시니 감사. ●하나님께서 나의 짐을 맡아 주실 것을 확신함을 감사. ●확신하는 믿음 주심을 감사. ●하나님이 내 짐을 맡아 주실 것을 확신하는 삶을 살게 하심을 감사. ●내 자신이 연약하여 지기 힘든 짐, 변화받지 못하여 괴로운 짐, 순종하고 싶은데 못하는 무거운 짐, 죄악의 짐, 연약의 짐, 가난의 짐, 주님께서 맡아 주실 줄 믿고 감사. ●맡아주시니 감사.

●남편이 성경연구원 공부 중에 큰 은혜 받고, 바로 잘 배우고, 또 말씀 통해 하나님 만나게 해주심을 믿고 감사. ●오직 성령께서 붙들어 주셔서 은혜 받는 데만, 말씀 먹는 데만, 기도하는 데만 전념하게 해주실 줄 믿고, 첫 시간부터 끝 시간까지 집에 돌아오는 시간까지 한 눈 팔지 않고, 큰 은혜 받게 해주실 줄 믿고 감사. ●또 악한 영이 틈타지 않기를 염려하고 소원하는 이것들도 하나님이 전적으로 맡아 주시니 감사. ●책임져 주시니 감사. ●말씀을 보내사 먹이시고 고치시고 역사하시니

감사.

●큰 아들도 은혜 회복, 신앙생활 회복, 예배 회복, 믿음의 신실한 지도자 만나고, 믿음의 신실한 상관과 동료, 믿음의 신실한 여자 친구 만나게 하시고 또 직장은 주일성수할 수 있고, 병역 특혜 받을 수 있고, 대우도 잘 받을 수 있는 좋은 직장을 주시니 감사. ●또 자녀의 직장생활도 성실히 기쁨으로 주님을 의지하며 잘 감당케 하시니 감사. ●이에 대한 염려, 불안, 계획, 길, 소원, 다 맡아주시니 감사. ●책임져 주시니 감사. ●작은 아들도 신앙생활 회복, 학원생활, 학교생활, 성실히 잘하게 하심을 감사. ●저들의 길을 맡아주시니 감사. ●성도들의 신앙생활 회복과 길을 맡아 주시니 감사. ●교회의 길도 맡아 주시니 감사. ●나의 이 길들을 여호와 하나님께 드러내어 의논하라 하시니 감사. ●나의 짐들을 내놓고 의논하라 하시니 감사. ●모세가 기도의 손을 들고 맡길 때, 이기게 하심같이 나의 삶의 모든 여정을 기도의 손을 들고 맡기게 하시니 감사. ●승리케 해주시는 하나님께 감사. ●내가 할 때는 상처 투성이지만 하나님을 의지하고 순종할 때 하나님의 공의가 정오의 빛같이 하심을 감사. ●하나님의 그 후광이 온전히 비춰 주심을 감사.

●우리 목사님이 하나님의 말씀을 삼가 듣고, 하나님께서 오늘날 명하는 그 모든 명령을 지켜 행하게 하시니 감사. ●하나님께서 우리 목사님을 세계 모든 민족 위에 뛰어나게 하시니 감사. ●우리 목사님이 여호와 하나님의 말씀에 순종하여, 이 모든 복이 목사님에게 임하며, 미치게 하시니 감사. ●성읍에서도 복을 받게 하시니 감사. ●들에서도 복을 받게 하시니 감사. ●우리 목사님의 소생과 토지의 소산과 짐승의

새끼와 우양의 새끼가 복을 받게 하시니 감사. ●우리 목사님의 떡 반죽 그릇이 복을 받게 하시니 감사. ●우리 목사님이 들어와도 복을 받고 나가도 복을 받게 하시니 감사. ●우리 목사님의 대적들이 일어나 목사님을 치려 하면 여호와 하나님께서 그들을 우리 목사님 앞에서 피하게 하시리니 그들이 한 길로 왔다가 일곱 길로 도망하게 하시니 감사. ●여호와 하나님께서 명하사 우리 목사님 창고와 목사님 손으로 하는 모든 일에 복을 내리시니 감사. ●하나님이 목사님에게 주신 땅에서 복을 주시니 감사. ●우리 목사님이 여호와의 명령을 지켜 그 길로 행하게 하심을 감사. ●여호와 하나님께서 목사님에게 약속하신 대로 목사님을 세워 자기의 성민이 되게 하시니 감사. ●우리 목사님을 여호와 하나님의 이름으로 일컬음을 세계 만민이 보고, 목사님을 두려워하게 하심을 감사. ●여호와 하나님께서 우리 목사님에게 주리라고 열조에게 맹세하신 땅에서 복을 주사 목사님의 소생과 육축의 새끼와 토지의 소산으로 많게 하심을 감사. ●여호와 하나님께서 목사님의 손으로 하는 모든 일에 복을 주시니 감사.

●여호와 하나님께서 목사님을 위하여 하늘의 아름다운 보고를 열어 목사님 땅에 때를 따라 비를 내리시고, 목사님 손으로 하는 모든 일에 복을 주시니 감사. ●목사님이 많은 민족에게 꾸어 줄지라도 목사님은 꾸지 아니하게 됨을 감사. ●여호와 하나님께서 우리 목사님으로 머리가 되고, 꼬리가 되지 않게 하시니 감사. ●위에만 있고, 아래에 있지 않게 됨을 감사. ●우리 목사님이 하나님의 명령을 듣고 지켜 행하게 하심을 감사. ●하나님이 우리 목사님에게 명하는 그 말씀을 떠나 좌로

나 우로나 치우치지 아니하고, 다른 신을 따라 섬기지 않게 하사 이와 같이 이루어주시니 감사.

● 내가 여호와의 말씀을 순종치 않는 것을 용서해 주시니 감사. ● 하나님이 내게 날마다 주신 모든 명령과 규례를 지켜 행하지 아니하여 이 모든 저주가 임한 것을 용서해 주시니 감사. ● 이제 이 모든 저주가 나에게 임하지 않고 미치지 않고 나와 상관이 없게 해주시니 감사. ● 이젠 성읍에서도 저주는 나와 상관이 없고, 들에서도 저주는 나와 상관이 없고, 나의 광주리와 떡 반죽 그릇에도 저주는 나와 상관이 없고, 내 몸의 소생과 토지 소산과 우양의 새끼도 저주와 상관없음을 감사. ● 이젠 내가 들어와도, 나가도, 저주는 나와 상관없음을 감사. ● 또 내가 악을 행하여 하나님을 잊으므로, 나의 손으로 하는 모든 일에 여호와께서 저주와 공구와 견책을 내리사, 망하여 속히 파멸케 된 것을 용서해 주시니 감사. ● 이제 내 몸의 염병을 제하여 주시니 감사. ● 폐병과 열병과 염증과 학질과 한재와 풍재와 썩는 재앙은 나와 상관이 없음을 감사. ● 또 다른 저주로부터 자유함을 주심을 감사. ● 모든 것이 풍족하여도 기쁨과 즐거운 마음으로 하나님을 섬기지 아니하였음을 용서해 주시니 감사. ● 그로 인한 모든 저주는 나와 상관이 없음을 감사. ● 율법의 모든 말씀을 지켜 행하게 하심을 감사. ● 내 하나님 여호와의 영화롭고 두려운 이름을 경외하게 하심을 감사.

새벽에 말씀을 전하고, 너무 많이 전하고, 길게 한 것 같아 맘이 무겁고 잘못 전한 것 같아 맘이 무겁다.

●잘 전하고자 하는 교만함을 용서해 주시니 감사. ●지금 맘이 안 편하고, 두근두근한 것이 왜 그러는지 깨닫게 해주시니 감사. ●잘못 전한 것을 깨닫게 하시니 감사. ●이런 나를 지켜주시니 감사. ●이런 나를 용서해 주시니 감사. ●나를 사모로 세우신 것을 감사. ●내 힘으로는 아무것도 할 수 없음을 감사. ●주님 붙들어 주지 않으면 실수투성이요, 허물투성이요, 잘할 수 있는 게 하나도 없음을 깨닫게 하시니 감사. ●전능하신 하나님이 나의 아버지 됨을 감사. ●나 때문에 성도들이 시험 들지 않게 하시니 감사. ●시험은 성도님들과 상관없음을 감사. ●연약한 나를 용서해 주시니 감사. ●성령께서 성도들을 붙들어 주시니 감사. ●성도들과 함께하시니 감사. ●성도들을 축복하시니 감사.

●성도들을 도와주시니 감사. ●성도들에게 은혜 주시니 감사. ●성도들을 회복시켜주시니 감사. ●이 기도에 응답하시니 감사. ●아무것도 염려하지 말라 하시니 감사. ●오직 모든 일에 기도와 간구로 너희 구할 것을 감사함으로 아뢰라 하시니 감사. ●나를 책임져 주시니 감사. ●말이 많으면 허물을 면키 어렵다 했는데, 말을 절제할 수 있게 하시니 감사. ●나를 도우시니 감사. ●축복하시니 감사. ●새벽기도에 잘 나오게 축복하시고, 은혜와 믿음과 말씀이 나를 고치시니 감사. ●말씀에 부요케 하사 말씀이 나를 구원하시니 감사.

"강하고 담대하라"(수 1:9)
"아무것도 염려하지 말고 오직 모든 일에 기도와 간구로, 너희 구할 것을 감사함으로 아뢰라 그리하면 모든 지각에 뛰어난 하나님의 평강이 그리스도 예수 안에서 너희 마음과 생각을 지키시리라"(빌 4:6-7)는 말씀을 의지하고 붙들자. 진심으로 찬양하자.

●시편 91편의 말씀처럼 지존자의 은밀한 곳에 거하는 내가 전능하신 자의 그늘아래 거하게 됨을 감사. ●내가 여호와를 가리켜 말하기를 그는 나의 피난처요, 나의 요새요, 나의 의뢰하는 하나님이시라고 고백하니 감사. ●하나님이 나를 새 사냥꾼의 올무에서와 극한 염병에서 건지시니 감사. ●하나님이 나를 그 깃으로 덮으시니 내가 그 날개 아래 피하게 됨을 감사. ●그의 진실함은 나에게 방패와 손방패가 됨을 감사. ●나는 밤에 놀램과 낮에 흐르는 살과 흑암 중에 행하는 염병과 백주에 황폐케 하는 파멸을 두려워 아니함을 감사. ●천인이 내 곁에서, 만인이 내 우편에서 엎드러지나 이 재앙이 내게 가까이 못함을 감사. ●이 재앙이 나와 상관이 없음을 감사. ●오직 나는 목도하리니 악인의 보응이 내게 보이게 됨을 감사. ●내가 말하기를 여호와는 나의 피난처시라 하고, 지존자로 나의 거처를 삼았으므로, 화가 내게 미치지 못함을 감사. ●또 재앙이 내 장막에 가까이 오지 못함을 감사. ●하나님이 나를 위하여 그 사자들을 명하사, 나의 모든 길에 나를 지키게 하심을 감사. ●그 사자들이 그 손으로 나를 붙들어 발이 돌에 부딪히지 않게 하시니 감사. ●내가 그 사자와 독사를 밟으며 젊은 사자와 뱀을 발로 누르게 됨을 감사.

●하나님이 "네가 하나님을 사랑한즉 하나님이 너를 건지리라" 하시니 감사. ●"네가 하나님 이름을 안즉 하나님이 너를 높이리라" 하시니 감

사. ●"네가 하나님께 간구하리니 하나님이 응답하리라" 하시니 감사. ●나의 환난 때에 하나님이 나와 함께하여 나를 건지고, 영화롭게 하리라 하시니 감사. ●하나님이 나를 장수함으로 만족게 하며 하나님의 구원을 보이리라 하시니 감사.

하나님의 기쁨을 얻기 위해서는 세 단계의 방법이 있다.
첫째, 하나님을 아버지로 생각한다. 하나님을 실제 아버지로 바라보는 것이다. 그분은 나의 순종에 긍지를 느끼면서, 나의 반항에 아픔을 겪으신다고 했다. 하나님의 이런 모습을 발견하지 못하면 나는 그분의 계획 밖에서 살게 되고, 그런 상태에서는 하나님을 기쁘시게 할 수 없다고 했음을 깨닫게 하시니 감사하자.
둘째, 나를 향한 하나님의 감정이 내 자신의 기분을 결정한다는 사실을 정직하게 인정하자. 나를 향한 하나님의 감정에 진심으로 관심을 갖기 위해서는 하나님의 감정이 나 자신의 감정임을 깨닫게 하시고, 하나님이 나에게 느끼는 기쁨이나 실망이 나의 맘속의 충일감이나 우울함을 만든다는 것을 알게 하신다. 그래서 하나님께 순종하고픈 마음이 갈급해지게 하심을 감사하자.
셋째, 하나님의 기쁨의 산물이 나에게 살아갈 힘을 준다는 사실을 발견하자. 나의 순종과 하나님의 기쁨은 밀접하게 연관되어 있음을 감사하며 그러나 나는 하나님의 계획에 무관심함을 깨달으며, 하나님의 뜻을 묻는 시간을 조금도 갖지 않은 채 인생을 설계하고, 일자리를 구하며, 가정을 꾸민 것을 용서하시고, 내 자신에게 하나님이 주신 소명이 있다는 사실을 믿게 하시고 알게 하시니 감사하자.

개척교회 한 영혼 한 일꾼은 일억천금보다 귀하다.

우리 동네에 부산에서 이사 왔다며 주일에 찾아와서 예배를 드리고 간 분을 주중에 심방도 하고 교제도 했다,

주말에 전화를 하니 주일날 다른 교회에 가보고 맘에 들면 그 교회에 가고 아이들만 보내겠다고 했다.

이때, 나의 반응은 다른 교회 갈까 봐 불안해 하고 당황하며 부흥과 목회에 대해 두려움이 생겼다.

또 상대방 입장을 생각해본다.

개척교회에 안 다녀봤기 때문에 적응하기 힘들어 그렇겠지. 맘을 안 열어 놓으니 그렇겠지. 분위기가 염려가 되어 그렇겠지 생각했다.

그리고 성령의 음성을 들어본다.

"아무것도 염려하지 말라. 그 성도를 책임져 줄 것이다"고 말씀해 주시고 인도하시니 감사했다. 우리 힘으로 어떻게 할 수 없으니 하나님의 인도하심을 믿고 맡기라 하셔서 그 맘과 생각과 행동을 다스려 줄 것을 믿었다. 일을 행하는 여호와 하나님 그것을 지어 성취하는 여호와 하나님, 주님께서 일하시고 주님께서 성취하실 것을 믿고, 마음으로 부르짖게 하시니 감사했고, 응답하시니 감사했고, 이루어주시니 감사했고, 내 생각 내 방법이 아니라 하나님의 방법으로 인도하시니 감사했고, 아무것도 염려치 말라 하시니 감사했고, 범사에 하나님을 인정하라 하시니 감사했고, 이것도 하나님이 하심을 믿기에 감사했고, 하나님이 개입하시니 감사했고, 이미 승리를 주셨음을 감사했다. 그런데 오늘도 그 성도가 다른 교회로 갔다.

● 하나님께 맡기라 하시니 감사. ● 하나님이 책임져 주시니 감사. ● 그

성도를 향한 하나님의 최고의 축복을 주시니 감사. ●주님이 기뻐하는 길로 인도하시니 감사. ●그 영혼을 책임져 주시니 감사. ●교회 부흥은 하나님께 있음을 감사. ●하나님께 맡길 수 있어 감사. ●마음을 비울 수 있어 감사. ●하나님의 인도만 바랄 수 있어 감사. ●푸른 초장교회에 와도 안와도 감사. ●다른 교회에 가도 최고의 축복 주실 줄 믿고 감사.

●푸른 초장교회에 와도 우리는 연약해서 우리 힘으로 아무것도 할 수 없지만, 하나님께서 최고의 복을 주실 줄 믿고 감사. ●하나님께서 개척교회의 부족한 점들을 장점으로 채워 주실 줄 믿고 감사. ●우리를 인내하라 하시니 감사.

●맘을 비우고, 하나님의 응답을 바라고, 또 인도를 바라고 기다릴 수 있어 감사. 그러나 이제까지 붙여 주신 성도님들의 심령을 회복시켜 주시니 감사. ●은혜의 회복을 주시니 감사. ●믿음의 회복을 주시니 감사. ●진리의 회복을 주시니 감사. ●예배의 회복을 주시니 감사. ●기도의 회복을 주시니 감사. ●아멘의 회복을 주시니 감사. ●새벽기도의 회복을 주심을 감사. ●주일성수 회복을 주심을 감사. ●수요 예배 회복을 주시니 감사. ●긍정적으로 회복을 주시니 감사. ●하나님 나라로 회복을 주시니 감사. ●하나님의 영광과 하나님의 형상으로 회복을 주시니 감사. ●축복으로 회복을 주시니 감사. ●영적으로 회복을 주시니 감사. ●영혼이 잘되게 회복을 주시니 감사. ●범사에 잘되게 회복을 주시니 감사. ●강건케 회복을 주시니 감사. ●주님 안에서 한 마음이 되게 하시니 감사. ●하나님 중심, 말씀 중심, 예배 중심, 교회 중심

으로 회복을 주시니 감사. ●이렇게 응답하신 하나님께 감사.

●섬김도, 변화도, 성장도 우리 힘으로 안 됨을 체험하게 하시니 감사. ●하나님이 하셨음을 감사. ●하나님의 때에 하나님이 하심을 깨닫고 알게 하시니 감사. ●성도님들을 통해 목회는 어떻게 하는 것인지 실습케 하고 배우게 하심을 감사. ●내 열심으로 안 됨을 감사. ●말로써도 안 됨을 감사. ●내 노력으로 안 됨을 감사. ●하나님께 맡기는 법을 배우게 됨을 감사. ●내 감정, 내 방법, 내 열심으로 안 됨을 체험하게 하시니 감사. ●기도는 반드시 응답이 있다는 것을 깨닫게 하시니 감사. ●하나님께서 하게 하시는 복을 주시니, 은혜로 회복되고, 예배도 회복되고, 기도도 회복되고, 말씀 읽는 것도 회복되고, 성격도 회복되고, 신앙생활도 회복되고, 심령도 회복됨을 보게 하시니 감사.

●알곡 만들어 주심을 감사. ●염소도 양으로 회복시켜 주시니 감사. ●나쁜 물고기 같은 성도도 좋은 물고기로 회복시켜 주신 것 감사. ●넓은 길로 가는 자 좁은 길로 인도하시니 감사. ●기름을 준비하게 하시니 감사. ●달란트를 많이 남기게 하시니 감사. ●악인을 의인 되게 하시니 감사. ●목자장 되신 하나님께서 이렇게 인도하시고 고치시고 회복시켜 주시니 감사. ●하나님의 영광과 거룩한 그 크신 이름을 위해서 이렇게 변 집사님을 회복시켜 주시니 감사. ●김O영 집사님을 회복시켜 주시니 감사. ●최O경 성도도 회복시켜 주시니 감사. ●이O환 성도도 회복시켜 주시니 감사. ●박O락 성도도 회복시켜 주시니 감사. ●교회를 회복시켜 주시니 감사. ●목사님을 회복시켜 주시니 감사. ●

나를 회복시켜 주시니 감사. ●제O형선 집사님을 회복시켜 주시니 감사. ●주일학교를 회복시켜 주시니 감사. ●교회 회복을 위해 그리스도의 신실한 일꾼, 아론과 훌 같은 중보기도 특공대 25명 이상을 보내 주시니 감사. ●푸른초장 교회가 24시간 365일 기도의 불이 활활 타오르게 하시니 감사. ●특별히 목사님을 위해 영혼을 위해 특별중보, 위기중보, 일반중보, 개인중보, 전투중보를 할 수 있는 중보기도 특공대, 그리스도의 신실한 일꾼을 보내 주시니 감사. ●온유하고 겸손하며 뜨거운 사명감으로 기도할 수 있는 신실한 일꾼을 보내 주시니 감사.

●영적 전쟁에서 늘 승리케 하시니 감사. ●개인적인 영적 전쟁, 가정적인 전쟁, 교회적인 전쟁, 지역과 도성 나라와 민족, 세계적인 영적 전쟁에서 늘 승리케 하시니 감사. ●브리스길라와 아굴라, 아마시아, 삭개오, 디모데, 에바브로, 두기고, 뵈뵈, 오네시모 같은 그리스도의 신실한 일꾼을 보내 주시니 감사. ●영혼을 사랑하며, 눈물로 기도하며, 심방하며, 가르쳐 세우는 신실한 일꾼을 보내 주시니 감사. ●비가 오나, 눈이 오나, 추우나 더우나 365일 주님 오시는 그날까지 전도하는 전도 특공대를 보내 주시니 감사.
●말씀과 기도로 깨어 있는 교회 되게 하시니 감사. ●성령이 살아 역사하는 교회, 말씀이 살아 역사하는 교회 되게 하시니 감사. ●은혜가 넘치는 교회가 되게 하시니 감사. ●말씀과 기도로 깨어 가르치며 배우는 교회, 순종하는 교회가 되게 하시니 감사. ●변화되고 변화시키는 교회가 되게 하시니 감사. ●푸른 초장교회를 오는 자마다 하나님을 만나게 하시니 감사. ●변화받게 하시니 감사. ●주님의 제자가 되게 하

시니 감사. ●축복 받으니 감사. ●하나님께 쓰임 받으니 감사. ●주와 복음을 위해 살게 하시니 감사. ●하나님의 영광을 위해 살게 하시니 감사. ●교회에 하나님께서 하게 하시는 복을 주시니 감사. ●부흥하게 하시는 복을 주시니 감사. ●일을 하게 하시는 복을 주시니 감사. ●성전 건축을 하게 하시는 복을 주시니 감사. ●선교하게 하시는 복을 주시니 감사. ●이를 위해 사람을 보내 주시니 감사. ●물질을 보내 주시니 감사. ●성령 충만을 부어 주시니 감사.

●목사님을 회복시켜 주시니 감사. ●목사님의 심령의 회복을 주심을 감사. ●말씀과 기도로 깨어 있게 하시니 감사. ●말씀과 기도로 전념하게 하시니 감사. ●말씀과 기도로 하나님을 날마다 순간마다 만나게 하시니 감사. ●은혜의 은혜로 회복되니 감사. ●믿음의 믿음으로 회복되니 감사. ●복의 복으로 회복되니 감사. ●진리의 진리로 회복되니 감사. ●감사의 감사로 회복되니 감사. ●긍정의 긍정으로 회복되니 감사. ●사랑의 사랑으로 회복되니 감사. ●기도의 기도로 회복되게 하시니 감사. ●성령의 성령 충만으로 회복시키시니 감사. ●성령의 열매가 심령으로부터 나타나게 하시니 감사. ●성령의 충만으로 심령의 모든 죄를 멸해 주시니 감사. ●탐욕을 멸해 주시니 감사. ●교만을 멸해 주시니 감사.

●혈기를 멸해 주시니 감사. ●조급함을 멸해 주시니 감사. ●상처를 치료해 주시니 감사. ●분노를 제거해 주시니 감사. ●불평과 불만을 제거해 주시니 감사. ●부정적인 생각과 말을 제거해 주시니 감사. ●

남에게 상처 주는 일이 없게 하시니 감사. ●항상 은혜와 덕과 유익을 끼치게 하시니 감사. ●항상 하나님 나라를 세우는 데 쓰임 받게 하시니 감사. ●욕심을 제거해 주시니 감사. ●염려 걱정을 제거해 주시니 감사. ●불신앙을 제거해 주시니 감사. ●하나님께 맡기는 믿음 주시니 감사. ●아무것도 염려하지 않고 오직 기도와 간구로 하나님께 나아갈 수 있는 믿음 주시니 감사.

●항상 보화를 볼 수 있는 지혜를 주시니 감사. ●그 보화를 갖기 위해 다른 것을 개의치 않게 하시니 감사. ●어떤 아픔과 고통과 상처와 비웃음, 천대가 있을지라도 그 보화를 얻기 위해 끝까지 놓치지 않게 하시니 감사. ●이런 믿음 주시니 감사. ●그 어떤 것도 상관치 않는 믿음 주시니 감사. ●그 보화를 위해 어떤 장애물도 뛰어넘게 하시니 감사. ●사람 바라보지 않게 하시니 감사. ●문제 바라보지 않게 하시니 감사. ●환경 바라보지 않게 하시니 감사. ●그 보화를 위해 늘 침노케 하게 하시니 감사. ●내 것으로 소화하고 만들게 하시니 감사. ●성령 충만으로 신의 성품에 참여케 하시니 감사.
●믿음의 덕, 덕에 지식, 지식에 절제, 절제에 인내, 인내에 경건, 그 위에 사랑을 더하게 하시니 감사. ●성령 충만으로 하나님을 사랑하고, 이웃을 사랑하게 하시니 감사. ●하나님 앞에, 이웃 앞에 오래 참게 하시니 감사. ●하나님 앞에, 이웃 앞에 온유하게 하시니 감사. ●성내지 않고, 자기 유익을 구치 않고, 교만치 않고, 자랑치 않고, 또 무례히 행치 않고, 진리와 함께 기뻐하며, 불의를 기뻐하지 않으며, 모든 것을 바라고, 모든 것을 참고, 모든 것을 견디게 하시니 감사.

"나의 힘이 되신 여호와여 내가 주님을 사랑합니다."

●주는 나의 반석이 되시니 감사. ●나의 요새시니 감사. ●주는 나를 건지시는 나의 주, 나의 하나님 되시니 감사. ●나의 피할 바위가 되시니 감사. ●나의 방패가 되시니 감사.

"나의 생명이신 여호와여 내가 주님을 찬양합니다."

●주는 나의 신랑이시며 나의 의지시니 감사. ●주는 나를 이끄시어 주의 길 인도하시며 나의 생의 목자 되시니 감사. ●내가 따를 이 되심을 감사. ●주는 나의 하나님, 구원의 뿔이시며, 나의 산성이시니 감사. ●나의 구세주 되심을 감사. ●이 찬양이 내 안에서 감사의 고백으로 파도치니 감사. ●주는 내 속의 가나안의 칠족, 죄를 이길 수 있는 반석이 되시고, 요새가 되시고, 나를 건지시고, 나의 피할 바위가 되시고, 나의 방패가 되시고, 나의 사랑이시며, 나의 의지가 되시고, 나의 산성이 되시고, 나의 구원의 뿔이 되시고, 나의 구세주가 되심을 감사. ●전쟁은 여호와께 속한 것이니 감사. ●우리 대장 예수님이 앞서 가서 싸우시니 감사. ●이미 승리가 보장되었으니 감사. ●두려워 말라 하시니 감사. ●놀라지 말라 하시니 감사. ●강하고 담대하라 하시니 감사.

●하나님께서 앞서 싸우겠다 하시니 감사. ●칭찬받아도 교만치 않게 하시니 감사. ●책망받아도 실망치 않음을 감사. ●주님이 붙드시니 감사. ●하나님을 사랑하게 하시니 감사. ●말씀에 순종하게 하시니 감

사. ●말씀에 부종(복종)하게 하시니 감사. ●이를 위해 성령 충만을 부어 주시니 감사. ●하나님을 사랑하고 말씀에 순종하고 복종하면 내 생명이 장수한다고 하시니 감사. ●내가 하나님의 생명이 된다는 것은 하나님과 떨어져 있는 것 같으나 하나로 연결되어 있다 하시니 감사. ●하나님이 나를 하나님의 생명으로 여기시니 감사. ●하나님이 지키시고 축복하시니 사탄이 침범할 수 없으므로 감사. ●넘어질 수 없으니 감사. ●하나님은 뿌리는 자와 거두는 자를 다르게 하심을 감사. ●이는 교만할까 봐, 또 사람이 경배대상이 될까, 심령이 가난해지고 애통하면 온유해진다 하시니 감사. ●하나님을 목말라 하면서 가난한 심령이 되게 하시니 감사.

●하나님이 도와주지 않으면 아무것도 할 수 없는 가난한 심령이 되니 감사. ●애통하는 심령이 되니 감사. ●하나님을 목말라 하는 것보다 돈 때문에 목말라 하고, 문제 때문에 목말라 하고, 환경 때문에 목말라 하는 나의 모습을 볼 수 있어 감사. ●심령이 가난하고, 애통하고, 온유하고, 의에 주리고, 목마르게 되고, 긍휼히 여기는 자가 되고, 마음이 청결한 자가 되고, 화평케 하는 자가 되고, 의를 위하여 핍박을 받아도 감사하는 자 되기 위하여 성령 충만을 받게 하시니 감사. ●그렇게 복 있는 사람이 되게 하시니 감사. ●심령이 가난한 자 되게 하시니 감사. ●천국이 나의 것임을 감사. ●내 심령에 하나님 나라가 임함을 감사. ●애통하는 자 되게 하시니 감사. ●위로를 받게 되니 감사. ●온유한 자 되게 하시니 감사. ●땅을 기업으로 받게 되니 감사. ●의에 주리고, 목마른 자 되게 하시니 감사. ●배부르게 되니 감사. ●긍휼히 여기는

자 되게 하시니 감사. ●긍휼히 여김을 받게 되니 감사. ●마음이 청결한 자 되게 하시니 감사. ●하나님을 보게 되니 감사. ●화평케 하는 자 되게 하시니 감사. ●하나님의 아들이라 일컬음을 받게 되니 감사. ●의를 위하여 핍박을 받게 되니 감사. ●천국이 나의 것이 되니 감사. ●예수님으로 인하여 나를 욕하고 핍박하고 악한 말을 들을 때 감사. ●기뻐하고 즐거워하게 하시니 감사. ●하늘에서 상이 큼을 감사.

●하나님을 사랑하기 때문에 오래 참고, 온유하며 투기하는 자가 되지 아니하며, 자랑하지 아니하며, 교만하지 아니하며, 무례히 행치 아니하며, 나의 유익을 구하지 아니하며, 성내지 아니하며, 악한 것을 생각지 아니하며, 불의를 기뻐하지 아니하며, 진리와 함께 기뻐하며, 모든 것을 참으며, 모든 것을 믿으며, 모든 것을 바라며 모든 것을 견딜 수 있게 성령 충만을 부어 주시니 감사.

●사람의 방언과 천사의 말을 할지라도 사랑이 없으면 소리나는 구리와 울리는 꽹과리가 되고, 예언하는 능히 있어 모든 비밀과 모든 지식을 알고, 또 산을 옮길 만한 모든 믿음이 있을지라도 사랑이 없으면 내가 아무것도 아니요, 내게 있는 모든 것으로 구제하고, 또 내 몸을 불사르게 내어 줄지라도 사랑이 없으면 내게 아무 유익이 없다고 하시니 감사. ●이런 성품으로 바뀌지 않으면 내 안의 소유, 즉 미워함, 교만, 성질, 고집, 철학, 신념, 투기, 시기, 질투, 자랑하는 것, 무례히 행하는 것, 나의 유익만 구하는 욕심, 성내는 것, 악한 것을 생각하는 것, 불의를 기뻐하는 것을 버릴 수 있게 성령 충만을 부어 주시니 감사.

● 에스겔 36장 22-38절 말씀으로 하나님의 영광과 거룩한 그 크신 이름을 위해 내 속의 굳은 마음을 제하시고, 부드러운 마음, 즉 사랑의 마음으로 부어 주시니 감사. ● 이를 위해 성령 충만을 부어 주시니 감사. ● 나를 철저히 부인하고, 내 십자가를 지고 주님께 굴복할 수 있게 성령 충만을 부어 주시니 감사. ● 주님은 주님을 가장 사랑하게 될 때 일을 맡기신다 하시니 감사. ● 주님을 가장 사랑할 수 있게 성령 충만을 부어 주시니 감사.

사랑은 더러운 성품을 버리는 것이라고 했다.

● 성령 충만 주셔서 나의 더러운 성품을 버리게 하시니 감사. ● 하나님의 성품, 사랑의 성품으로 채워 주시니 감사. ● 성도와 교제하면서 대답할때, 대답은 아니다 하면서 하나님께 물어보지 않고, 은근히 내가 하고자 하는 교만이 있은 것 용서해 주시니 감사. ● 나를 드러내고 우쭐대는 이 성품까지도 고쳐 주시니 감사. ● 철저히 겸손하고, 온유함으로 주님께 물어보고, 의논하고, 주님의 인도를 따라 행할 수 있도록 성령 충만을 부어 주시니 감사. ● 주님이 무슨 말씀을 하시든지 그대로 순종하기까지 연단이 주어진다 하시니 감사.

예수 믿는 나에게 왜 이런 고난과 환난 왔는가?
● 바로 관찰하고 깨달아야 한다 하시니 감사. ● 또 그것을 위해 기도해야 한다 하시니 감사. ● 오늘까지 여러 가지 고난과 환난을 통해 나를 연단하시어 하나님의 사람으로 이 정도 수준까지 순종할 수 있도록 인

도하신 것을 감사. ●그러나 아직 너무 많이 부족한 것을 깨달으니 감사. ●이것도 하나하나 고치시고 변화시켜 주실 줄 믿고 감사.
●내가 먼저 좋은 나무가 되어서 좋은 열매 맺게 됨을 감사. ●좋은 나무는 좋은 사람, 내 안에 더러운 것을 버려야 좋은 사람이 됨을 감사. ●좋은 사람이 되기 위해 성령 충만을 부어 주셔서 내 안의 모든 더러운 것을 버리게 하시니 감사. ●교만한 생각을 버리게 하시니 감사. ●이 세상 것을 사랑하고 바라는 상상하는 마음도 버리게 하시니 감사. ●나를 드러내고자 하는 마음, 우월감을 가지는 마음, 남을 의식하는 이 마음을 버릴 수 있게 성령 충만 부어 주시니 감사.

●내가 가시나무인데 좋은 열매 맺을 수 없는 것같이 먼저 내 자신을 좋은 나무 되게 회복시켜 주시니 감사. ●내 입의 더러운 것을 버리지 않으면 내 몸을 불사르게 내어줄지라도 아무 유익이 없음을 감사. ●내 안의 더러운 것을 다 버리기 위해 성령 충만을 부어 주시고 부드러운 마음으로 채워 주시니 감사. ●주를 위해 한다 하면서도 나를 높이고 나를 나타내면 예수님의 증인이 아니고 나의 증인이라고 하시니 감사. ●이럴 때는 아무 유익이 없다 하시니 감사. ●이런 나를 용서해 주시니 감사. ●이런 나의 성품과 교만한 체질을 고쳐 주시니 감사. ●성령 충만을 부어 주시니 감사.
●자기 눈이 밝아야 다른 사람 눈을 볼 수 있다 하시니 감사. ●최O정 성도에게 성경공부시킬 때 내가 하려고 했던 것 용서해 주시니 감사. ●내 안에 계신 성령께 의지하고 인도받을 수 있게 도와주시니 감사. ●성령 충만을 버리고 달콤한 말만 한다고 성령께서 지적해 주시니 감

사. ●내가 사람을 미혹시키는 일을 한 것을 깨닫게 하시니 감사.

●하나님을, 성령님을 의지하지 않고 내 의지로, 내 생각과 내 주관으로 말함으로 하나님의 진리를 매도하고, 바른 말씀을 버리게 되고 사람의 비위에 맞춰 달콤한 말만 했는데, 이런 나를 용서해 주시니 감사. ●이제 이렇게 하지 않도록 성령 충만을 부어 주시니 감사. ●매사에 성령님을 의지하며 기도하고, 나를 버리고 성령의 인도만을 받을 수 있게 성령 충만을 부어 주시니 감사. ●또 사람의 미혹을 받지 않도록 조심하게 하시니 감사. ●분별할 수 있게 하시니 감사.

망하는 첫걸음이 자기를 높이는 일이라고 했다.

●나를 높이고 나를 드러내고 나를 죽이지 못해서 가정이 어려운 것, 자녀가 어려운 것, 남편이 어려운 것, 교회가 어려운 것 용서하시니 감사.
●나를 철저히 버리고 부인할 수 있게 성령 충만을 부어 주시니 감사.
●하나님의 영광과 거룩한 그 크신 이름을 위해 성령 충만을 부어 주셔서 나의 속 사람이 성령의 능력으로 강건하여지고, 나를 철저히 부인하고 나의 십자가를 지고, 주님을 따라가게 하시니 감사. ●정확하게 주의 말씀을 붙잡지 않으면 마귀가 틈타게 됨을 깨닫게 하시니 감사.
●정직히 행할 수 있게 정직한 영으로 충만이 부어 주시니 감사. ●항상 "주님 어떻게 할까요?" 물어 볼 수 있는 영적인 체질이 될 수 있게 성령 충만을 부어 주시니 감사. ●내 감정과 생각이 아니라 정확하게 주

의 말씀을 붙잡을 수 있도록 분별의 은사와 믿음의 은사, 성령 충만을 부어 주시니 감사.

● 하와가 정확한 말씀을 모름으로 마귀가 유혹할 때 넘어지게 됨을 말씀해 주시니 감사. ● 대강 생각하고, 대강 믿고, 대강 결정하는 이 성품도 바로 고쳐 주시니 감사. ● 이를 위해 성령 충만을 부어 주시니 감사. ● 사탄의 생각과 내 생각으로 말씀을 빼고, 짜깁기해서 달콤하게 전하면 안 된다는 성령님의 음성을 들으니 감사. ● 성령의 온전한 인도를 받을 수 있게 성령 충만을 부어주시니 감사. ● 충고해 주시니 감사. ● 경고해 주시니 감사. ● 큰아들을 위해 성령께서 3일 금식을 명했지만, 결국은 나를 비우는 영적인 금식임을 감사. ● 가장 가까운 자의 모습이 나의 모습이라 하시니 감사. ● 이것을 버려야 한다니 감사.

● 남편, 엄마, 자녀, 성도들의 모습이 내 모습임을 깨닫게 하시고 말씀해 주시니 감사. ● 엄마의 모습을 보며 속상하고, 싫고, 밉고, 거부감이 옴은, 그 모습이 나의 모습임을 깨닫게 됨이니 감사. ● 상대방의 문제로 보이는 것이 내 안에도 있음을 거울로 보여 주심을 감사. ● 알지 못하면서도 아는 체하는 것 용서해 주시니 감사. ● 남의 말을 다 듣지도 않고 결론을 먼저 말해 상대방에게 이래라저래라 한 것 용서하시니 감사. ● 남의 말을 다 듣지도 않고 한마디 한마디마다 답변을 먼저 하는 이 모습도 용서하시니 감사.

● 상대방 입장은 생각지 않고 결론을 먼저 말해버리는 것과, 알아서 하

게끔 인정해 주고 맡기면 될 것도 이렇게 해라 저렇게 해라, 왜 안 하느냐 가봐라, 일일이 시킨 것도 용서해 주시니 감사. ●이것 때문에 상대방 마음을 불편하게 하고, 입장을 난처하게 한 것을 용서하시니 감사. ●조금 더 기다리지 못하고, 조심스럽게 물어보지 못하고, 명령한 것을 용서해 주시니 감사. ●단정하지 못한 것도 내 모습이니 감사. ●깨끗치 못한 것도 내 모습이니 감사. ●정리정돈을 안 하는 것도 내 모습이니 감사. ●기도시간에 설거지하고, 정리하고, 딴 일 벌이는 것도 내 모습이니 감사. ●자기 하는 것만 옳다고 떼쓰는 것도 내 모습이니 감사. ●짜증 부리는 것도 내 모습이니 감사. ●부정적인 생각과 감정이 너무 강한 것도 내 모습이니 감사. ●기쁨으로 하지 않고 투덜대며 하는 것도 내 모습이니 감사. ●상대방 입장을 생각지 않고 눈에 보이는 대로, 느끼는 대로, 염려되는 대로 지적하고 말하는 모습도 내 모습이니 감사.

●이런 연약한 모습이 내 모습이니 감사. ●이런 성품, 이런 악습, 이런 행동 때문에 죄지은 것 용서하시니 감사. ●남에게 죄짓게 하고, 맘 아프게 하고, 불편하게 하고, 시험 들게 한 것 용서하시니 감사. ●이런 성품, 악습, 행동까지도 고쳐 주시고 변화시켜 주시고 주님의 성품으로 가득 채워 주시니 감사. ●이를 위해 성령 충만을 부어 주시니 감사. ●마귀의 전략은 나를 높여서 교만함으로 넘어지게 함을 깨닫게 하시니 감사. ●나를 띄울 때, 높일 때, 칭찬할 때, 조심할 수 있게, 겸손할 수 있게, 하나님께만 영광 돌리기 위해 성령 충만을 부어 주시니 감사. ●남편의 모습을 보고 내 모습을 보게 하시니 감사. ●은혜도, 성경 공부

도, 깊이 들어가지 못하는 것, 또 그 속에서 보화 되신 예수님을 붙잡기 위해 다른 장애물을 뛰어넘지 못하는 모습, 내가 느끼는 것은 상대방을 통해 내 모습을 지적해 주시는 성령님의 음성이니 감사. ●나의 이 부분을 뛰어넘게 성령 충만을 부어 주시니 감사.

●나를 위한 것은 다 버리고, 오직 주님의 영광을 위해 주님이 하라고 하는 것만 하는 것, 이것이 성령 충만이라 하시니 감사. ●이렇게 할 수 있게 성령 충만을 부어 주시니 감사. ●말씀을 들었다면 반드시 기도해야 하니 감사. ●그래야 성령을 주시고, 열매는 성령이 하신다 하시니 감사. ●이때까지 예배 때 말씀 듣고, 은혜 받는 것에 그치고, 기도하지 않은 것 용서하시니 감사. ●이젠 말씀 듣고 말씀대로 열매 맺게 성령 충만 부어주시니 감사. ●예수 그리스도의 성품을 닮아가며, 어디를 가든지 예수님을 나타내는 좋은 성품으로 바뀌는 것이 제일 우선순위인 것을 깨닫게 하시니 감사. ●이렇게 될 수 있게 성령 충만을 부어주시니 감사. ●성령님이 인도하시고, 지켜주시고, 감당할 수 있게 하시니 감사. ●박O락 성도의 며느리 그 영혼을 구원하시니 감사. ●하루속히 주께로 인도하시니 감사. ●온전한 신앙생활을 할 수 있게 하시니 감사. ●축복하시니 감사.

건강한 신앙생활과 아름다운 교회가 되기 위해,
●말씀은 사실이기 때문에 가르치려고 하지 말고 그대로 선포하라 하시니 감사. ●또 열매로 성령께서 인도하시니 감사. ●믿음이 없이는 하나님을 기쁘시게 못한다 했는데 믿음으로 하나님을 기쁘시게 해드

릴 수 있게 성령 충만을 주시니 감사. ●하나님의 모든 것이 사실임을 믿으며, 반응이 있게 하시니 감사. ●또 적용, 실천할 수 있게 성령 충만을 부어 주시니 감사. ●그리하여 열매가 있게 하시니 감사(마 7:20). ●열매로 그들을 안다고 하셨는데 성령의 열매, 말씀의 열매, 순종의 열매, 기도의 열매, 전도의 열매, 찬양의 열매, 변화의 열매를 부흥의 열매를 맺을 수 있게 성령 충만을 부어 주시니 감사. ●주님은 우리에게 열매를 찾으신다 하시니 감사. ●무화과나무에 열매가 없으므로 뿌리까지 말라지는 저주를 보여 주시면서 너희도 열매가 없으면 이러하리라 깨닫게 해주시니 감사. ●과실을 많이 맺으면 하나님께 영광 돌리고 내 제자가 된다(요 15:8) 하시니 감사. ●열매를 많이 맺을 수 있게 성령 충만을 부어 주시니 감사.

주일 오후, 다른 교회에서 합창단 공연을 마치고, 우리 교회 저녁예배 시간 다 되어 가니 우리 애들을 먼저 데려간다 하니 전도사님이 아이들을 저녁 먹이고 데리고 가라 했다. 햄버거만 받아 차 안에서 먹고 우리 아이들을 챙기니 전도사님 인상이 안 좋았다. 그래도 챙겨 나왔지만 아이들이 많으니 왔다갔다 하며 시간이 걸렸다. 차에 오니 남편이 빨리빨리 안 온다고 투덜댔다.

●자기를 다스리지 못하면 상대방에게 상처 주는 것을 깨달으니 감사. ●자기 생각. 자기 입장. 자기주장만 내세우면 상대방에게 100% 상처 주는 것을 깨달으니 감사. ●나도 내 입장, 고집, 주장만 내세워 상대방을 힘들게 하고 죄짓게 한 것 용서해 주시니 감사.

좀 빨리 가야 한다고 부탁했을 때도 자기 주장만 얘기했다. 먼저 햄버거를 주어서 보내주면 좋겠는데, 다 앉혀 놓고 기도하고 하나하나 나눠줄 때 맘이 조급했다. 또 반주 선생님은 같이 거들지 않고 혼자만 하셨다. 상대방에게 부탁할 때는 그만한 이유가 있는데….

●나도 내 고집만 세우고 들어주지 않아 상대방 입장을 힘들게 하고, 난처하게 한 것 용서해 주시니 감사. ●나도 불과 10분 상관인데 좀 너그럽게 기다리지 못하고 조급하게 서두르며 재촉한 것 용서해 주시니 감사. ●남편이 빨리 안 나왔다고 성질 부릴 때 투덜대며 미워하고 속상한 것 용서해 주시니 감사. ●금식 후 은혜 쏟게 이모저모로 사탄이 장난치는데 분별 못하고 시험 들은 죄 용서하시니 감사.

●사탄이 말로 나를 유혹할 때, 하나님 말씀을 가감치 않게 하시고, 하나님 말씀에 내 생각을 섞지 않게 하시니 감사. ●하나님 말씀 앞에 우유부단 하지 않게 하시고, 또 타협하지 않게 하시니 감사. ●말씀을 정확하게 알고, 확신하고, 정확하게 선포하게 하시니 감사.

하나님의 말씀은 "정녕 죽으리라" 하셨는데 하와는 "먹지도 말고 만지지도 말라. 너희가 죽을까 하노라" 했고, 사탄은 "결코 죽지 아니하리라. 그것을 먹는 날에는 너희 눈이 밝아져 하나님과 같이 되어 선악을 알 줄을 아심이니라"했다. 말씀에 확신이 없으니 사탄이 틈을 탔고 사탄의 말에 미혹받아 탐심으로 그 나무를 보니 먹음직도 하고 보암직도하고 지혜롭게 할 만큼 탐스럽기도 하여 따먹고 말았다. 그리고 남편에게도 주어 먹게 하고 말았다.

●말씀을 정확하게 알고 믿고 선포하는 것이 얼마나 중요한지를 깨닫게 하시니 감사. ●말씀을 정확하게 알고 믿지 못하면 사탄을 대적하고 물리칠 수 없음을 깨닫게 하시니 감사. ●사탄의 유혹에 미혹되지 않게 말씀과 기도로 깨어 있게 하시니 감사. ●영 분별의 은사를 주셔서 하나님 말씀과 사탄의 소리를 정확하게 분별하게 하시니 감사.

●예수님 때문에 나는 탐심과 상관없으니 감사. ●예수님 때문에 탐식하는 자가 아니니 감사. ●예수님 때문에 눈으로 볼 때 탐하는 자가 아니니 감사. ●예수님 때문에 말씀에 불순종하는 자가 아니니 감사. ●예수님 때문에 말씀을 범하는 자가 아니니 감사. ●어둠에 다스림 받는 자가 아니니 감사. ●예수님 때문에 말씀으로 나를 다스리는 자 되었으니 감사. ●말씀으로 충만하게 하시니 감사. ●약속을 정확하게 알고 부여잡는 자 되었으니 감사. ●예수님 때문에 남편의 영혼을 죽이는 자가 아니니 감사. ●넘어지게 하는 자가 아니니 감사. ●말씀을 범하게 하는 자가 아니니 감사. ●유혹하는 자가 아니니 감사. ●같이 죄짓게 하는 자가 아니니 감사. ●예수님 때문에 나는 남이 하나님의 명령에 불순종함을 알고도 따라하는 자가 아니니 감사.
●남편이 하나님의 명령에 불순종함을 알고도 따라 행하는 자가 아니니 감사. ●늘 영적으로 분별하며 기도하는 자가 되었으니 감사. ●항상 하나님의 말씀을 선택하고 행하는 자 되었으니 감사. ●말씀이 바르게 정립되어 있지 않고 바르게 알지 못해서 사탄과 타협하니 두려움

이 있고, 불안함이 있음을 깨닫게 되니 감사. ●두려움은 죄의 결과임을 깨닫게 되니 감사. ●예수님 때문에 말씀과 기도로 깨어 있는 자로 남편을 살리는 일만 하는 자, 세우는 자가 되게 하시니 감사. ●예수님의 십자가로 사탄의 머리를 박살내었으니 너무너무 감사. ●예수님 때문에 나는 승리만 있으니 감사. ●남편도 아내인 나의 말이 육의 말이요, 하나님 뜻이 아닌 말은 듣지 않게 하시니 감사. ●예수님 때문에 주님 부르시는 그날까지 예배가, 제물이 하나님께 열납되게 하시니 감사. ●열납되는 예배를 드리게 하시니 감사. ●열납되는 기도를 하게 하시니 감사. ●열납되는 찬양, 섬김, 봉사, 헌신, 물질이 되게 하시니 너무너무 감사.

노트를 마무리하면서

주님이 주신 감사, 감사, 감사들

내 안의 나를 점검하며 수시로 온갖 염려, 불안, 자신을 잃게 했다.
책 내용에 대해 부정적인 생각을 주는 악한 영, 의기소침하게 하는 영, 소심한 영, 회의와 갈등을 주는 영, 용기를 잃게 하는 영, 힘을 잃게 하는 영, 소망을 잃게 하는 영, 사명을 잃게 하는 영, 낙심하게 하는 영, 인본주의 생각과 마음과 행동으로 유혹하는 영, 교만의 영, 자만의 영, 오만의 영, 칭찬받기를 원하는 영, 자랑하게 하는 영, 하나님의 영광을 가로채는 영, 인색한 영, 돈 귀신·명예 귀신, 탐욕의 영, 싫증의 영, 불안하게 하는 영, 의심의 영, 하나님이 보이지 않게 하는 영, 사명이 보이지 않게 하는 영, 성령의 일하심에 눈을 감기게 하는 영, 두려워하는 영, 하나님보다 사람을 더 두려워하고 의식하게 하는 영, 하나님께 온전히 100% 맡기지 못하게 하는 영, 하나님을 100% 의지하지 못하게 하는 영, 하나님께 100% 순종하지 못하게 하는 영, 범사에 하나님을 100% 인정하지 못하게 하는 영….
내 안의 나를 점검할 때마다 회개·자백하며 예수님의 이름으로 악한 영을 내어 쫓으며 감사 기도를 선포했다.

이 책은 성령님이 쓰게 하셨다고 믿는다.

그리고 이 책이 한국교회 모든 사람들, 믿음에서 실족한 자, 신앙생활하다가 세상을 따라간 자, 실패한 자(사업, 결혼, 가정, 목회…) 가난한 자, 고통 가운데 신음하는 자, 방황하고 있는 자, 어이할까 탄식하는 자, 밋밋한 신앙생활로 하나님 앞에 미지근하다고 토해버린 자, 불안해 하는 자, 너무 바빠 기도의 힘을 잃은 자, 너무 지쳐 허덕이다 신앙생활을 할 힘을 잃은 자, 마음의 시험과 상처로 끙끙 앓고 있는 자, 각종 암병과 정신병, 우울증, 기타 여러 질병으로 시달리고 있는 자, 대인관계가 막혀 답답한 자, 숨이 넘어갈 듯이 문제에 시달리고 있는 자, 부부문제, 자녀문제, 성도와 문제가 있는 분들에게 도움이 되길 기도한다.

이 책을 읽음으로 감사가 열리고, 심령이 열리고, 기도가 열리고, 주님을 보는 눈이 열리기를 예수님의 이름으로 기도한다.

혹시 부족한 점과 실수는 용서해 주시고, 은혜받았다면 성령님이 하셨으므로 모든 영광은 주님께 올리고 감사드리길 기도한다.

- 옥덕자

망망한 바다 한가운데서 배 한 척이 침몰하게 되었습니다.
모두들 구명보트에 옮겨 탔지만 한 사람이 보이지 않았습니다.
절박한 표정으로 안절부절 못하던 성난 무리 앞에 급히 달려 나온 그 선원이
꼭 쥐고 있던 손바닥을 펴 보이며 말했습니다.
"모두들 나침반을 잊고 나왔기에…"
분명, 나침반이 없었다면 그들은 끝없이 바다 위를 표류할 수 밖에 없을 것입니다.

우리는 삶의 바다를 항해하는 모든 이들을 위하여
그 나침반의 역할을 하고 싶습니다.
우리를 구원하신 위대한 주 예수 그리스도를 널리 전하고 싶습니다.

"하나님은 모든 사람이 구원을 받으며
진리를 아는 데에 이르기를 원하시느니라"
(디모데전서 2장 4절)

다 셀 수 없는 수만 가지 감사들

지은이 | 옥덕자 원장
발행인 | 김용호
발행처 | 나침반출판사

제1판 발행 | 2018년 11월 20일

등   록 | 1980년 3월 18일 / 제 2-32호
주   소 | 07547 서울특별시 강서구 양천로 583
　　　　　블루나인 비즈니스센터 B동 1607호
전   화 | 본사 (02) 2279-6321 / 영업부 (031) 932-3205
팩   스 | 본사 (02) 2275-6403 / 영업부 (031) 932-3207
홈   피 | www.nabook.net
이 메 일 | nabook@korea.com / nabook@nabook.net

ISBN   978-89-318-1569-6
책번호 가-9069

값은 뒤표지에 있습니다.